U0626239

革命文獻與民國時期文獻
保護計劃

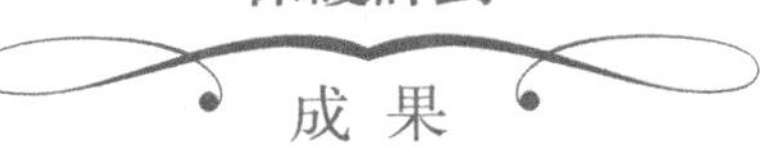

革命文献与民国时期文献保护计划成果

民国时期重庆电力股份有限公司档案汇编

第5辑

重庆市档案馆◎编

唐润明◎主编

學苑出版社

目录

二、会议纪录（续）

二、会议纪录（续）

重慶電力公司業務會報紀錄

時間：三十七年五月廿五日正午

地點：本公司會議室

出席 田總經理 吳總工程師 楊新民 劉靜之
董辛甫 劉伊凡 鄭德鉅 廖世浩 劉希孟
劉佩雄 歐陽鑑 章晴叙 秦璧雄 張容之
張永書 易宗樸 黃大庸 杜岷英 孫新傳
張進人 陳景嵐

主席 田總經理

紀錄 張君鼎

會報事項

一、張組長容之報告(甲)取締竊電普查辦法草案(乙)職工用電調查表收齊正辦理統計中

决議 (甲)項由張組長綜合各項意見加以整理報請經理室核定(乙)職工用電一律裝表避表用電查出後照竊電案處罰并予以開除又自六月一日起所收電表押金專款存儲用以添購電表

二、電務科請購用電器材請速購置案

决議 由總務科查明庫存數量不足或缺乏者補購

三、楊科長新民報告明日起開始發放五月份上半月工資

主席 田習之

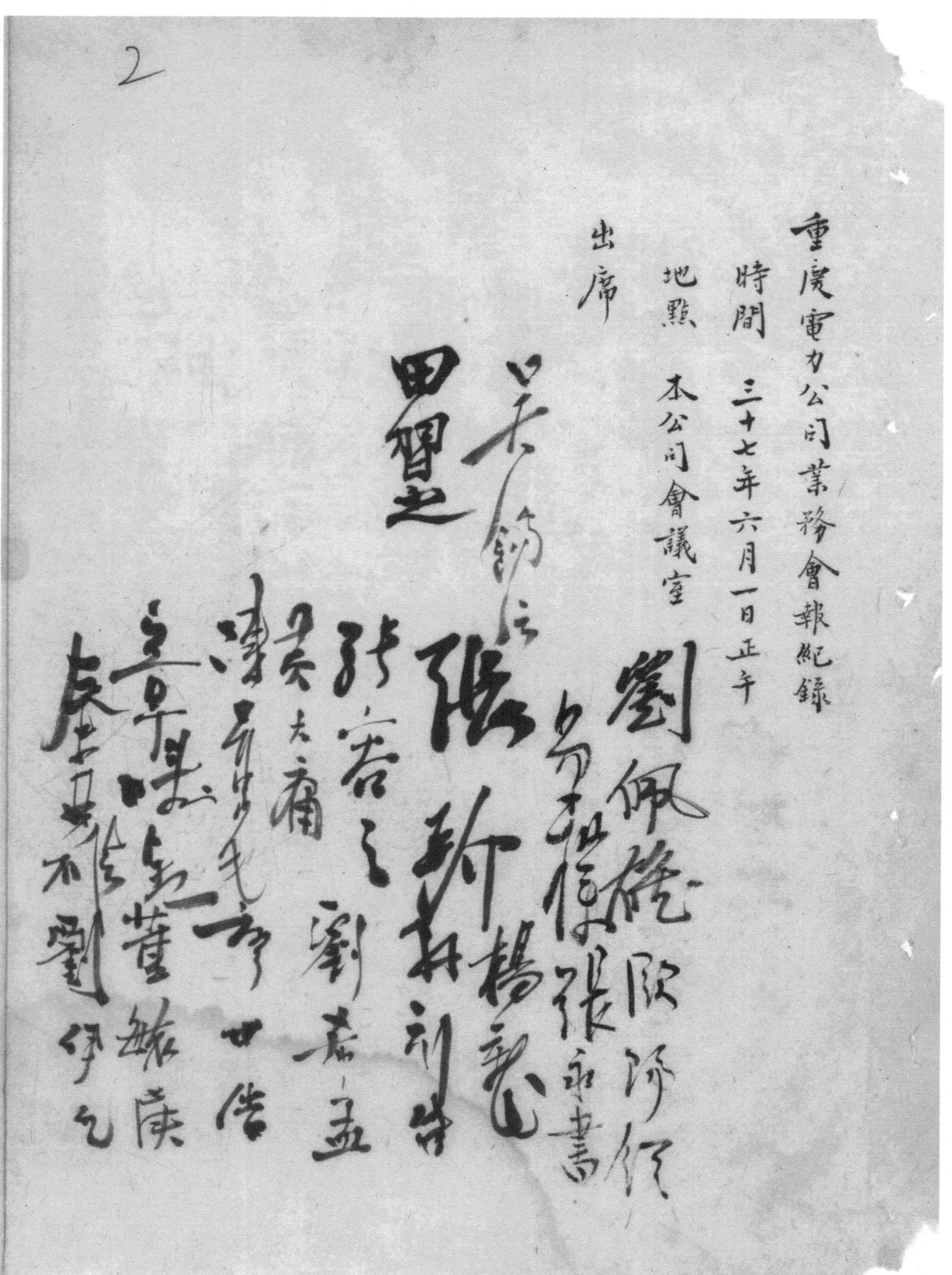
2

重慶電力公司業務會報紀錄

時間　三十七年六月一日正午

地點　本公司會議室

出席

田習之

主席　田總經理

紀錄　張君鼎

會報事項

一、田總經理報告(甲)工務局指示三項(A)裁減員工緊縮開支(B)嚴禁所屬包庇窃電(C)安裝電表節用電流昨日已向蕭副主任及齊局長口頭答復(乙)本公司好的精神應予加強其不好者應即改正(丙)有嗜好之員工名單速以密函封交經理室

二、職工裝表用電案

決議(甲)遵照董事會決議職工用電三六九度免費(乙)電表押金及接戶材料費由裝表人負担所需費用之半於裝表當月之薪工勻分兩次扣除其餘一半年終扣除(丙)用電保証金免收(丁)居住在一處者限令合裝

3

一表（戊）住廠人員何者應裝表何者不應裝表加以規定關於本案詳細辦法由業務用電檢查組秘書室會擬呈核

三、郊區窃電户應否裝表案

決議　由業務科三辦事處會擬辦法呈核

四、普查窃電各分組人員配備案

決議　照所擬分區辦法通過每區工程員減為一人無工程員者以技工代

五、寶源精選煤試燒案

決議　試燒本公司已函寶源派員臨場

主席　田習之

重慶電力公司業務會報紀錄

時間 三十七年六月八日正午

地點 本公司會議室

出席 田習之 易宗樸 劉伊凡 彭一浩 潘昌猷 章曉鐘 張永書

董維康 鄭建鉅 秦丕雄 劉航琛 張雲鴻 劉希孟 張琳 楊大浦

主席 田總經理

紀錄 張君鼎

會報事項

一、本公司職工用電辦法案

決議 通過 1、表板由公司製備 2、個人裝表限一星期填報集體裝表限兩星期填報月底前裝表自七月一日起一律開始抄錄電表底度二廠裝表申請書由南廟派員收集一三兩廠由業務科派員收集

二、定期邀請行轅警備部空軍第五軍區司令部市府及各局參議員各國領使各報社代表參觀第一廠案

決議 茶會招待由第一廠將爐管爆炸彎曲狀況拍照以便參觀

5

三、本公司對外發表間答式文件案

決議 油印分交有關部份參加意見星期五交還秘書室下星期一彙齊

四、工廠用電継續供給設法不使停斷案

決議 由業務科将不欠費工廠名單彙交總經理

主席 田習之

6

重慶電力公司業務會報紀錄

時間　三十七年六月十五日正午

地點　本公司會議室

出席　傅長覺　董毓庚　劉伊凡　劉佩龍　張宗之　張斯可　張永書　黃大庸　秦西維

杜峨書

吴敏行

劉奔孟

章曦叔

李達書

楊紀

主席 吴偲工程師

紀錄 張君鼎

會報事項

一、職工裝表所需表板六百個日内陸續交來由電務科三科事務領用為職工安裝一廠及電務科職工同仁裝表業務科已于今日派員送報單三廠職工同人裝表業務科定明日派員送報單

二、由經理室通知全體職工裝表後仍禁使用電爐案

決議 通過

三、各廠事務及二三兩廠備用金增為三百萬元案

決議 通過少數養氣費以當日需現款不足時暫以經收保押金

墊付懸差票次日向公司領款歸墊

四、二廠需要天府煤案

決議　水大時設法以拖輪運送，水小時儘量撥濟

五、普查竊電何日開始案

決議　原定七月一日開始，僅請市府從速公佈，加緊取締，當理用竊辦法

六、增加天府煤量案

決議　由總務科與天府洽商

主席

8

重慶電力公司業務會報紀錄

時間　三十七年六月二十二日正午

地點　本公司會議廳

出席

章[illegible]　張[illegible]　[illegible]

歐陽[illegible]　劉佩[illegible]

[illegible]　劉[illegible]

[illegible]三　杜[illegible]

陳其美 黄大偉
董鑑康 張永書
楊庶堪 劉伊凡

重庆电力公司业务会报纪录

时间　三十七年六月二十九日正午

地点　本公司会议室

出席　胃之　刘佩维　陈燕光　石新法　刘伊乞　刘燕孟　张永书　秦兴雄

張斯
黃大甫
易守樸
高芸浩
孫實之
歐陽鍾
董毓康
吳郁文

[illegible]
趙循伯

主席：田總經理
紀錄：張君鼎

會議事項

一、近日電表價格高漲，在上海亦無法大批購進，原定職工裝表用電辦法，應予修訂案

決議：採包燈原則，由易宗樸、秦亞雄、張選人、黄大庸、張容之、董幸甫、張君鼎七人起草，辦法提出會議討論後，再召集職工代表

會商通過實行

二、對於機關及其所屬職工用電採用包燈制案

決議　由陳景嵐、張岩之、張君鼎起草辦法

三、田總經理報告最近與天府交涉增加每月供煙煤由六千噸改為七千噸經過，實係六月份所上煤觔尚不及以往任何一月最低額度，即不再向該公司購煤，由總務科另覓煤源以應需要

四、張組長岩之報告最近取締竊電情形

五、黃科長報告此次盤查庫存材料經過，並決定今後帳上數字與庫存不符，管庫員應負責任。又，廢料壞料退還總務科集中一廠分別修理或拍賣了。每月盤存一次。並處理廢料另組委員會會同修訂材料管理規則

11

六、添放桿綫接户材料等價目每月一日十五日調整一次案

決議　由經理室通知

七、各種費用及各項業務逐月統計以便稽考之擬定臨時獎懲辦法案

決議　無異議

主席

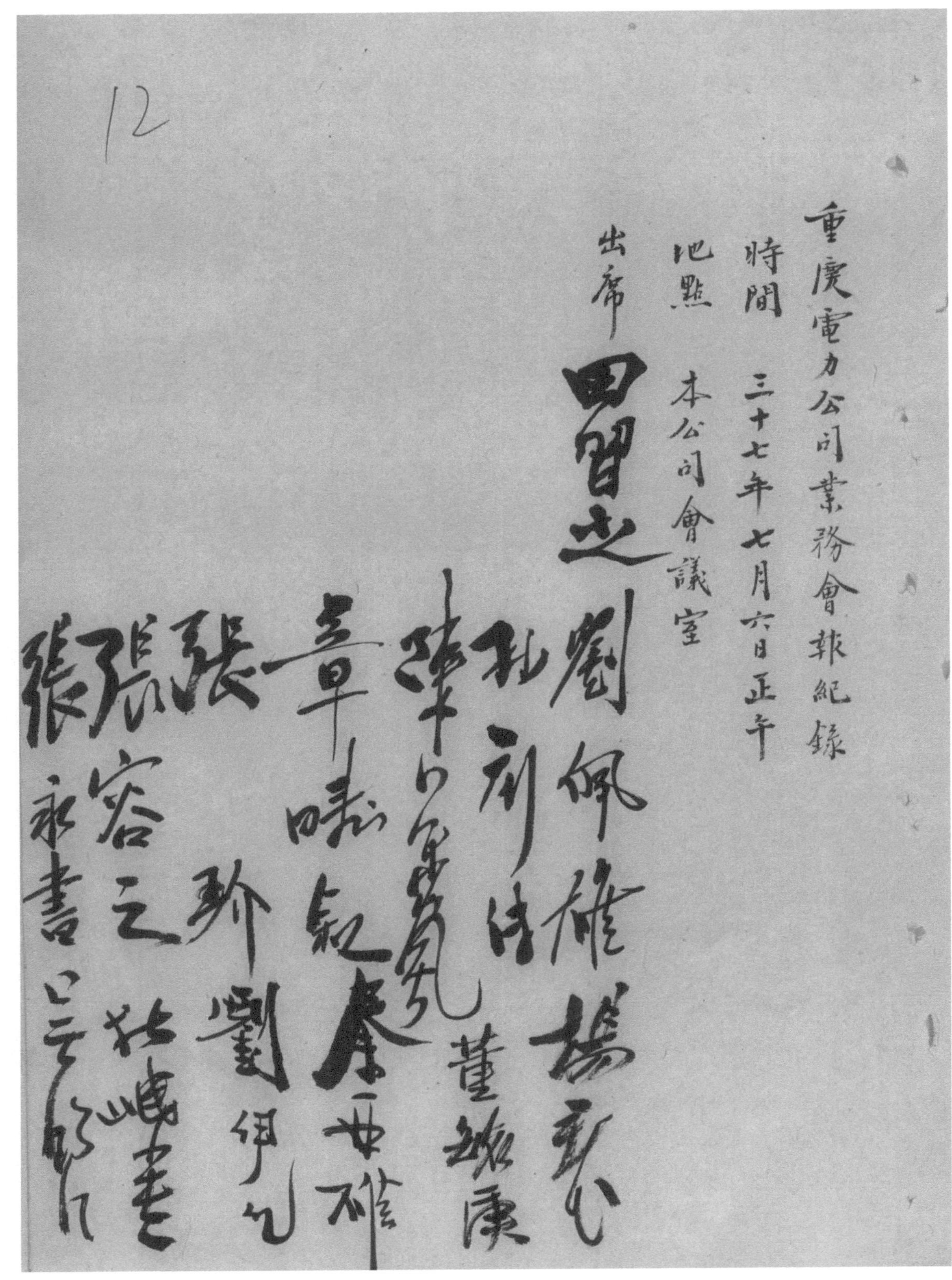

12

重慶電力公司業務會報紀錄

時間 三十七年七月六日正午

地點 本公司會議室

出席 田習之 劉佩雄

劉希孟

主席　田總經理

紀錄　張君鼎

會報事項

一、採用夏季辦公時間案

決議：夏季辦公時間每日上午八時至十二時下午一時至四時星期六及例假前一日下午一時至三時自銀行採用夏季辦公時間之日起實行

二、重大及中央工校派員來廠實習案

決議：歡迎參觀謝絕實習

13

三、寶源公司願以五日煤價售煤一千噸案

決議：六月欠交五百噸本月經常煤三千噸儲煤一千噸共四千五百噸除上月欠煤及儲煤應儘先交足外經常煤三千噸應於月半月底各交足半數

四、本月煤款支出约達一千九百億薪工六百億匯計收入約略相抵而事務費用利息支出均無着落應如何辦理案

決議：節省不必要開支二廠餘電供给水泥廠三個廠之發電成本詳加统計對於成本過高之廠必要時予以停開

主席 田習之

14

重庆电力公司业务会报纪录

时间：三十七年七月十三日正午

地点：本公司会议室

出席

吴锡行

刘佩雄

胥华〔铨〕

秦岳雄

张容之

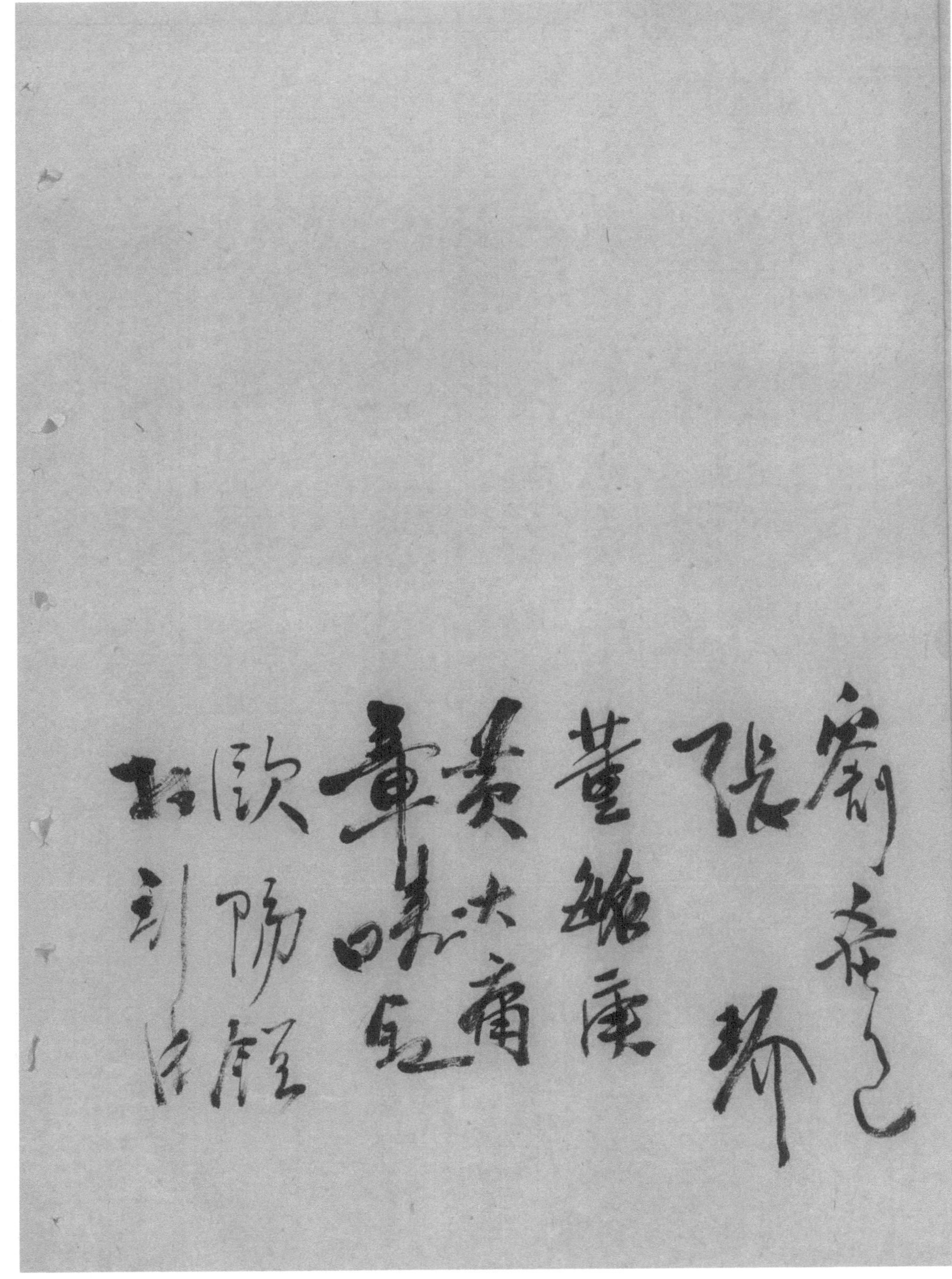

15

主席　吴总工程师

纪录　张君鼎

会报事项

一、发电成本如何计算案

决议：由会计科派员与易科长商洽

二、稽核室提议三事（甲）杂支项下之单据由各主管盖用官章（乙）数目较大之支出呈由总经理批准（丙）合同付款之文件先由经理室核准案

决议：无异议

三、明日上午讨论职工用电办法案

决议　由吴总工程师主席，起草人出席说明经过

四、燃料竞賽给奖辦法案

决議：由总经理总工程師商定

五、新装日光燈霓虹燈检验辦法案

决議：業務科擬定辦法由公司備文呈請工務局核定

主席 吴○○（签名）

16

重慶電力公司業務會報紀錄

時間　三十七年七月二十日正午

地點　本公司會議室

出席　[illegible]　劉[illegible]　陳[illegible]　秦[illegible]　張[illegible]　鄭[illegible]鉅

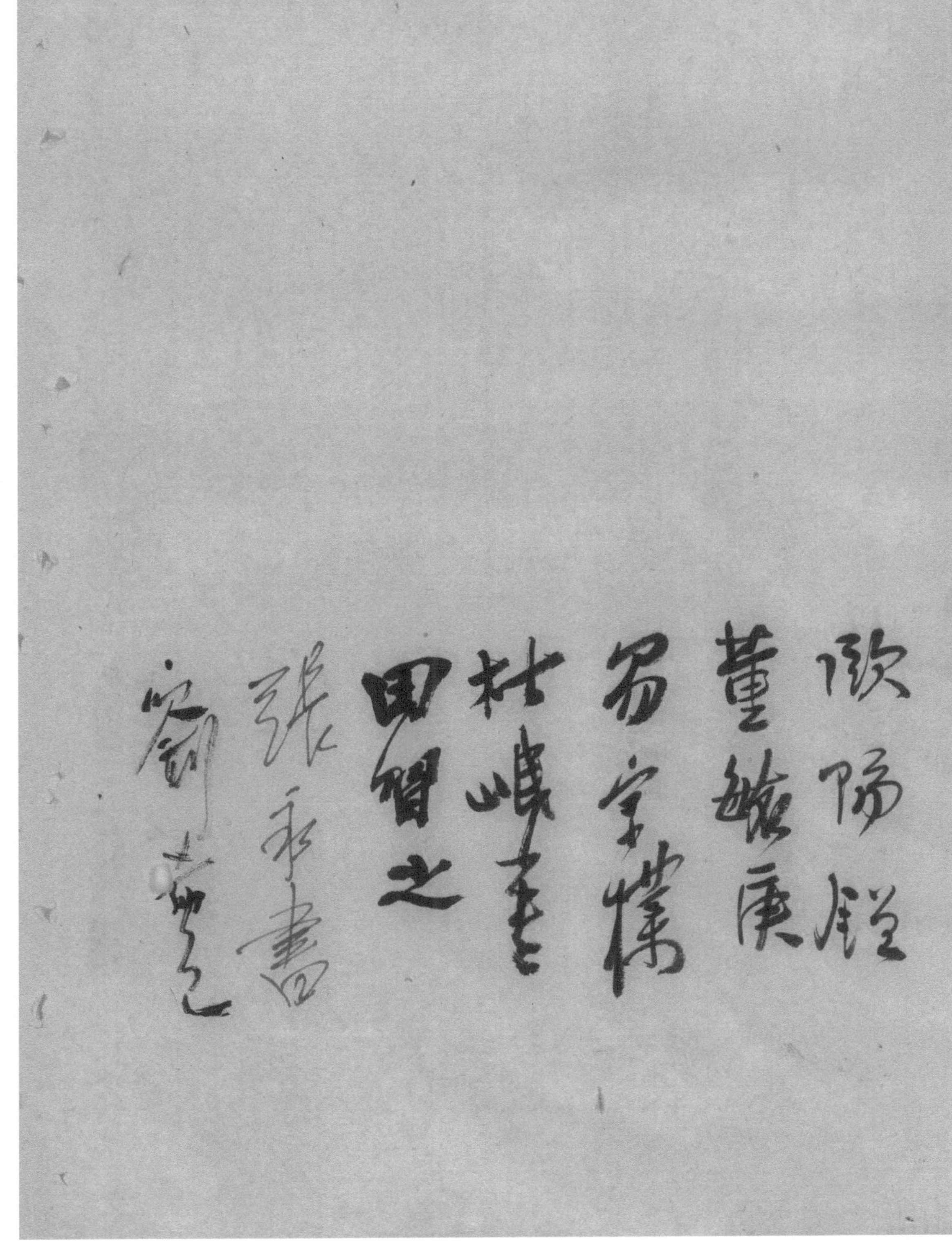

趙緝伯　黃大庸　吴錫瀛

主席　田總經理

紀錄　張君鼎

會報事項

一、第三廠修理圍牆屋漏案

決議：補缺補漏由總務科派員與務主任洽辦

二、福利社雇員以挪用存款運存第三廠備抵欠款之煤觔如何處

理案

決議：暫存原處

三、黃州溪鹽務局辦事處申請裝表案

決議：由該局函認本公司實行縮小供電區時撤表

四、沙坪壩辦事處租用國際電台地皮建築分電站案

決議：由總工程師設計

五、修改固定出勤及值班津貼案

決議：由秘書室擬定臨時辦法呈核俟董事會通過公佈

主席 田習之

18

重慶電力公司業務會報紀錄

時間　三十七年七月二十七日正午

地點　本公司會議室

出席　[illegible]　劉佩雄　秦[illegible]維　[illegible]山　劉希孟

鄭洪鉅
陳耀光
畲宗榮
劉伊凱
李逢嘉
董毓康
張斯

11

吴闓仁
黄大庸
張容之
張永書
田習之

主席 田總經理
紀錄 張君鼎

一、第三厰修繕工人宿舍案

決議：由總務科速購補漏材料，圍墻部份暫緩修理

二、燃煤競賽獎金照煤一噸或照煤價格給付案

決議：由總工程師決定並規定各厰最低煤耗

三、臨時工出勤給予津貼案

決議：通過，由主管人嚴加考核

四、緊急購料由總工程師簽字領料也須完備手續案

決議：通過

五、用户以公庫支票付給電費全数存入中央銀行以備兌取現鈔案

決議：通過，備函通知中央銀行

20

六、寶源煤試燒辦法案

決議：1、每週不定期試燒一次

2、試燒日期由燃料股分別通知

3、第二次試燒不合標準照普通煤價扣百分之五第三次扣百分之十

七、協助取締竊電之憲警給予出勤津貼案

決議：憲警由現在起以私人之地位改爲執行取締竊電態度時可照支小工出勤津貼

八、大坪居民与機關用電分裝總表案

決議 由李副主任會同電務科派員前往實地視察

主席 田習之

重慶電力公司業務會報紀錄

時間：三十七年八月三日正午

地點：本公司會議室

出席：

田習之　秦五維　張容之　劉希孟

張永書
陳星凱
鄭法鉅
趙循伯
曾宗樸
歐陽銓
黃大庸

22

主席　田总经理

纪录　张君鼎

会议事项

一、各厂煤耗最高限度案

决议：第一厂　一公斤三

张　矜

杜建勋

刘伊凡

第二厰　二公斤四

第三厰　一公斤五

煤質認真選擇電一燧川之煤勿全交第二厰將來裝用新機或燃燒黄丹煤時煤耗另行規定

二、實際精選煤因何緣由產生案

決議：查參送　總經理閲

三、技工小工生勤膳費津貼請付現鈔案

決議：出納股收有現鈔時儘量交現並由總經理函令業務會計財務三科事實上不准職工以私人支票掉換現鈔本案速着嚴懲備職工所營事業以空頭支票支付電費者決送法院訊理

23

四、職工用電案

決議：甲、總工程師黨某職工代表會意見交張主任進人

乙、董秘書章甫整理將用電辦法呈核公佈

乙、監察小組之編組由張組長主持秦科長亞雄閻秘書偉雲協助

丙、職工如再用燒水器電爐及售賣電流圖利者嚴重懲處並發佈新聞請市民檢舉

五、節電罰金公司應得部份如何處理案

決議：自八月一日起將上述款項以不低於福利社利息專款存儲川康銀行作為在大溪溝修建游泳池之用

六、林森路老鼓樓地皮修建交誼廳案

决议：由傅锐夫主持福利委员会推派二人协助存福利金项下拨

款照建

七、江北南岸过江线案

决议：先购三寸角铁十六吨备用

主席 田习之

24

重庆电力公司业务会报纪录

時間、三十七年八月十日正午

地點、本公司會議室

出席

劉佩雄 秦垂雄 黄大庸 吴鄖元 曾業樸 劉文建

張容之
鄭[illegible]鉅
張永書
[illegible]
歐陽[illegible]

25

陳春先

趙循伯

張玠

主席　吴總工程師

紀錄　張君鼎

會報事項

一、寶源精選煤案

決議：寶源精選煤不特燒不起磅而未能達到一、一五五公斤

標準照普通煤計價已屬優厚至六七月份既經試燒認優照

普通煤結算

二、福利社改隸案

決議：由總經理決定

三、自來水公司欠費案

決議：代電市府轉飭付費

四、包燈制案

決議：從速辦理

五、各廠負荷較輕時減廿貨電案

決議：照辦

26

主席

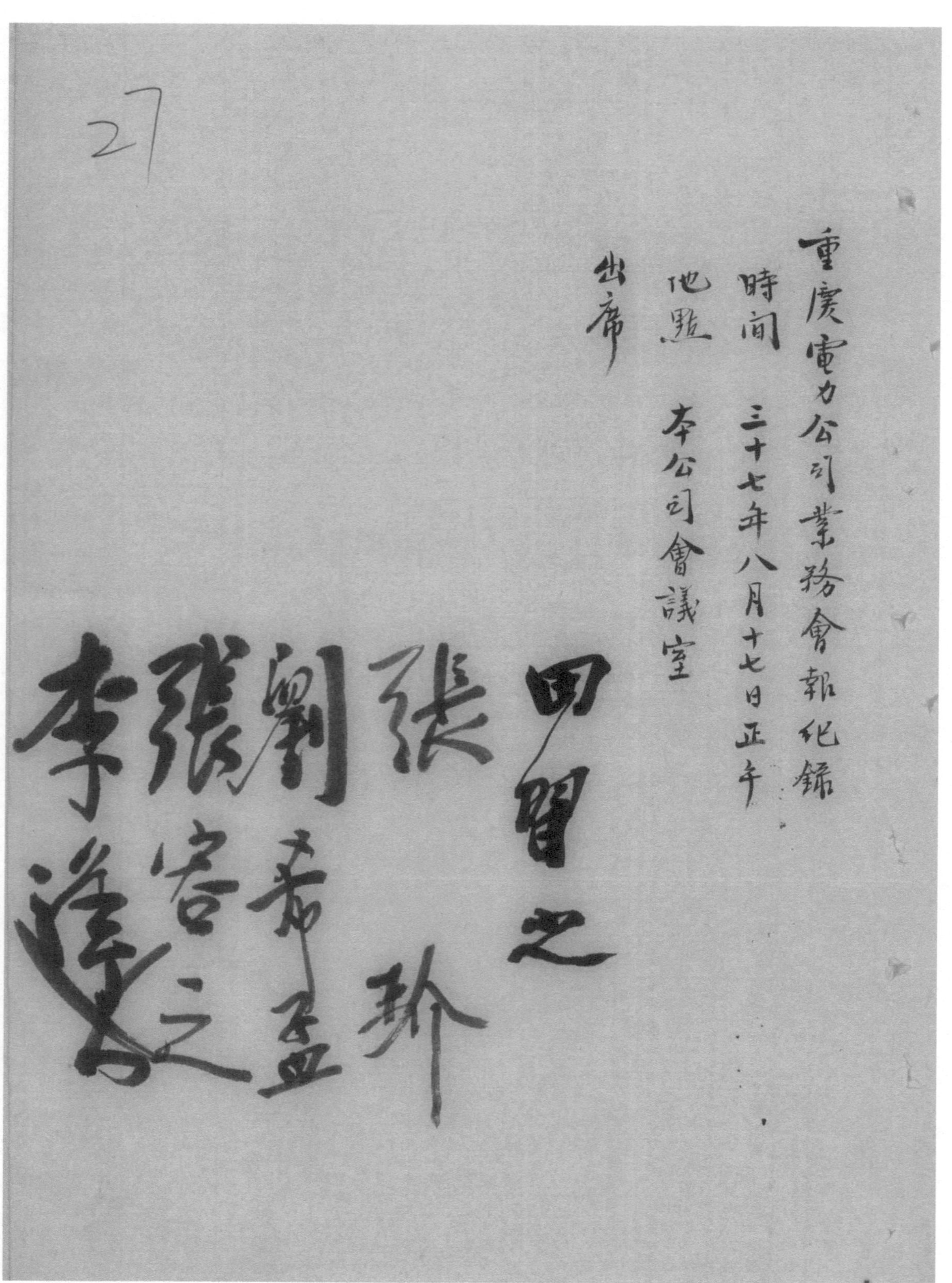

27

重庆电力公司业务会报纪录

时间 三十七年八月十七日正午

地点 本公司会议室

出席

田习之

张黔

刘希孟

张容之

李谦

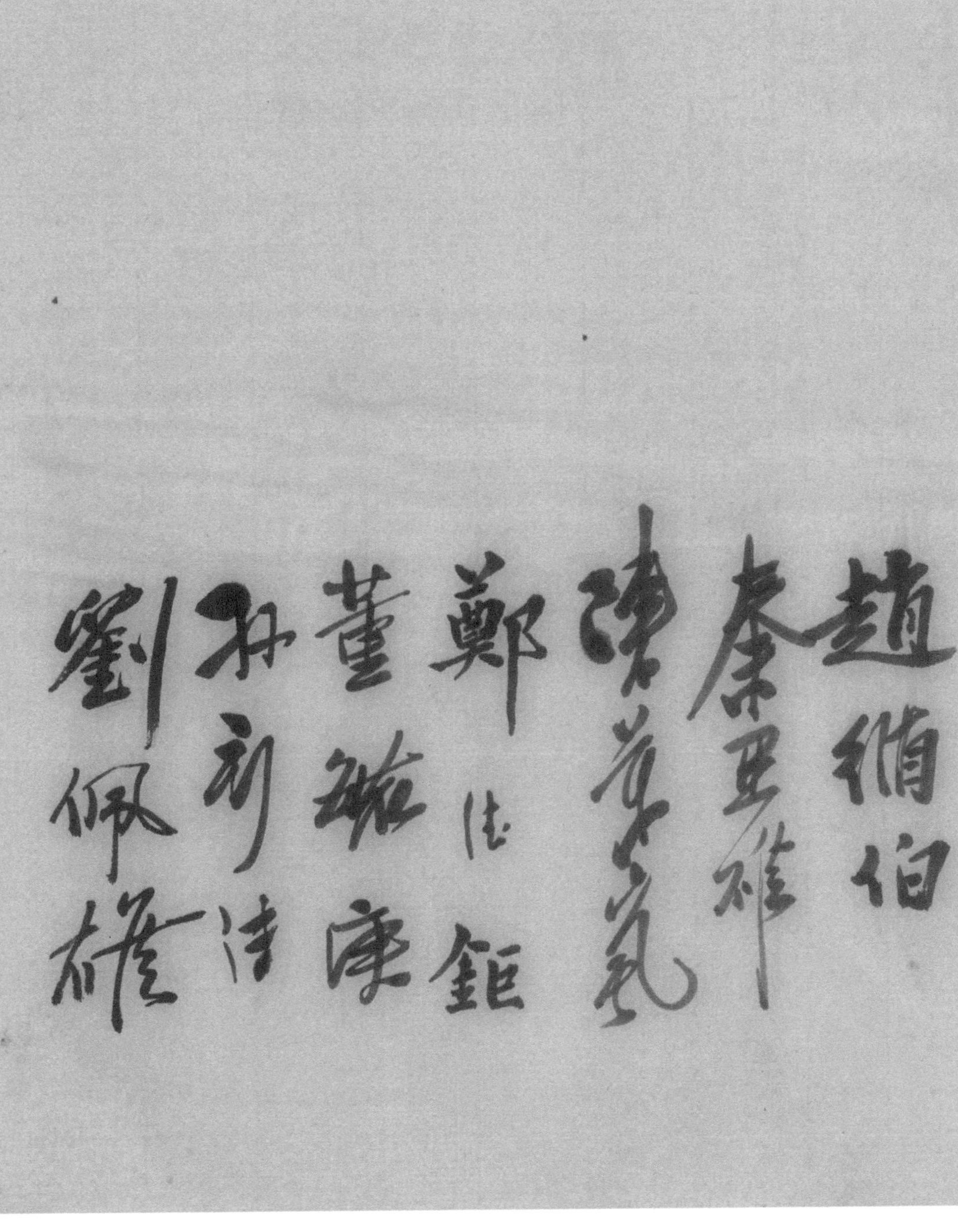
鄭法鉅
劉佩雄

28

主席　田總經理

紀錄　張君鼎

會報事項

一、職工用電案

決議：用電調查表限本星期五以前填報

二、一廠煤斛盤虧二百八十餘噸應如何處理今後應如何改善案

決議：由廠務總務兩科會擬辦法呈由經理室通知各有關方面

主席　田習之

村山喜一郎

21

重庆電力公司業務會報紀錄

時間 三十七年八月二十四日正午

地點 本公司會議室

出席

胃之 劉佩權 張珍 張容之 劉希孟

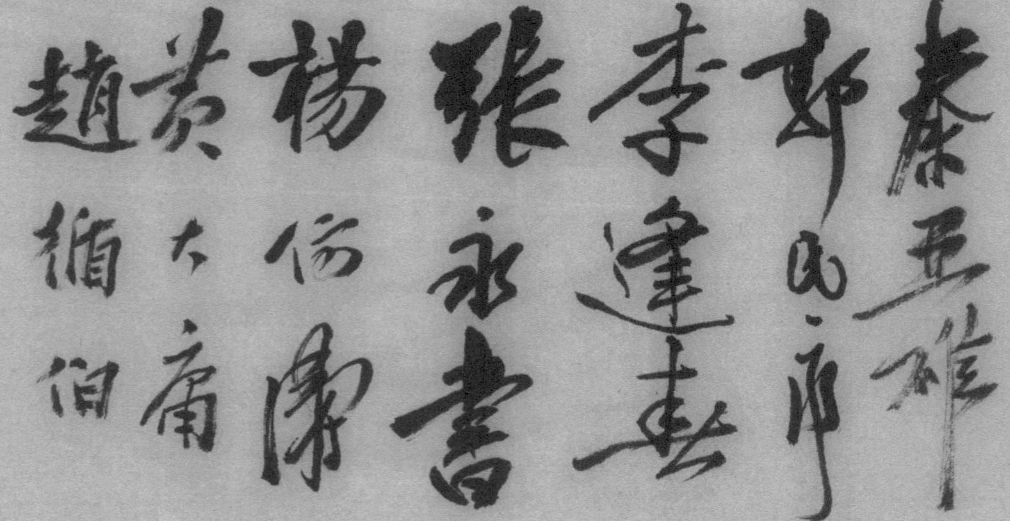

秦[illegible]雄

郭[illegible][illegible]

李達[illegible]

張永書

楊[illegible]康

黄大庸

趙循伯

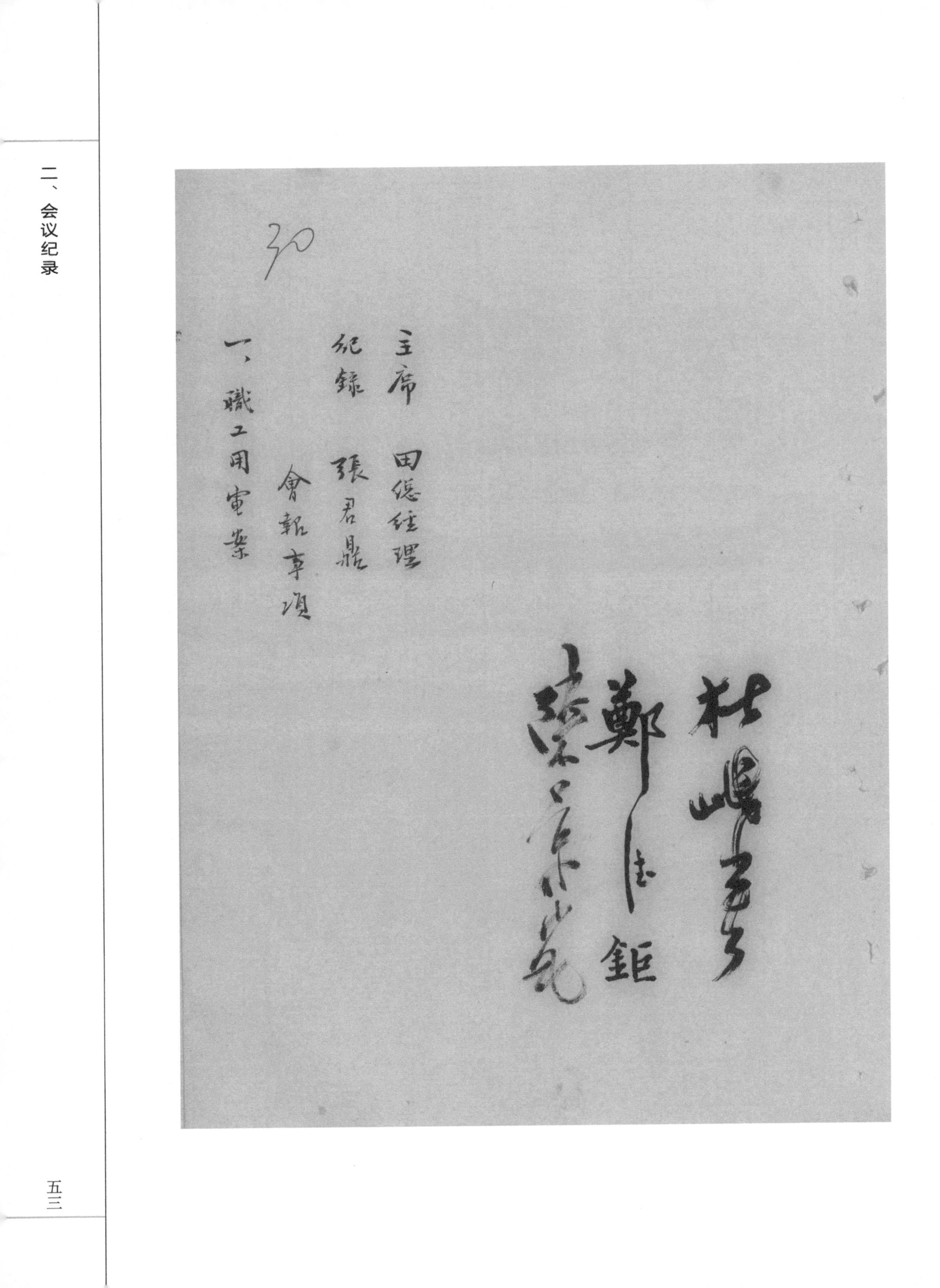

杜[illegible]

鄭[illegible]鉅

[illegible]

主席　田總經理

紀錄　張君鼎

會報事項

一、職工用電案

30

决议：下星期二以前监察小组编组完成再由人事股调派职员二人稽核业务两科各派一人协助填写号牌及小组通知单

二、第一厂煤斤亏耗案

决议：由厂务从务两科会商改善办法于下星期二前提出

三、大坪用户组织用电委员会用电案

决议：催促办理

四、讨论新电价案

决议：由杨主任秘书黄科长陈科长张主任研究由杨主任秘书为召集人

五、窃电户名呈由市府揭发公布案

决议：照办

31

六、滙豐銀行大班窃電案

決議：由電務業務兩科及用電組派員於廿五日上午九時前往南務處公同該處員工寔驗複查

主席 田習之

32

重庆電力公司業務會報紀錄

時間：三十七年八月三十一日正午

地點：本公司會議室

出席

石體元　吳錫瀛　趙循伯　李達甫　劉航琛　石體元代

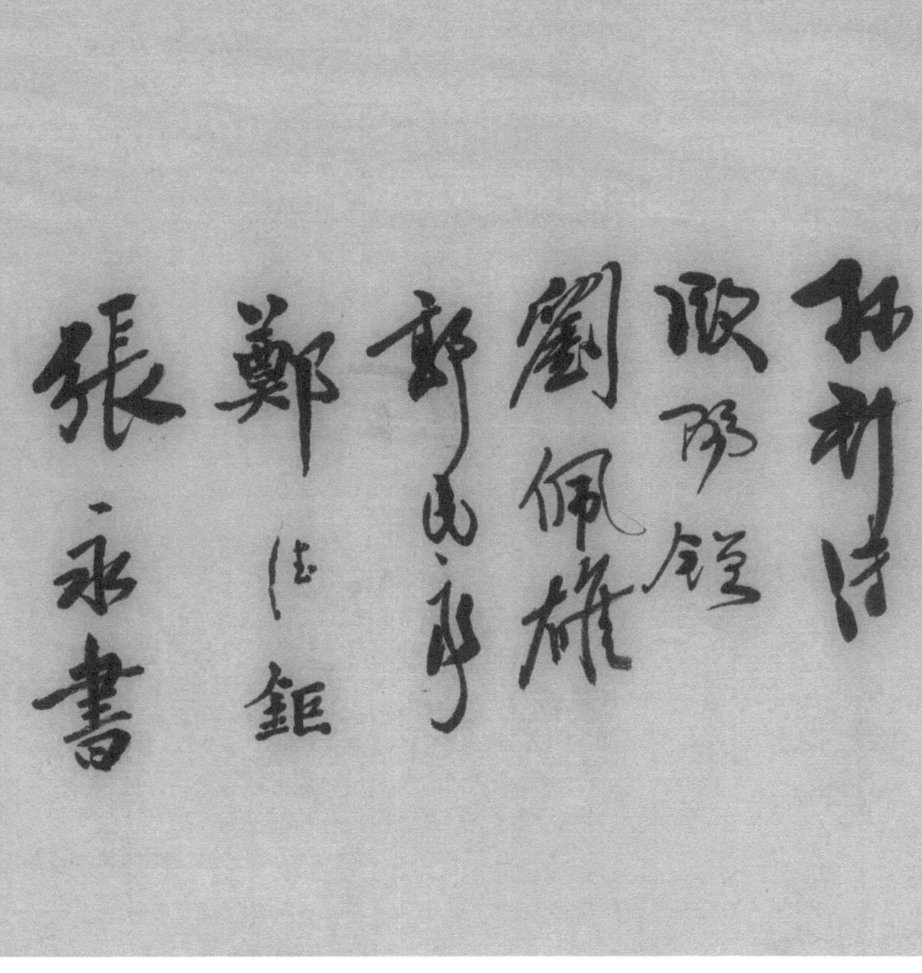

孫科侍

歐陽鐘

劉佩雄

鄧民平

鄭法鉅

張永書

33

楊佑鄰

康心雄

胡子樸

陳秉乾

張琇

張容之

杜鳩書

主席 田總經理

紀錄 張君鼎

會報事項

一、職工用電釘立號牌案

決議：城區由用電組負責，各廠安轄區分由各廠處負責，稽核室派職員二人分任內外勤職務，本星期內核定各監察小組組長名單，下星期寫號牌填卡片

二、總務科擬定管理鍋爐燃煤暫行辦法請審議案

決議：交廠務科先行審核

三、滙豐銀行大班寓電價查結果僅有插座一只未經電表應如何處理案

34

決議：由業務科詳查該處用電紀錄再定辦法

四、大坪色燈用電案

決議：由李副主任派員經給

五、本處抄表員三人住南辦處、二人住沙辦處、一人住江辦處辦公案

決議：通過並另由經理室通知

六、用戶遷移過戶舊保押金如何處理案

決議：(一)由主管部門另備登記簿分別登記(二)函請全國電氣業公會應如何處理

七、本購四千五百瓩透平機線圈四十個案

決議：由總務科簽報雷擊電機經過及今後應注意事項

八、本處編號登記清查漏戶案

決議：先在城區指定一區域試辦

九、本公司應自行由河邊起卸煤觔案

決議：據理與社會局洽商

十、工商部申仲立君函告6250 KW機可撥本公司使用案

決議：由吳總工程師日內飛京接洽並趁日本參加拆運工作

主席 

35

重慶電力公司業務會報紀錄

時間　三十七年九月七日正午

地點　本公司會議廳

出席　田習之　甯芷邨　陳業勳　楊[illegible]　秦[illegible]雄

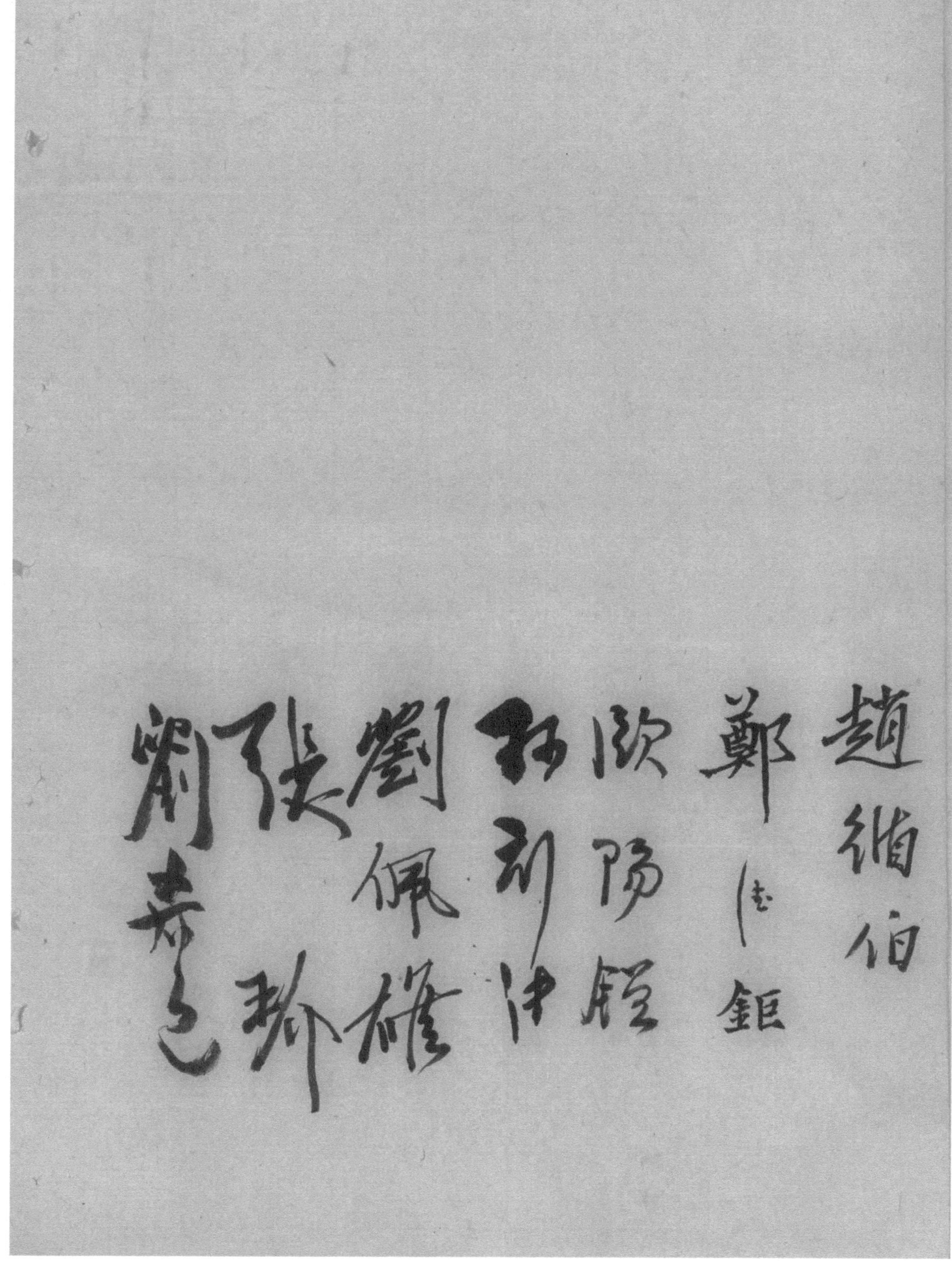

36

主席　楊主任秘書

紀錄　張君鼎

會報事項

一、臨江門用戶請復電案

決議：該處既派人來洽，照大坪裝總表，可以復電

二、滙豐銀行大班寓電案

決議：照一棟屋寓罰

三、職工用電鋁牌卡片何日裝就案

決議：十日即就卡片，十二日做好鋁牌

四、本月半需煤款薪俸四千五百億度過中秋案

決議：收費科及營業會計科洽商薪俸數額及發給方法，由總務科向經理室請示

五、空軍司令部宿舍裝表案

37

决议：派员与会，以其股东招待所，与三分之一优待

六、宝源天府近日来煤甚少，宝源煤八九两月来议定价钱如何办理案

决议：仍照合约办理，明日试烧

主席　杨[illegible]

38

重慶電力公司業務會報紀錄

時間：三十七年九月十四日正午

地點：本公司會議室

出席

張　斯

劉佩雄

秦旦維

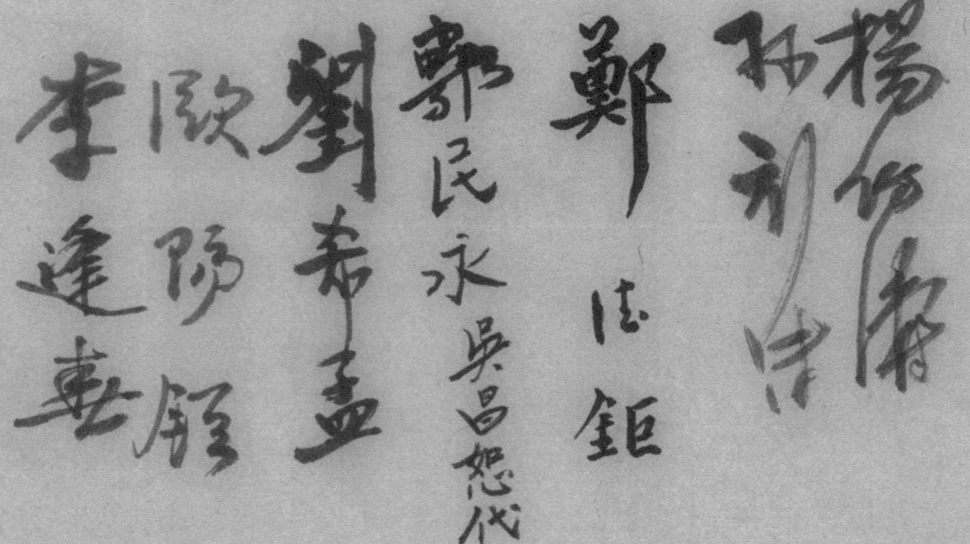

楊[illegible][illegible]
孫[illegible][illegible]
鄭[illegible]鉅
郭民永 吳昌恕代
劉希孟
歐陽[illegible]
李逵[illegible]

張崧丁

張永書

趙循伯

黄大衡

馬宗融

田曾之

主席　田總經理

紀錄　張君鼎

會報事項

一、大坪臨江门兩岸植桿放线補貼費案

決議：大坪放线工程採取節省原則補助費隨區攤收

二、匯豐窑電案

決議：仍照上次會報辦理

三、辦理職工用電由人事股會同用電檢查組辦理案

決議：照辦臨時調人協助由人事股簽請核定

四、寶源煤試燒案

決議：以後試燒日期書面通知寶源

40

五、雇員臨时工役員並膳之用費辦理案

決議：雇員及臨时工名單由各主管簽報核定

六、三十敞亞西亞火油公司來請派兵險擔保押金收據案

決議：派員與險並三百比一折算否則告以申請工商部核办

七、三敞工友與空軍汽車隊衛兵警備部約集双方於本日下午四时協商案

決議：通知工會楊秀峯屆时前往

八、抽調三科事務員之到公司服務案

決議：照辦

九、電石灯洋油灯菜油灯土洋燭与電灯費用比較研究案

決議：照辦

十、協助取締竊電之憲警段空出勤津貼案
決議：每次二角自十六月起實行
十一、電氣事業月報以期陳報案
決議：照辦會計科妥理賬目加緊工作
十二、豫豐申新兩廠借用電流案
決議：照中央造紙廠借電天原廠合約辦理

主席 田習之

41

重慶電力公司業務會報紀錄

時間、三十七年九月二十一日正午

地點、本公司會議室

出席

張[illegible]

楊[illegible]

[illegible]

李逢[illegible]

劉佩[illegible]

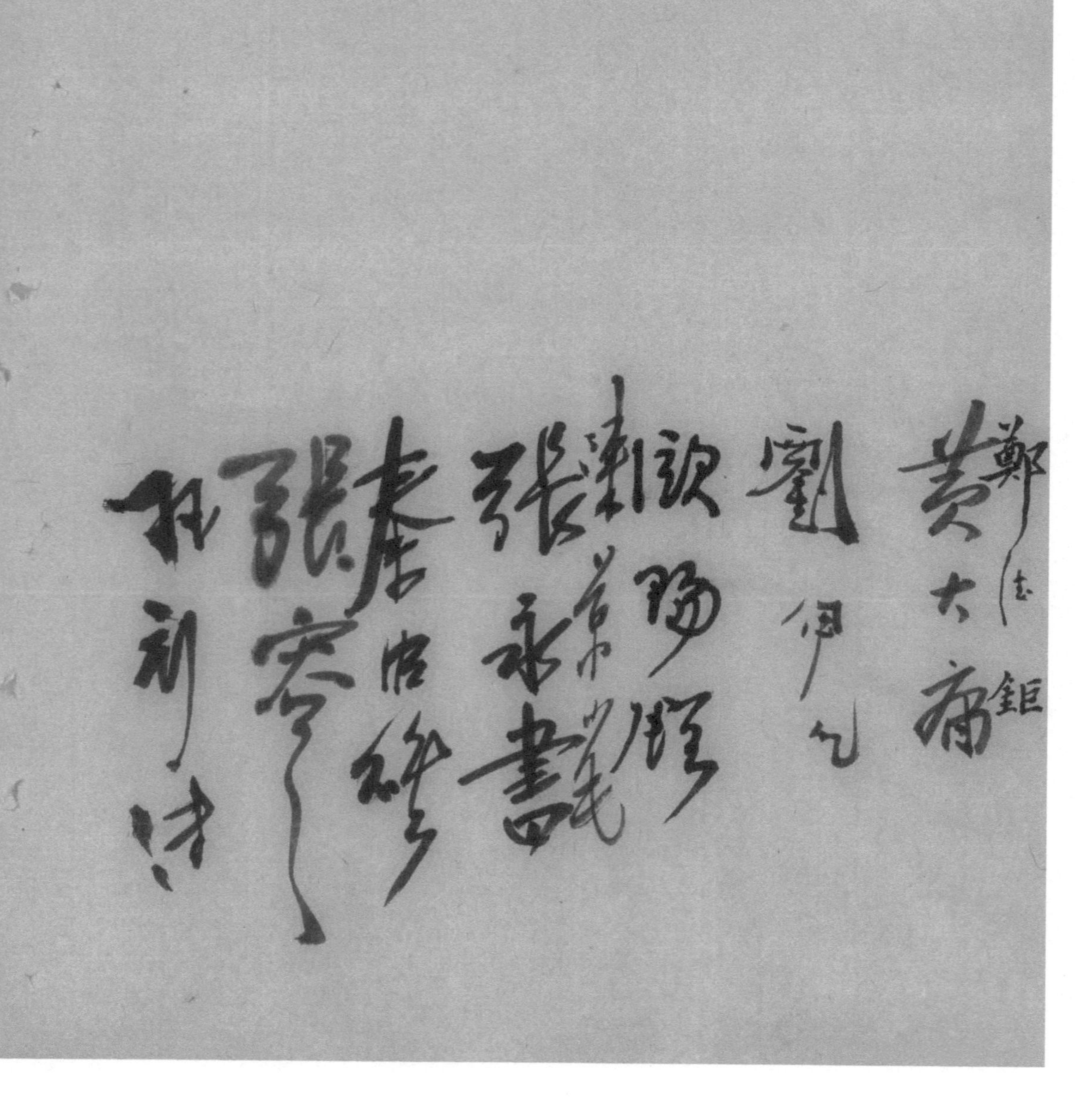

（42）

吴昌恕

主席　杨主任秘书仿涛

紀錄　張君鼎

會報事項

一、臨江门用户裝用總表案

決議：材料補助費由用户負担

二、如何考核收費員是否到用户處所收取電費案

決議：甲、第一次向收而未收到者請用户在通知单上蓋章證明並約定付款時间

乙、用户第一次約定付款期後再按約定時间逐户催收

丙、第二次仍无法收到者由收费股填发催费通知单限期送缴

丁、超逾限期仍未送缴者照章派员剪火剪火时应将收据携去如即先付费可免除剪火

戊、边远地区之用户如知其可在城内付费者即在城内向收至如何考核收费员是否到用户要收费可由稽核室随时派员抽提收费员报告表前往用户处查询所报是否属实

三、调整材料价目案

决议：原则通过

四、职工用电编制监察小组名单及填写卡片案

43

決議：調人速辦表燈與色燈同時起收費

主席 楊仿濤

重慶電力公司業務會報紀錄

時間 三十七年九月二十八日正午

地點 本公司會議室

出席

四川之 楊緒庸 秦尹[illegible]

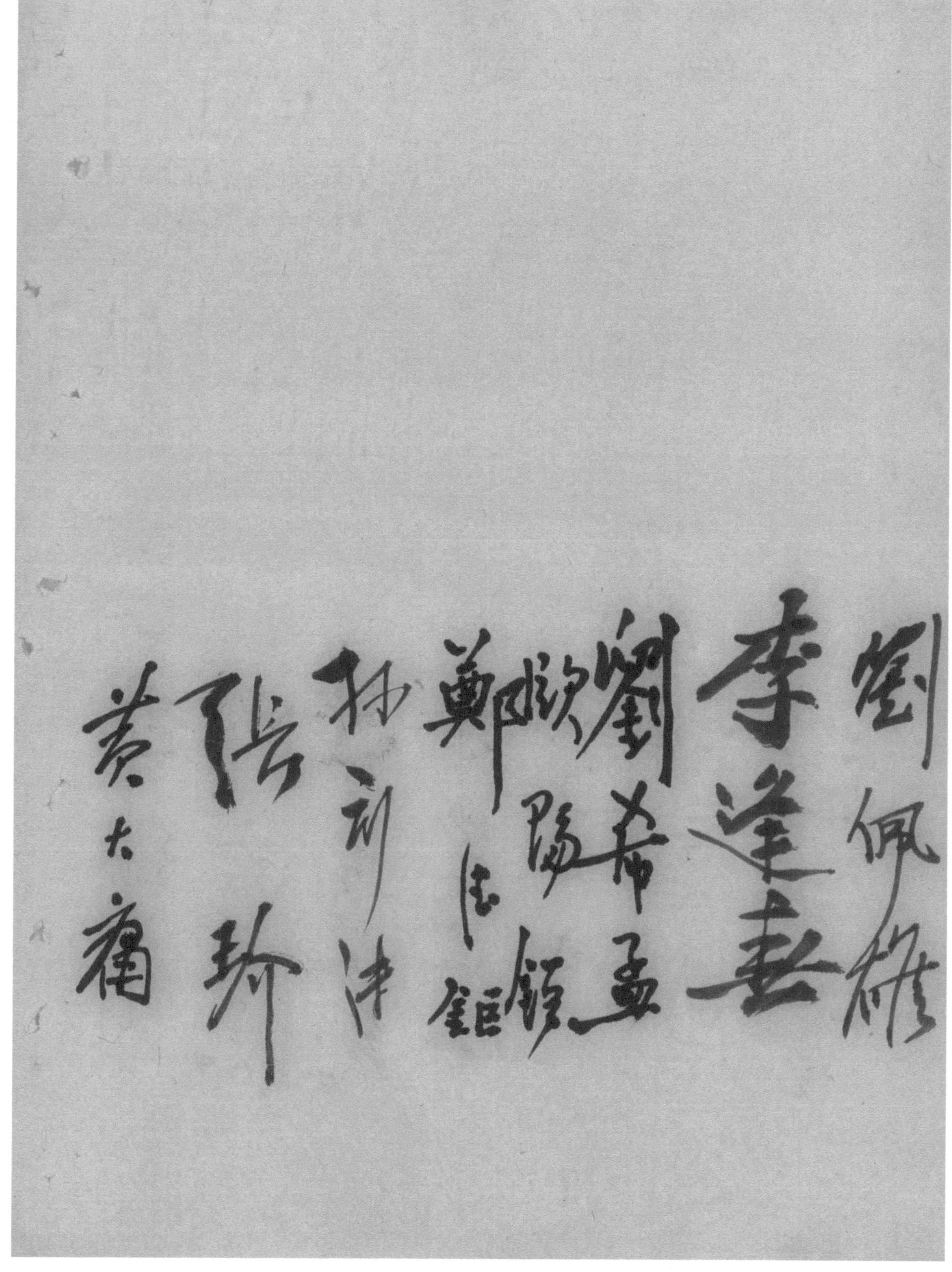

45

趙循伯
張容之
陳普光
荀宗德
康心之 告
郭民彦
張永壽

主席　田總經理

紀錄　張君鼎

會報事項

一、焊綫材料及接户材料原則上由用户自備其不能自備者由公司代辦案

決議：照辦由上海運入材料照滬價加運繳收費

二、江北糧秣廠焊綫補助費案

決議：先報總價必需詳細單價可逕向上海採訊

三、向用户緊急啓事案

決議：包燈部份不提文字由秘書室整理

四、管理鍋爐燃煤暫行辦法案

46

决议：通过盘存一节由总经理修正

五、江北城内陆军医院分院无表用电案

决议：报请联勤总部处理

六、各警报台装用电表案

决议：查明各台用电情形，函复工务局

七、江北报请装表验增，分别办理案

决议：派员查勘所需材料，以代购方式为之，代购办法由业务科拟定

八、大溪沟第十保请补助壮丁安家费壹百伍元案

决议：函请酌减

九、包灯办法催请总经理核定案

決議：張組長備辦

十、政府核減優待電費抵補營業稅案

決議：會計科查明數字以備抵賬並查原案報請市府備查

十一、職工用電編定六十一組即將組長核定裝釘號牌案

決議：照辦

主席 田智之

47

重慶電力公司業務會報紀錄

時間：三十七年十月五日正午

地點：本公司會議室

出席：

劉伊凡

李肇基

趙緒伯

劉希孟

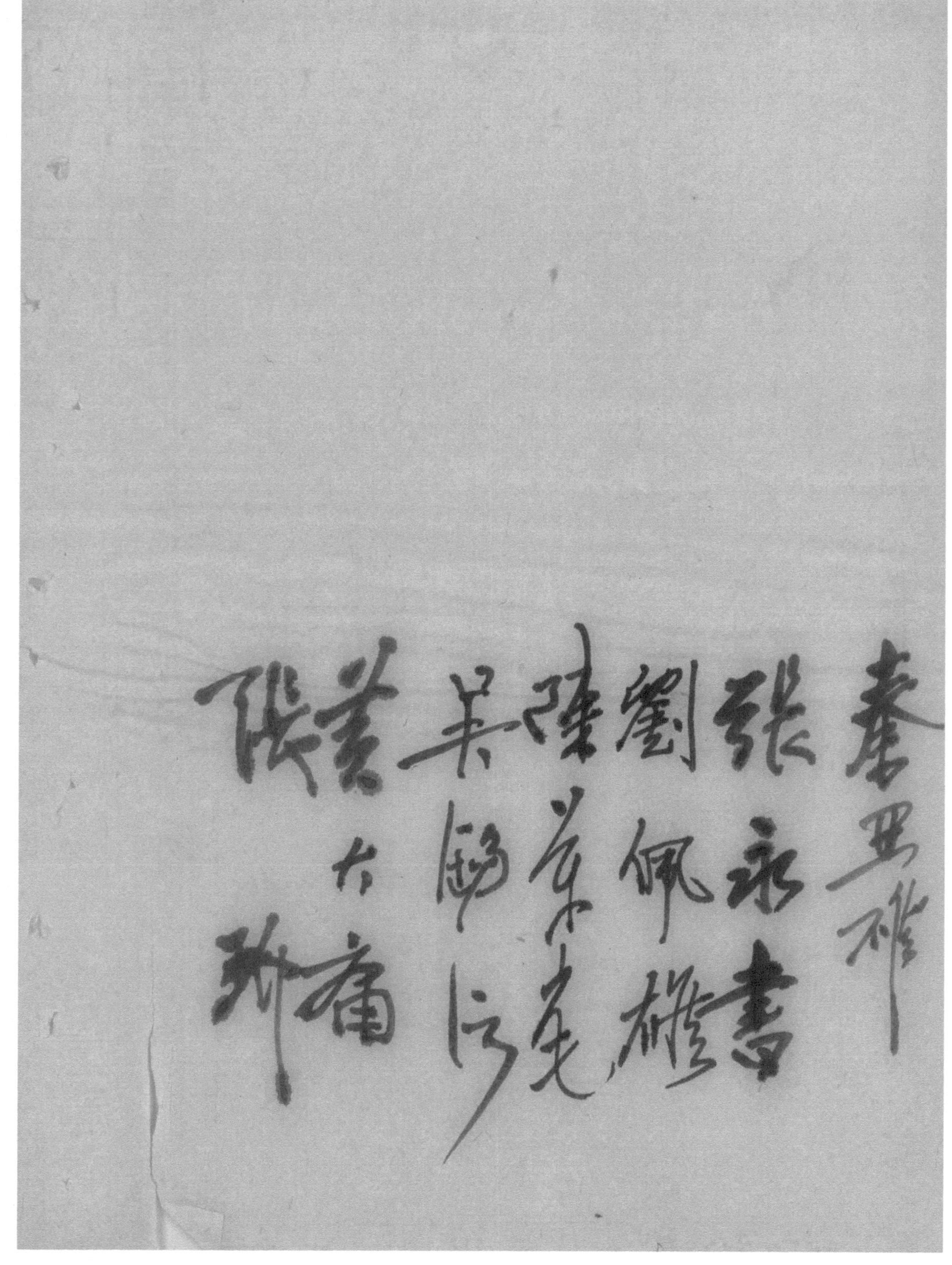

秦亞雄
張永書
劉佩權
陳英先
吳錫信
黃大庸
張翔

48

主席　吴锡瀛

纪录　董毓庚

報告事項

[illegible]

田總經理報告向綏靖公署陳述審議電價應請注意事項1、抗戰時公司每月電費收入在一千五百萬元時政府即補貼壹千萬元2、戰前電價應作標準 3、最近擬呈之電價係以八元六角七分一度煤價計算 如煤價有變動電價應比例增加 4、自本年肖份起公司因收不敷支負債過多即變賣材料維持現狀 以上事實為核議電價應請顧慮之點 除向綏署面報外並由秘書室函工務局齊局長促請注意

會報事項

一、関於代購電表桿綫材料及接户材料如何核定案

決議：一、以用户自備為原則 係上海材料運到照原價加運繳作為代購價目 二、桿綫補助費接户材料費採取電信局收费

辦法辦理

二、陸軍醫院分院無表用電再作有效辦法案

決議：由電務科再派員直接交涉

三、會計科請撥房屋專作存放傳票單據案

決議：由總務會計兩科與總經理指示辦理

四、二十四工廠因缺煤停借電流案

決議：由沙辦處催廿四工廠來函通知再由公司通告用户

總經理交議案

一、用户自備表及撤表修理過去有無積案應查清

決議：由業務科會同電務科清理

二、用户委托公司代購電表辦法已否擬妥實行

決議：照第一案辦理仍以用户自備為原則如用户無表由公司代購辦法由總務科擬訂呈核

三、關於總務科各事

(A) 顧警茶房之加強訓練

(B) 假期及晚間員工值班辦法

(C) 未住本公司宿舍員工住址有無調查登記

(D) 宿舍管理事項（如清潔 水電等）

決議：由總務科擬具辦法呈核福利社並將臨時員工名冊送呈經理室查考

四、管理本公司文具及印刷品暫行辦法

決議：通過由秘書室通知各部門照辦

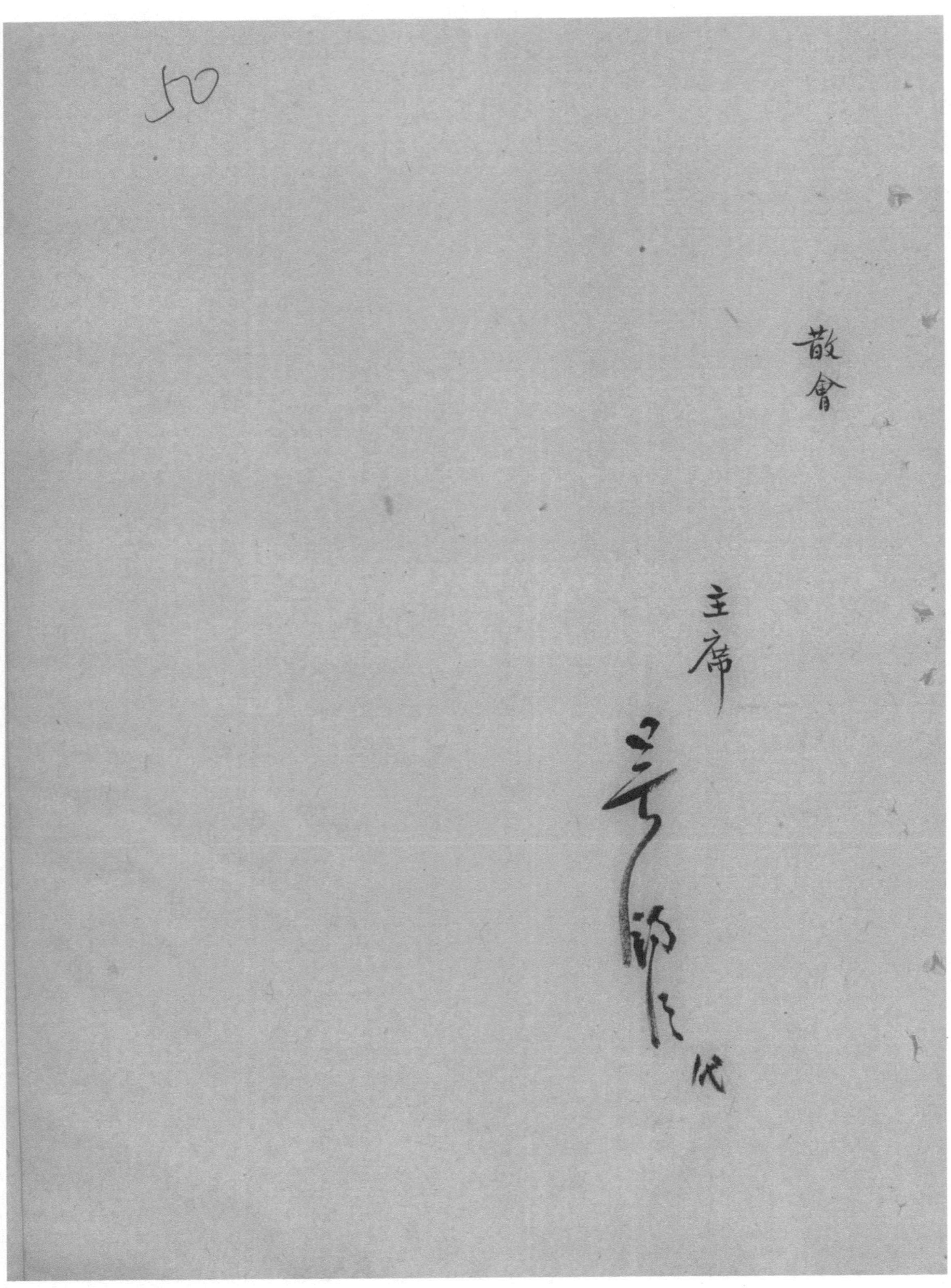

50

散會

主席 [illegible]代

51

重庆電力公司業務會報纪録

時間　三十七年十月十二日正午

地點　本公司會議室

出席

楊依深

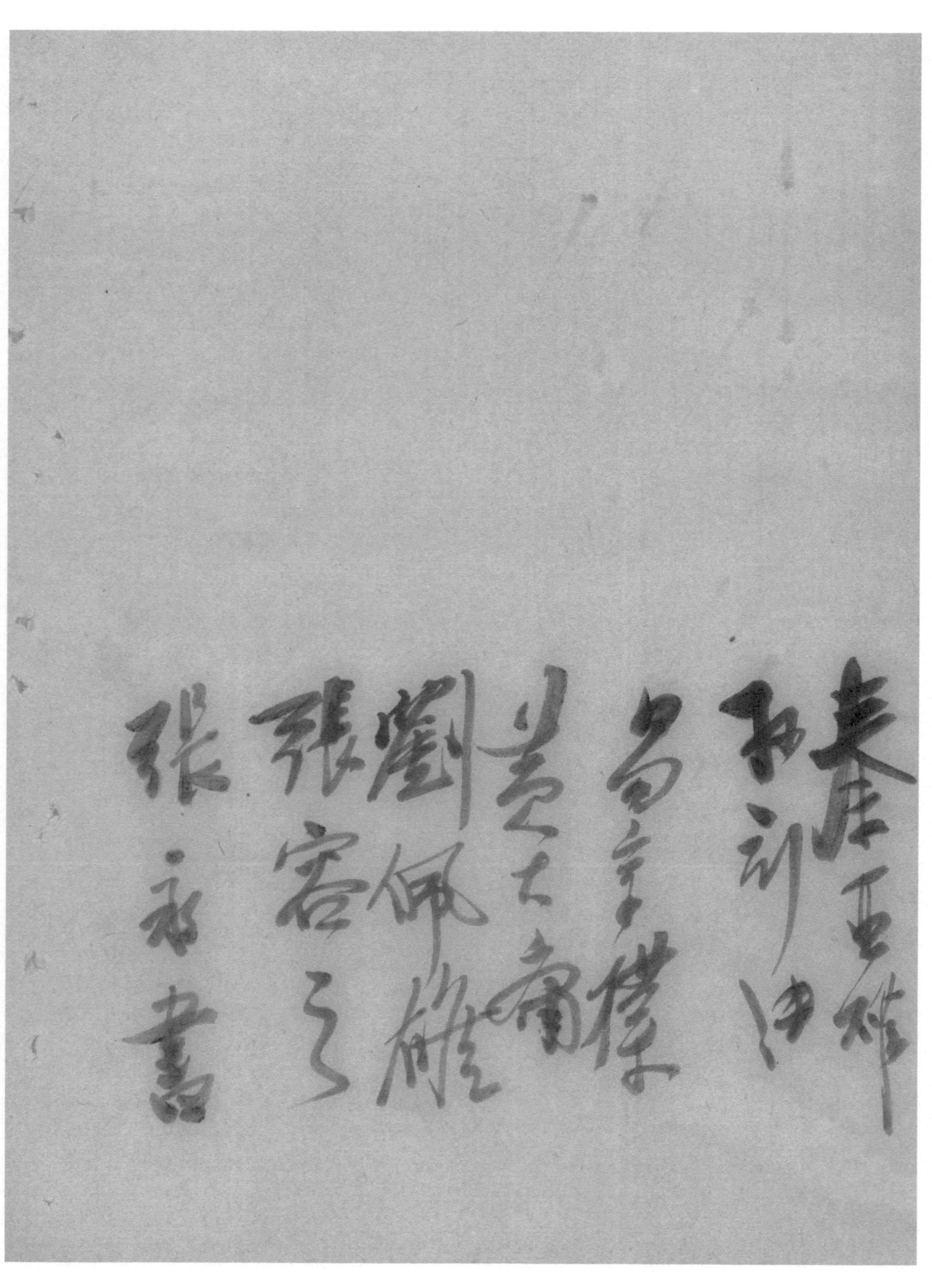

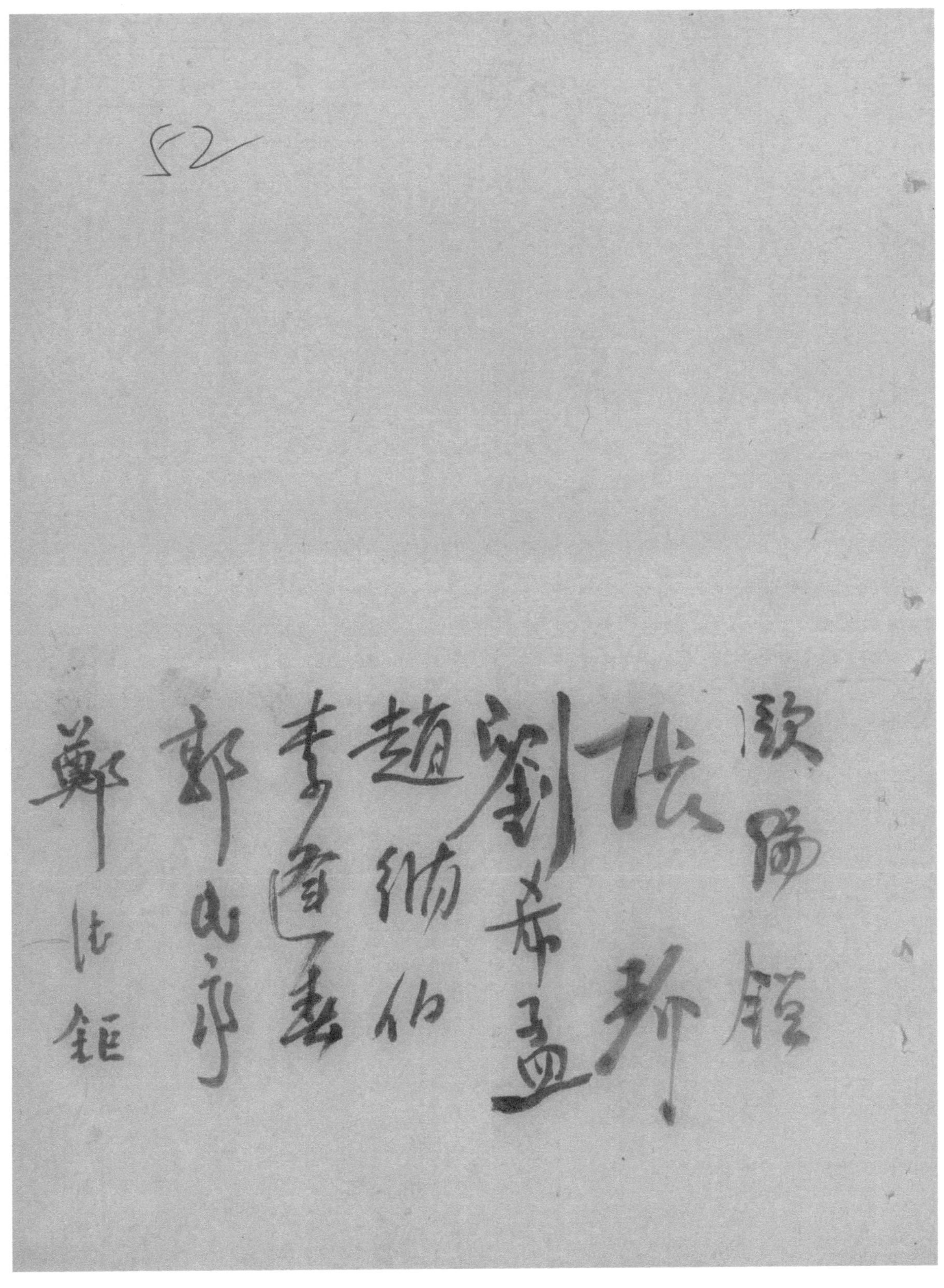

52

歐陽[illegible]
張羣
劉希孟
趙[illegible]伯
李[illegible][illegible]
郭民[illegible]
鄭[illegible]鉅

主席：吴续工程师

纪录：张君鼎

会报事项

1、续呈核定之包灯用电办法不能施行，市府核准备查，可行办理案。

决议：照办，并先将续呈计费机构着手办理。

2、江北区三区境及临江门宪兵司令部、大中日报、富电报请工务局派员会同取缔案。

决议：照办。

3、十安培以下之电表代收费暂定每一万之，并由总务科速拟代收任目案。

53

决议：照办。

4、会计科单据移存以康仓库案；

决议：俟以康仓库有空位时再移存。

5、桿线材料照中央电工器材厂价目计算案；

决议：由中电厂询价作为根据。

6、弹道研究所重庆总厂安植桿敷线案

决议：照预计算公司负担三成，该处负担七成。

7、鹅公岩起煤工人天雨不起煤及迁移住宿案

决议：请社会局通知改善移住问题，亦请社会局解决公司居于协助地位。

8、第一厂煤栈码头桩倾斜应速修复案：

决议：由总务科庶工修理。

9、电信处倘设先将大宗欠费收回，发出薪费以应急需案

决议：照办。

10、职工调查表保证书速填报案

决议：照办。

11、职工用电处所与申请时不符者报请更正案。

决议：由稽查组将办理情形签报经理室核办。

主席 吴[illegible]

54

重庆电力公司业务会报纪录

时间：三十七年十月十九日正午

地点：本公司会议室

出席：

蜀公稷

李宝(?)

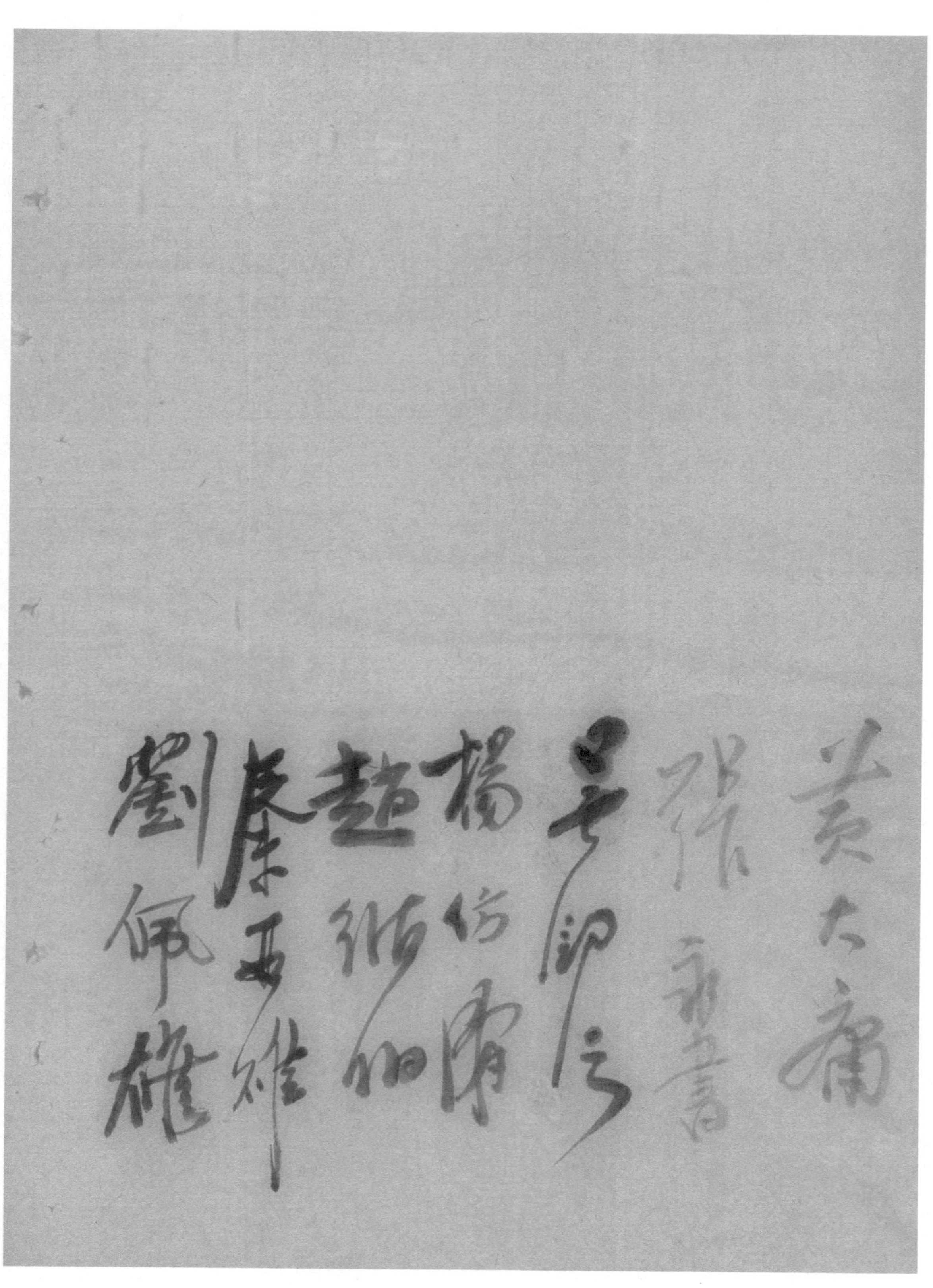

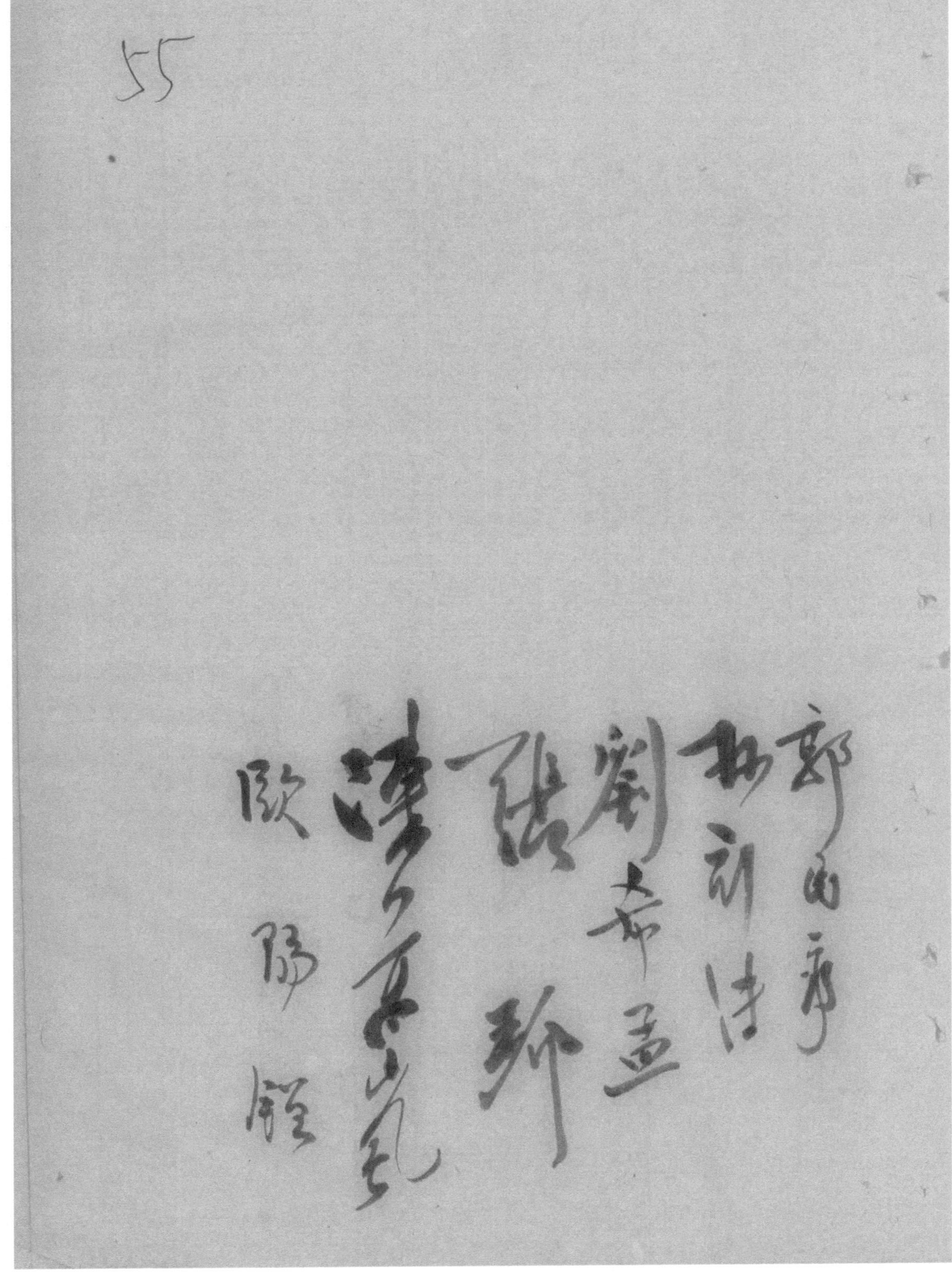

主席 吴总工程师锡瀛
纪录 董毓庚 张君鼎

会报事项

一、桿线材料费本中电厂价单未到以前植放时拟暂作借用应如何收费案

决议：仍借由本厂将材料同用户接洽总将材料决定价格会计科出临时收据

二、杨科长新民报告天府公司来函称欠运他处煤斤拟自本月昔起暂停本公司煤斤供应请各厂注意案

决议：邀请市政府社会局天府公司等共同会商解决办法并一面函复及主管科前往交涉

56

三、電燈户照之本費請速通知以便照收案

決議：總務科速通知業務科

四、陳科長業嵐報告 螢光灯電容器業已選到據用户代表稱電容器裝置不及擬請自領取之月起不加收電費並請總務科通知訂户催提賸餘電容器存套出售請決定案

決議：速催用户提取裝置賸餘電容器俟訂户提清後再商辦法

五、劉科長希孟報告 二廠於今晨一時發現來歷不明一人將進入機器房之時被工人發覺將其捕獲之時來人突跳入水池後經撈起即送警察第十六分局詢問尚未得出來廠目的詳另以書面報告擬請對發覺工人予以獎勵並加強廠警管理案

決議：由廠將經過情形用書面簽報後再由公司報呈主管機關，一面並由各廠注意人事管理，以防意外，總務部份由李厨主任辦理

六、關於廿四兵工廠來函聲叙停電原因案

決議：由公司登報向用戶聲明

七、職工用電戶牌已開始編訂，二三助廠南岸者當應派職員，請速派出，以利工作案

決議：二三助廠南辦處速即派往用檢組工作

主席 [illegible] 代

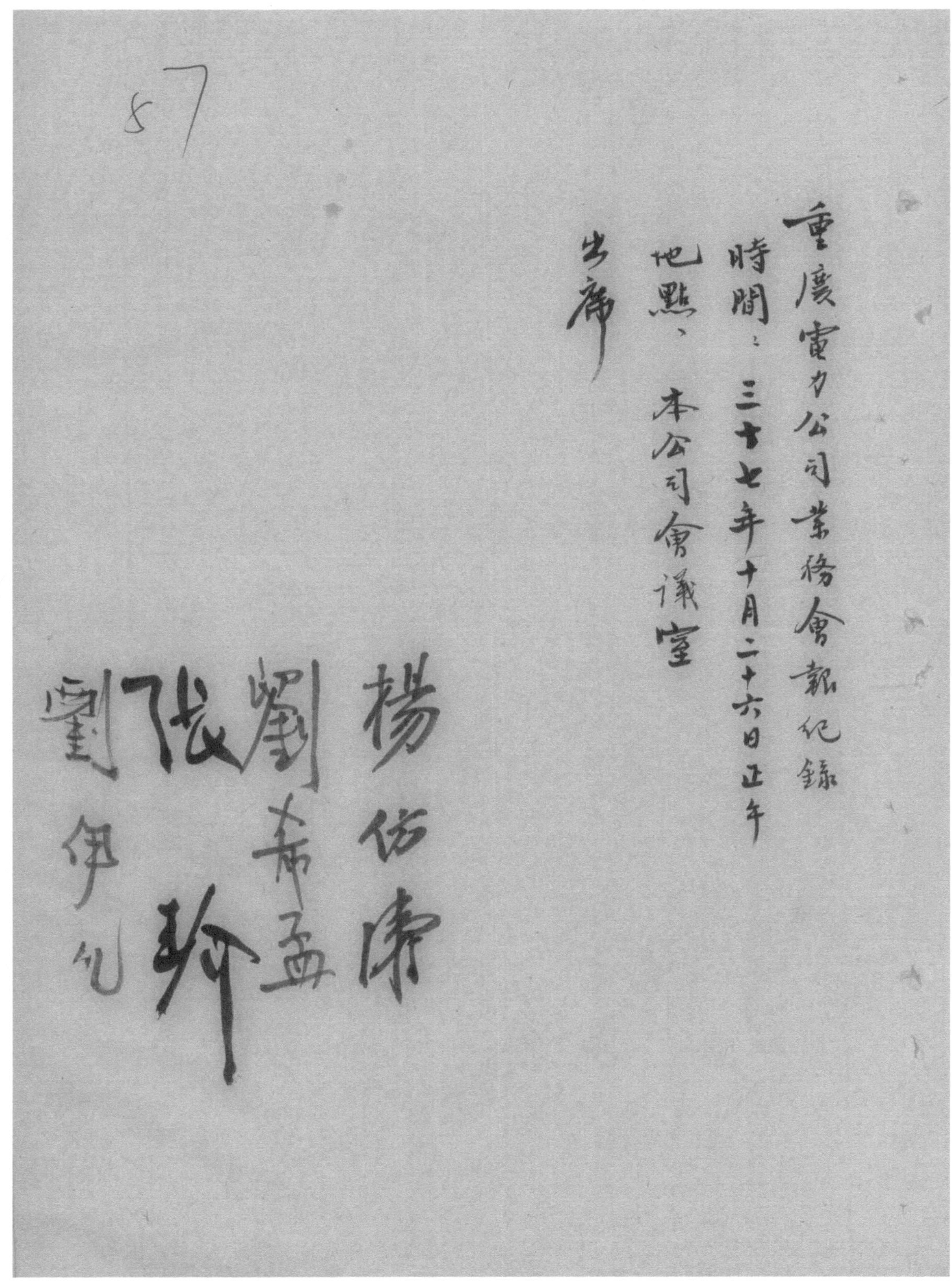

87

重慶電力公司業務會報紀錄

時間：三十七年十月二十六日正午

地點：本公司會議室

出席

楊仿康

劉希孟

張玠

劉伊凡

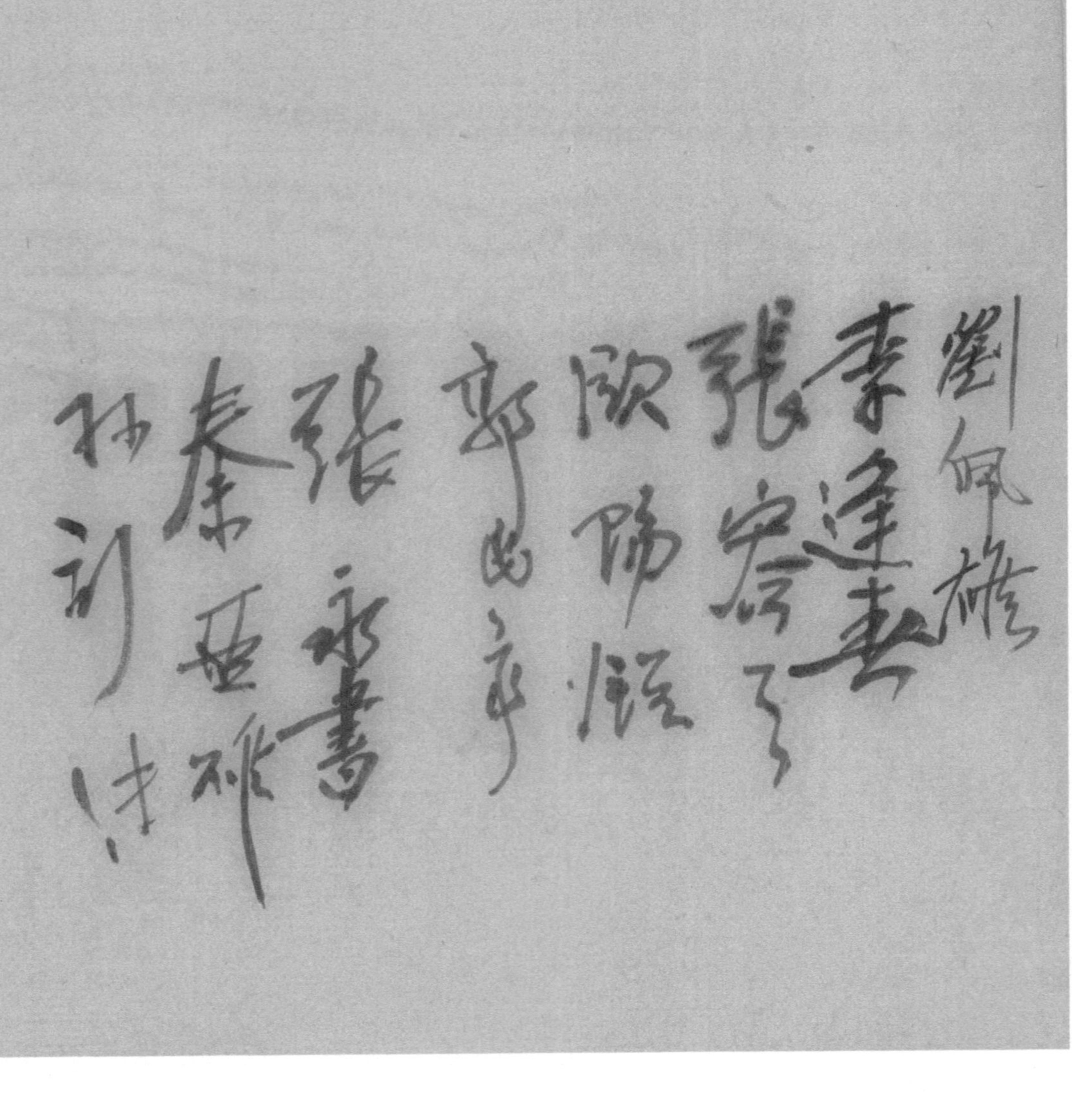

(-8

陳京嵐

葛家樑

吳郁之

黃大庸

趙循伯

主席　吳總工程師

紀錄　張君鼎

會報事項

一、植桿放线由用户自備木桿方棚電線照中電廠價目加油料運繳角鐵磁瓶由總務科詢價案

決議：照辦

二、包燈户之内线檢查不合格者除通知本人外并通知其管轄機關函轉令改善俾本公司可取得法律根據一面先為接火案

決議：照辦

三、登報通告訂購電容器者限期來取未向公司訂購電容器者及未自備電容器安裝者照工務局通知增加四倍收費案

決議：通過

四、代購電表價目本年十月份照現訂價自十一月份起照上海電報價為準案

決議：通過

五、鄭副科長法錐廿五日在江北失蹤由劉主任希孟主持加派周鶴林鄧陽春等沿江尋找並由公司代電水上警察局尋覓案

決議：通過

六、臨工雇員食米一担上半月以一日至十日下半月以十六日至廿五日臨江門上河熟米最高價發給本月係照廿六日米價發給由總務部科派員會同調查並取得書面根據之米價為準案

決議：通過

主席 [illegible] 代

60

重慶電力公司業務會報紀錄

時間：三十七年十一月九日正午

地點：本公司會議室

出席

[illegible]

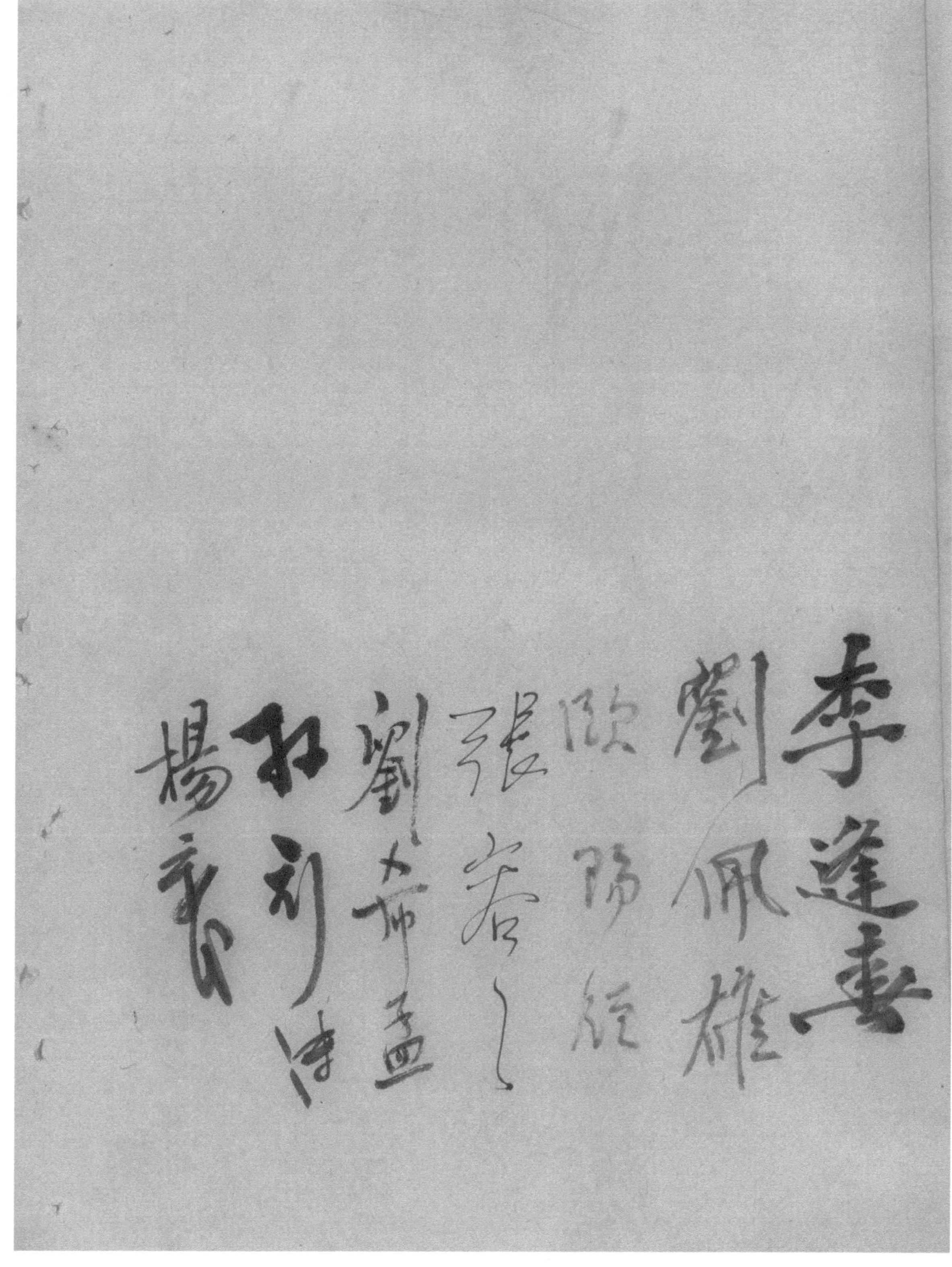

李逢春
劉佩雄
歐陽維
張若[illegible]
劉文[illegible]孟
[illegible]劍津
楊[illegible]

杨储浦

主席　杨主任秘书

纪录　张君鼎

会报事项

一、杨主任秘书报告此次公司审讨职工待遇经过情形，对于调查米价办法请加以补充，以利实行案

决议：以发薪前三日临江门米市中熟米价为准，由总务、稽核两科及工人代表各一人共同前往调查，总务科为召集人，发薪日米价与调查米价有差别时，于一周内补发或补扣，加以四斗合来价折合为米。

2、路工雇员十月份分别补发十元及十五元之案

决议：照发

3、电表押金之收取拆后退还办法之案

决议：照办

4、催促包灯用户从速办理包灯手续案

决议：由秘书室拟稿通知就开关路已填表户通知其可先办手续，其未填表者催促办理

5、取消限价后接户材料如何定价案

决议：照旧案办理

主席 杨协濬

62

重慶電力公司業務會報紀錄

時間：三十七年十一月十六日正午

地點：本公司會議室

出席：

陳希聖

李（簽名）

楊（簽名）

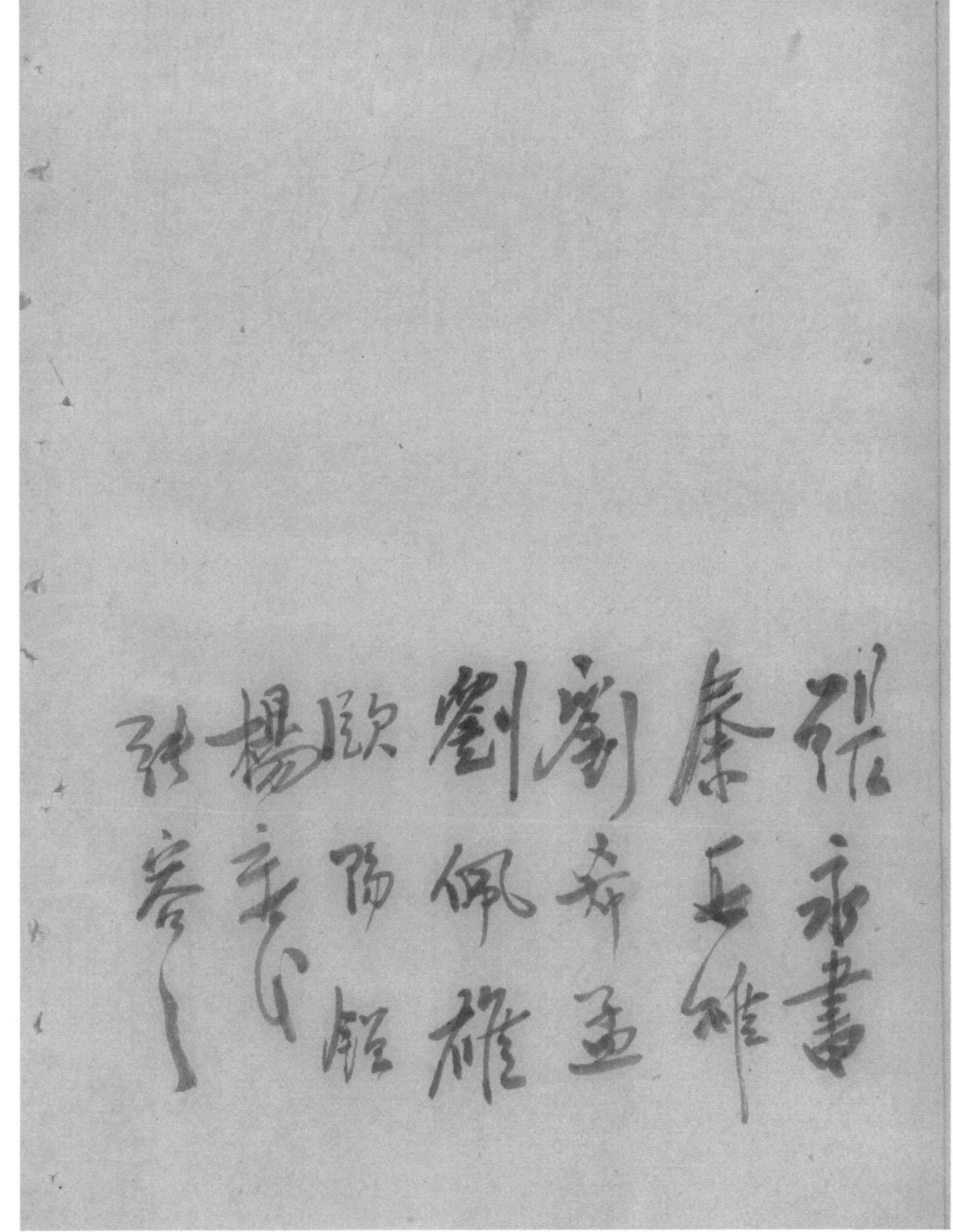
張永書
秦正維
劉奔孟
劉佩雄
歐陽銘
楊彥民
張容

63

吴锡瀛

章晓钟

刘伊凡

主席　吴总工程师

纪录　董毓庚

会报事项

一、吴总工程师报告：近月利息过高，将影响职工生活。十二月份薪工拟于最近期间设法照应领米量发给半数。

决议：由业会购料，照计头寸，各主管帮助接洽收费，交由总会稽三科先将发放表格拟出，呈由经理室通知各部填造

二、出勤津贴值班津贴如何支给案

决议：十一月份按原来折数调整，科长暂行支给

三、宪军司令部送来包灯用户二百余户拟予迅速办理争取时间以收实效案

决议：不分市区郊区凡公司已有低压线路之地无论装表自备表包灯均酌予供电，由业电购料会商速办

四、电务科请调回原派驻各厂处管理电话小工案

决议：照准，各厂处电话线路由各厂处线路自行负责维护

五、西四厂对沙瑞区供电自十月份经常临时停电引起各方责

詢請派員交涉案

決議：由張主任、歐陽科長分別前往商洽

六、劉科長伊凡報告　本比付出煤款計天府十七萬、寶源三萬均係承兌匯票，庫存款只五萬餘，計付電一廠叁萬五千元，程總經理二萬，田總經理一萬貳千，其餘作零開支，以後如遇特別用款，收入電費不[illegible]數，當作職工薪工之用

七、散會

主席

165

重庆电力公司业务会报纪录

时间：三十七年十月廿二日正午

地点：本公司会议厅

出席：

李
张
浄
郑
赵

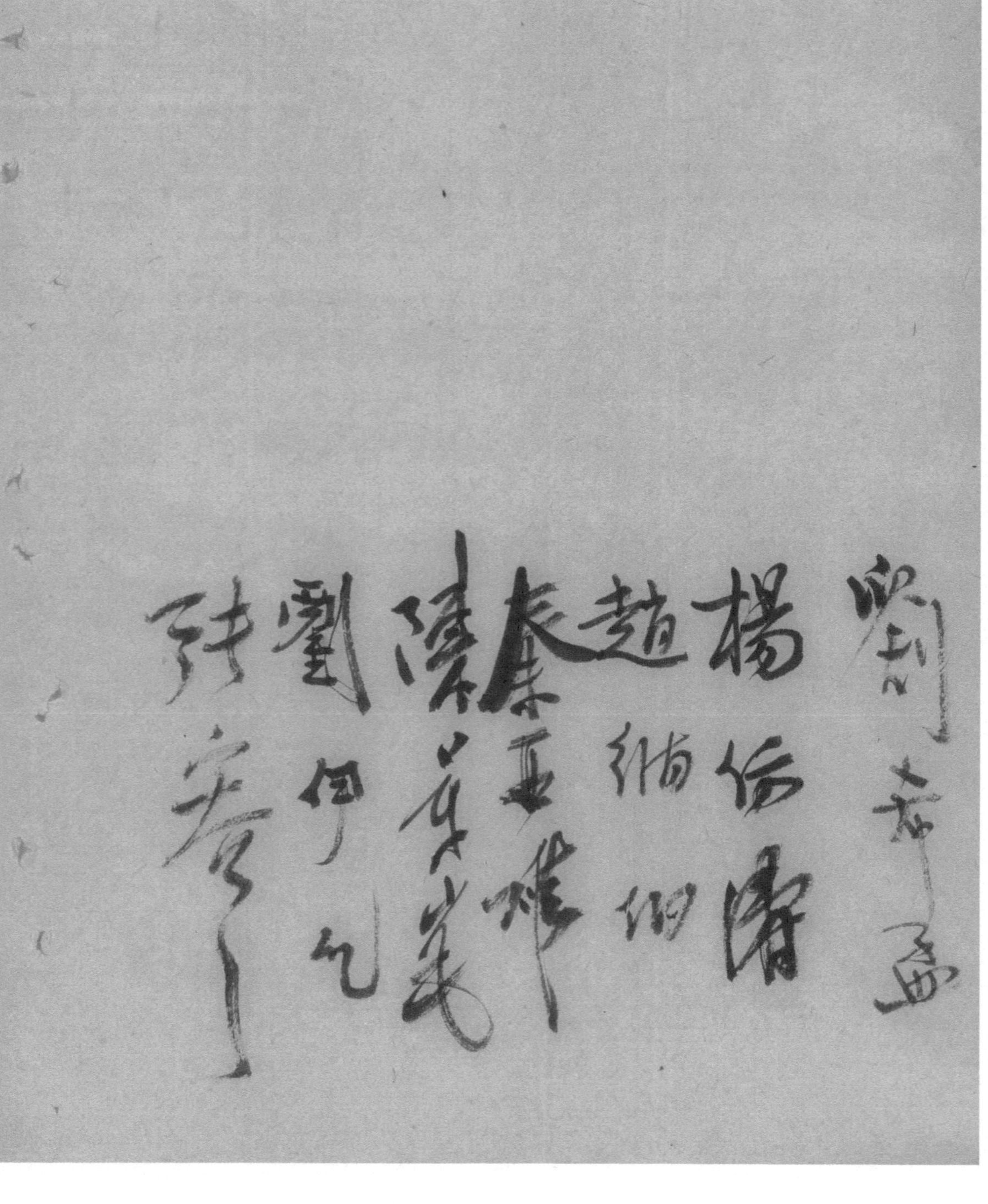

66

阮璐霞

杜新沛

俞宗傑

章嘯虹

劉佩權

主席　吳德工程師

紀錄　董毓庚

會報事項

一、吳總工程師報告：昨天與議會市府工社兩局及各煤礦公司洽商來煤問題（1）天府寶源兩公司至月底止來煤三千噸本公司自本日起每日付款三萬元（2）以往所欠煤款俟由總經理轉渝解決（3）預付煤款今日已經市參會審查會允許本公司比照十二月份電價向用戶預收一月電費將以前所收之預收一月電費及用電保證金兩項名稱取消以後只用預收一月電費一個名稱以往所收之費折為金圓券現在先收之預收一月電費內扣除去年所收兩款據會計科查報大約八億左右本人以為數不大已經承認照扣俟提交大會通過即可最後本公司並訂明廿五日招待新聞界報告經過情形及預收一月電費

67

之說明

二、吳總工程師報告：據本月底前發放職工房貼部份連同月底煤款和轉江起力等共需款五十萬元，望加緊收費以備支付案

三、陳科長景嵐報告：為年底以前適應公司巨額支出，擬加強收費起見，希望經理室加派收費人員以利收費案

決議：(1)由各單位撥出職員或工友一至二人幫助收費(2)三科事務所轄地區之用戶，以由事務收費為原則，由業科同三事務所洽辦理

四、用戶利用電表燒燬平均計算電度收費機會希圖逃避電費，應如何予以制止案

決議：由業科抄表股檢查現該表在第二個月抄表時尚未調換，仍

以平均度數收費時，擬先提出書面通知，迅即解決。

五、關於聘工兼工發放技術改進案

決議：仍由總務科統發，在確定未實後三日內發完，各單位仍輪流發放。

六、福利社請求撥給購藥費案

決議：先撥四千元購買。

七、江北合同廠家請送停電紀錄案

決議：電務科檢辦。

八、關于各廠每月發電度數、贈電度數及抄見度數統計後之損失電度案

決議：由廠業電三科於每月底列表交換，並通知用電檢查組辦理。

68

九、散會

主席 [illegible]

重慶電力公司業務會報紀錄

時間：三十七年十一月三十日正午

地點：本公司會議室

出席

吳立樸

李達

劉佩蘅

劉希孟

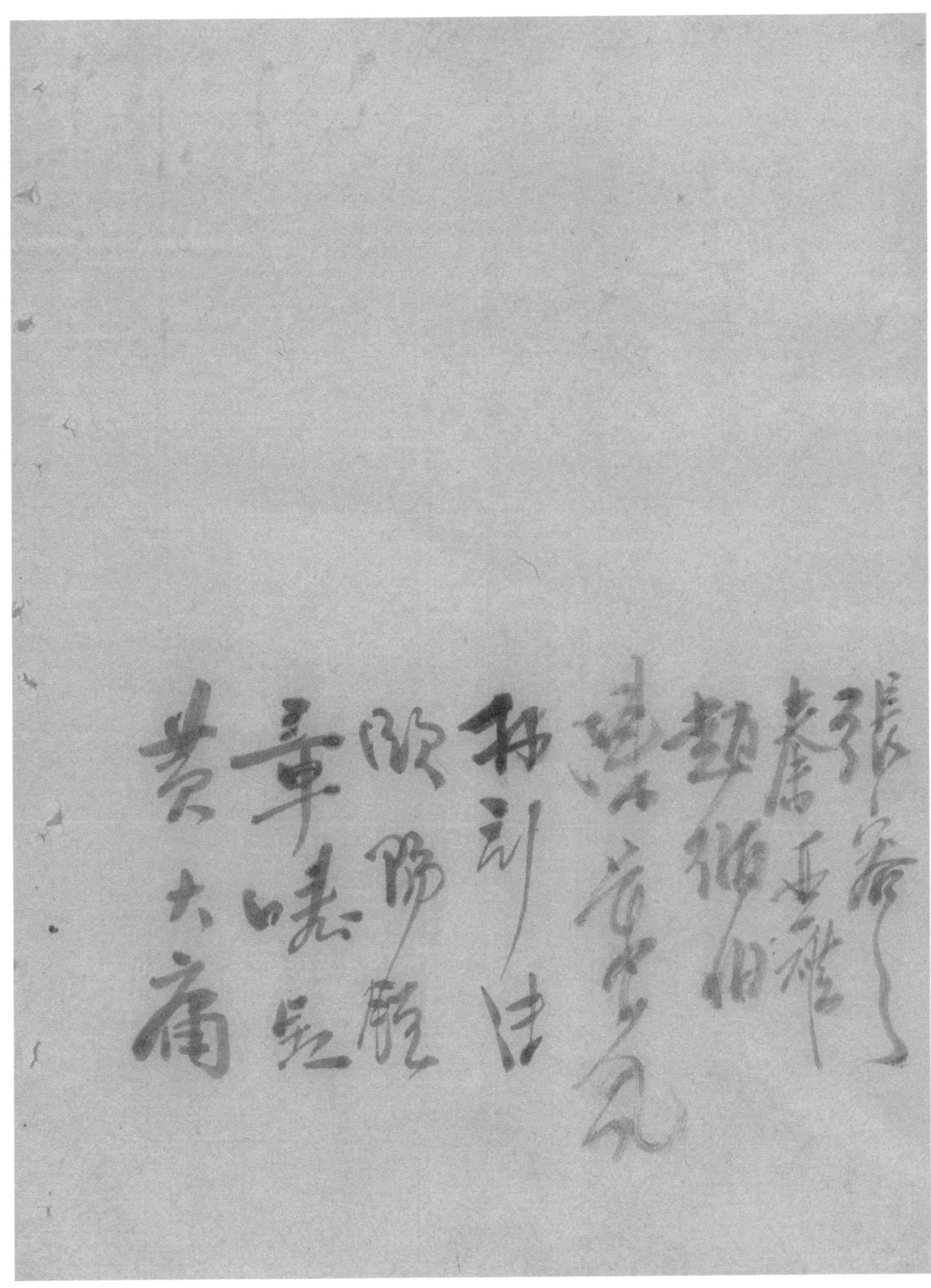

70

主席　吴总工程师

纪录　张君鼎

会报事项

一、吴总工程师　报告第一厂发电二百四十万度，卅见一百五十万度，第二厂发电六十五万度，卅见二十四万度，第三厂发电二百一十万度，卅见一百零五万度，依照上项统计可窥见本公司业务状

精储

张（签名）

況今後每月二日各廠將發電度數每月十五日抄表股將抄見度數分別送交總工程師室以便統計

二、十二月份抽调人員收費以應急需案

決議：（甲）通遠门一帶至觀音岩一帶由用電檢查組派員收取

（乙）十五電區由廠務電務兩科派員收取

（丙）會計科負責收取一個電區之電費

（丁）南岸野貓溪以下由二廠派員收取

（戊）總務科派王祥瑋李重芳加入收費股工作其他各科未派定人員者從速派員　收費人員給予膳費

三、遵田總經理条令不许借支並不得提前借支薪俸案

決議：通過

四、補發十月份因公出勤津貼案

決議：因事連加工臨時出勤津貼及值班津貼應不補發

五、包灯用電之外线及内线装置不合格者應如何辦理案

決議：如能辦者先行辦理其不可能者應實報請工務局備查

六、請警備司令部出示禁止駐兵及參觀案

決議：將三廠之辦事處不得駐兵及參觀理由報請警備司令部佈告

七、預領十二月份加班費案

決議：預領之數發薪時扣還。以後如必需加班者於工作開始前報由經理室核准。工作完畢後再做加班賬（工人加工除外）收費

出納股應於下午六時下班

八、十月份福利費發放日期案

決議：下期一調查米價是日下午開始發放星期三發完

九、第六區第十保（大渡溝）請捐冬防費案

決議、捐助壹百元

十、沙坪壩辦事處請勻電供應案

決議：二廠供給二十廠三廠供給沙坪壩輪流日期由電務科擬定

主席

72

重庆电力公司业务会报纪录

时间　三十七年十二月七日正午

地点　本公司会议室

出席

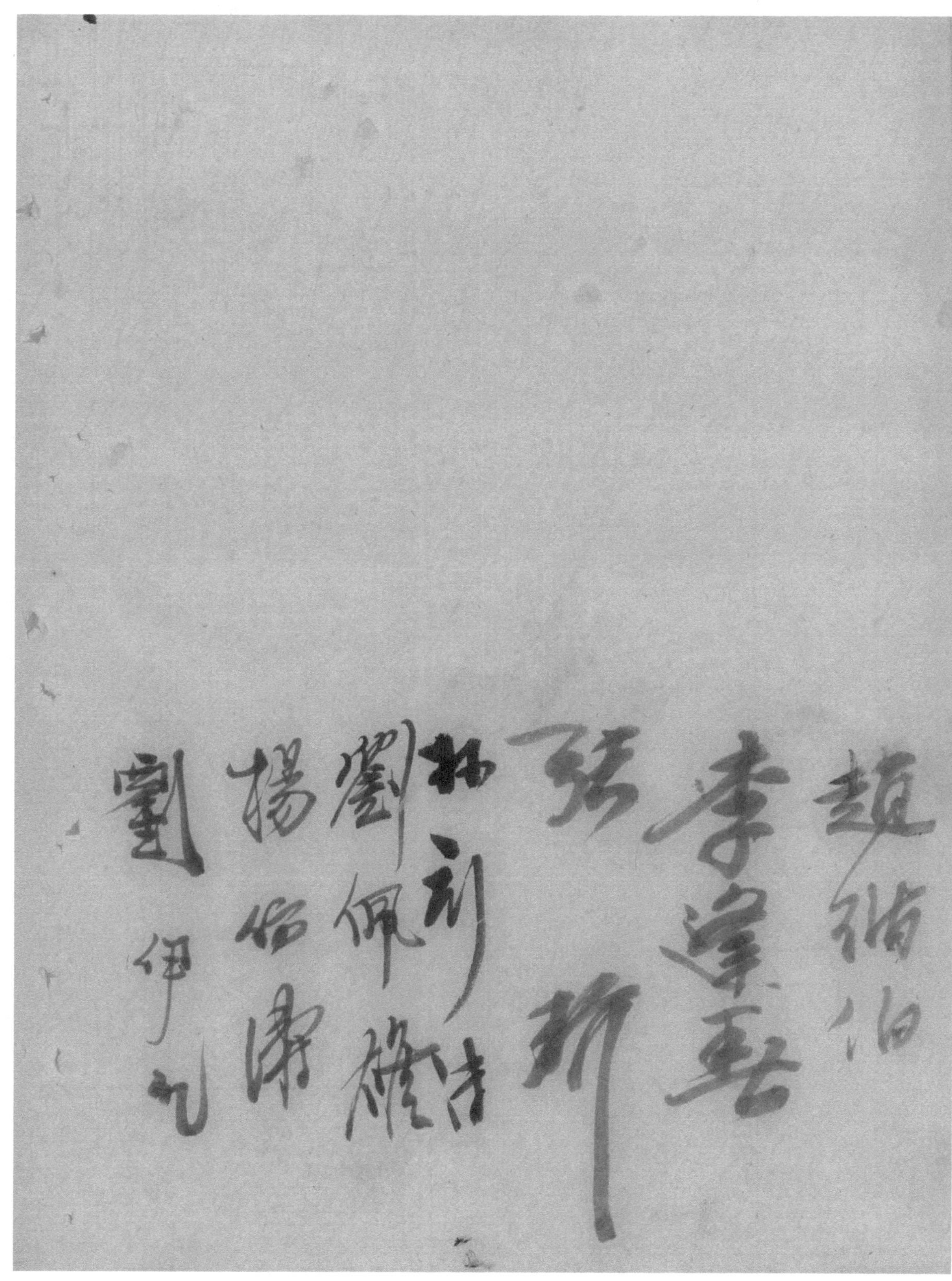

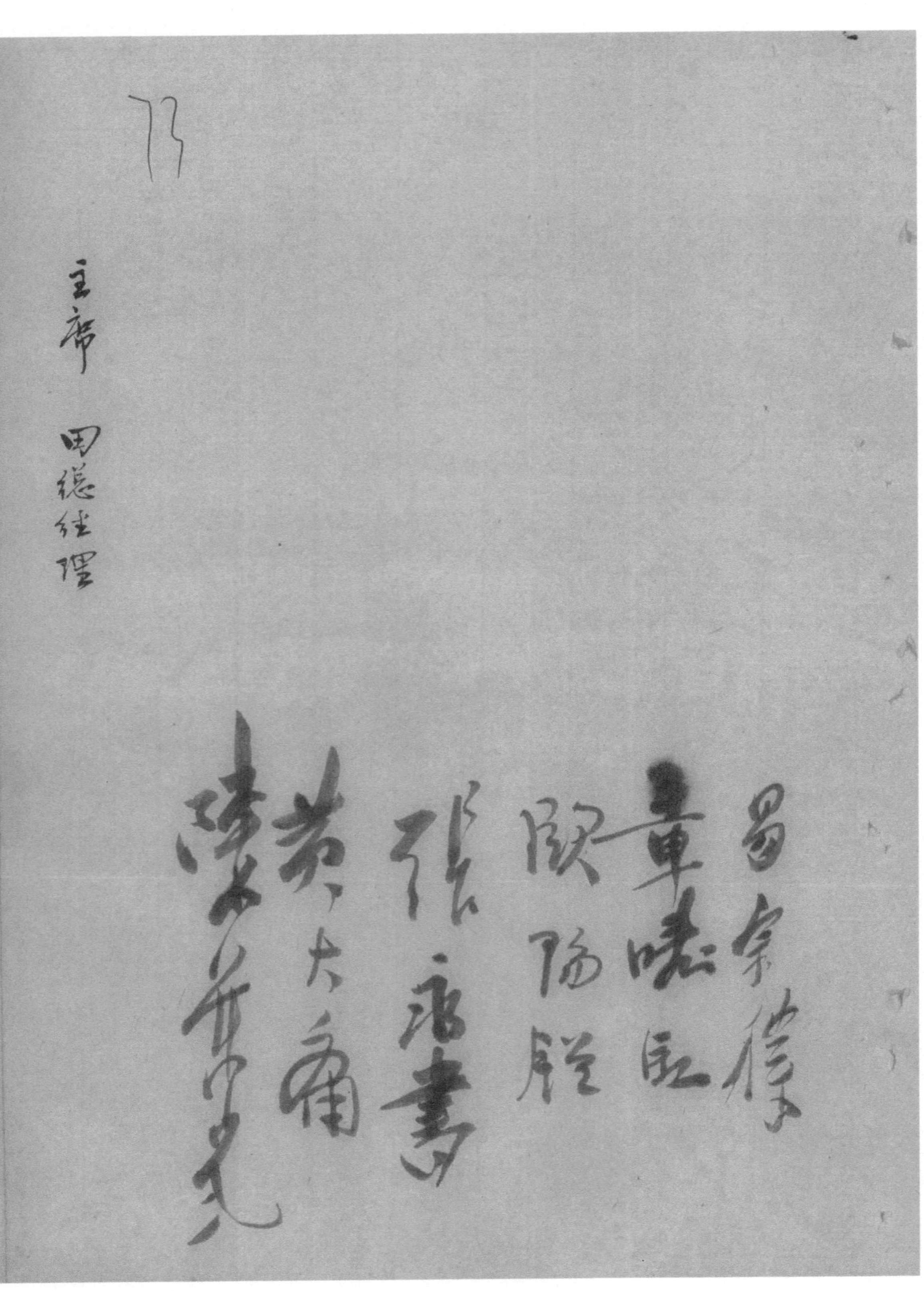

77

主席 田總經理

[illegible]
章[illegible]
歐陽[illegible]
張[illegible]書
黃大庸
陳[illegible]

紀錄 張君晶

會報事項

一、田總經理報告 在京滬接洽運機及貸款事已蒙允情形 新機運入院無把握 今後應注意事項（一）努力收費（二）加強取締竊電並結集收費抄表兩股負責人出席商討詳細辦法

決議、由業務科定期召集三科事[illegible]稽核室電務科總工程師用電檢查組草擬辦法呈由總經理決定

二、沙坪垻用戶以停電過多拒付底度費案

決議：由業務科通知沙[illegible]分別與洽

三、華新街總表內有公司職工二人及學校一所其電費如何

74

计算案

决议：(A) 职工照缴电费由公司照章发给应得电度之电费 (B) 学校已装有电表其电度在总表内扣除由公司向学校收费

四、大坪装总表需要木杆以便放线案

决议：购买木杆植放

主席 田習之

75

重庆电力公司业务会报纪录

时间：三十七年十二月十四日正午

地点：本公司会议室

出席

杨佑儒

陈中熙

田习之

康世维

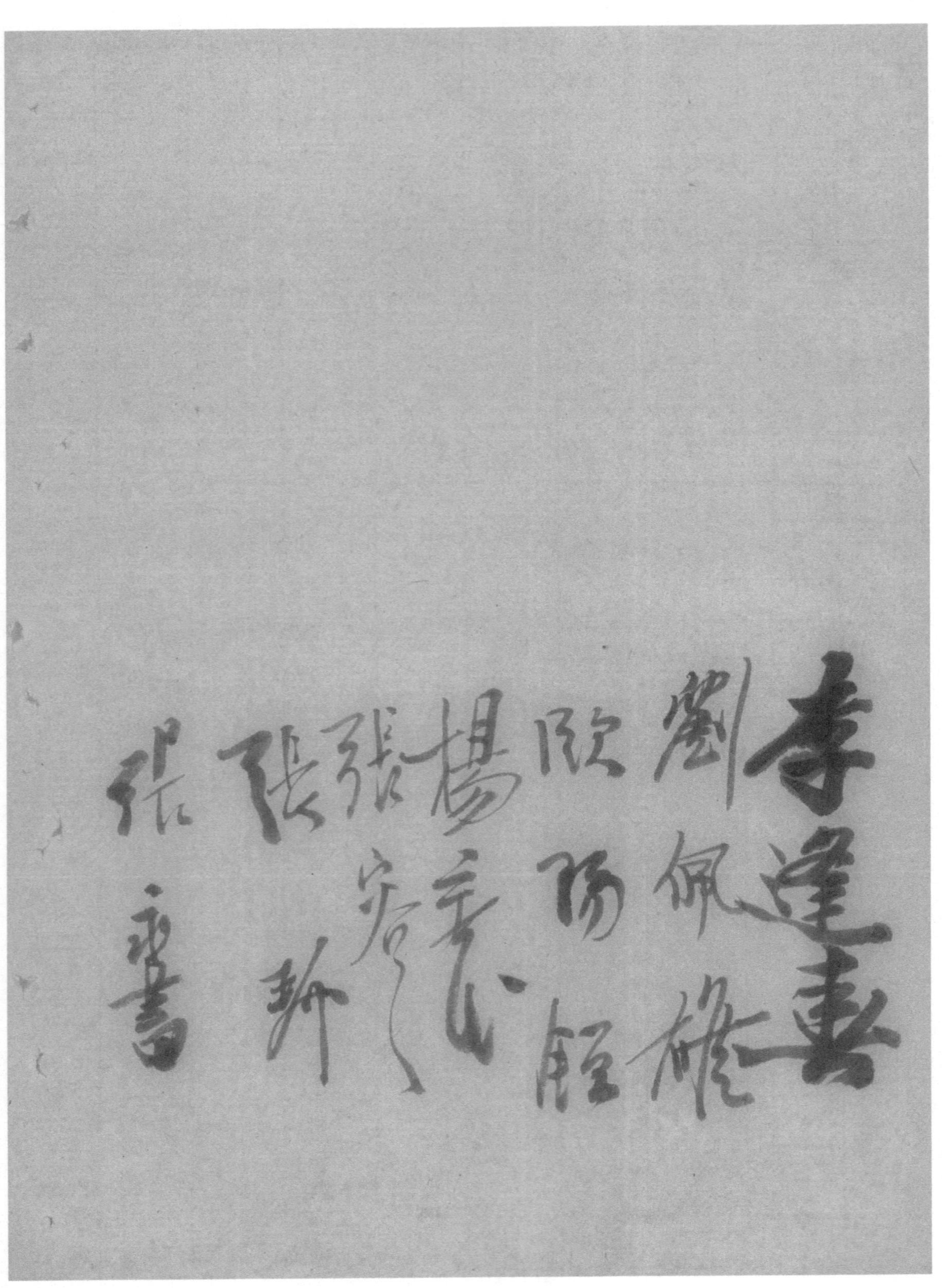

76

報到人 劉希孟 黄大庸 易家樺 吴卿之

主席 田偲經理

紀錄 張君駿

會報事項

一、楊公橋聯勤總部所屬某工廠拒付底度費案

決議：由沙坪壩辦事處派員洽辦大表改換小表或換函件保證將來恢復用電量時改為大表

二、中紡廠加放綫路避免輪流停電材料補助費二萬四千元洽請照付並約劉廠長到公司一談案

決議：由沙處派員洽商並說明收煤款情形

三、派朱致克赴江北裝運竟成煤廠派李達赴洽購東林煤廠捷濟第三廠派員收購二岩煤補充一二兩廠燒煤案

決議：無異議

四、新械爐自日內可起運函請協理商請民生公司直運重慶並考慮派員赴宜協助運輸案

77

決議：無異議

五、中央醫院方面提為修漏由此案派員南岸防止漏裝及禁止偷電辦法案

決議：無異議

六、張組長報告取締竊電經過情形及損失統計並建議今後取締方法案

決議：採用集中檢查方法對於竊電甚劇區域鼓勵人民自動檢舉另辦事處負責權限損益一事加以考慮

七、二廠冬防費南辦事處自衛隊服裝費另捐一百元案

決議：通過

八、吳總工程師報告十一月份發電及抄表度數第一廠發電二

百六十六萬度第二厰發電六十三萬度第三厰發電二百二十三萬度共計五百五十一萬度購電度數為中央紙厰二十六萬度二十四厰十五萬度五十厰三十七萬度共計八十萬度自行發電與購電度數總和為六百三十一萬度抄見度數為三百七十五萬度損失二百五十六萬度計為百分之四十點六電燈之城區一百二十二萬度南岸二十二萬度江北六萬度沙坪壩十四萬度共計一百六十五萬度電力之城區六十六萬度南岸四十三萬度江北六十八萬度沙坪壩三十一萬度共計二百零九萬度電熱為二千七百八十六度

主席 劉[illegible]之

78

重慶電力公司業務會報紀錄

時間：三十七年十二月二十一日正午

地點：本公司會議室

出席

黄大庸

李[illegible]春

張斯

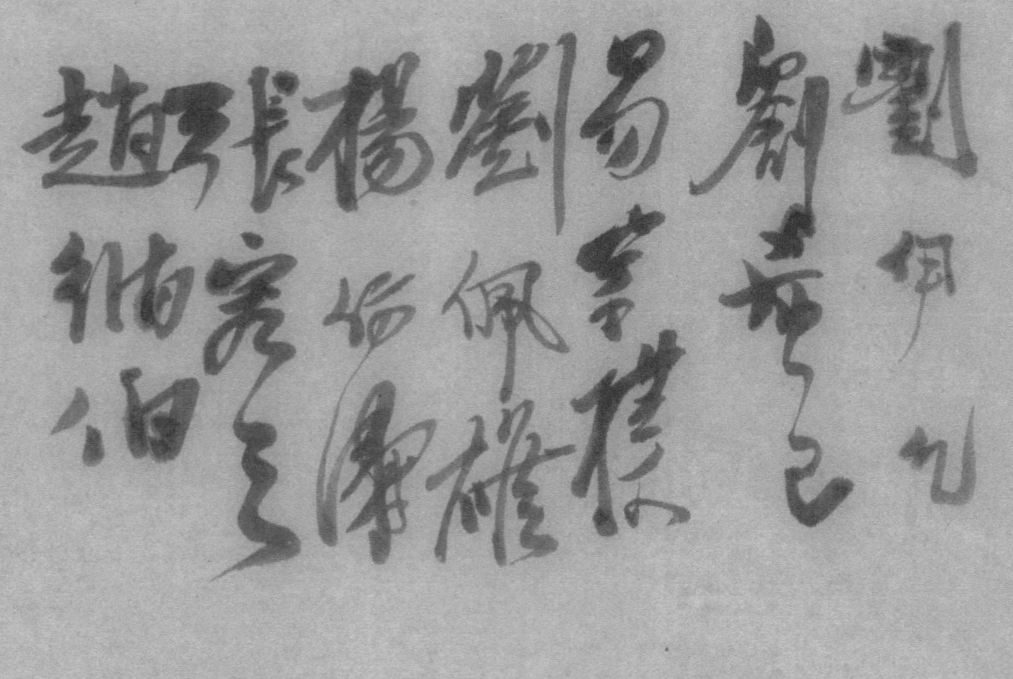

[illegible]

主席 吴总工程师

纪录 张君鼎

会报事项

一、公司煤源多半来自天府对天府付款尺度应放宽案

决议：照办唯新电价未核定前无款购煤只有被迫停电

二、山洞每日下午四点复电晚十二点停电案

决议：照办

三、何给明调检查组工作案

71

决议：照办

四、三厂职员薪俸请发现钞或不划线支票案

决议：发薪时须主任与黄科长会同办理

五、现有汽船一只待售本公司可购入拖运第三厂煤觔案

决议：由总经理核定

六、南区公所函请自行在本公司线路上安装电灯案

决议：准请径向路灯管理所洽办

七、散会

主席 [签名]

80

重庆电力公司业务会报纪录

时间：三十七年十二月二十八日正午

地点：本公司会议室

出席

李莲馨
张珩

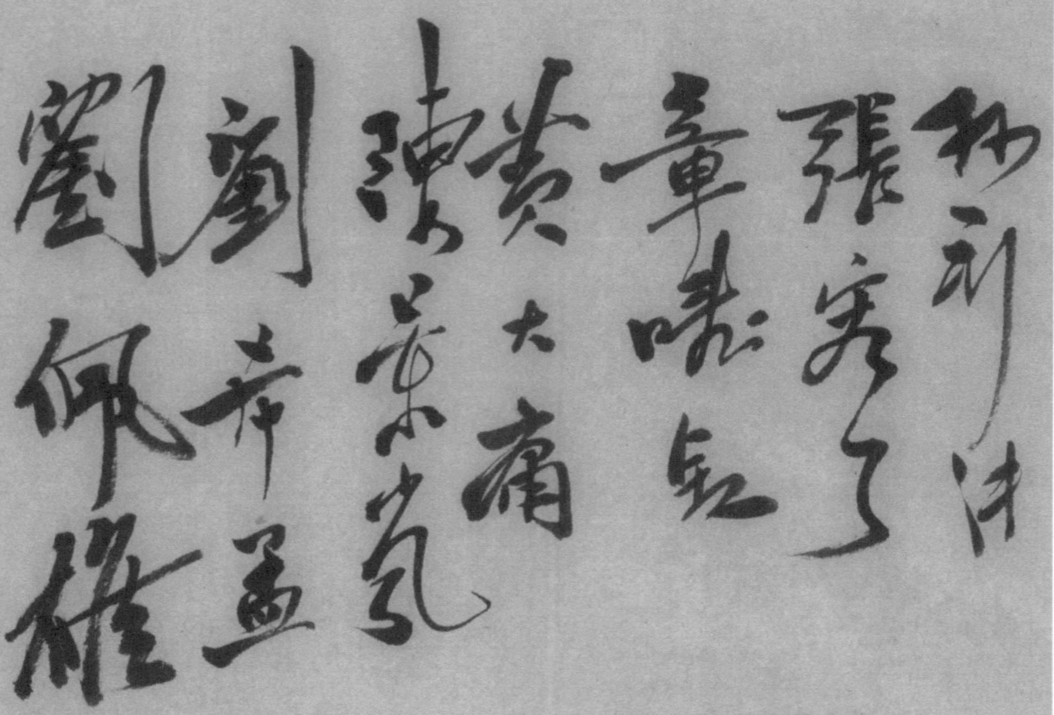
黃大庸
劉佩權

87

康要雄
楊秉江
馬宗傑
陳郎熙
楊治潤
張永書

主席 田總經理
紀錄 張君鼎
會報事項
一、自即日起舊曆臘月十六日止除經常煤外一三兩廠應各儲煤二千噸二廠一千噸以備急需
決議：（一）推定李副主任達斐、張組長容之、楊科長欽民、曾股長昭元四人負責購辦
（二）現錢現貨
（三）不限於天府、寶源兩公司煤觔
（四）煤價照官價計算
（五）寶源煤燒不起磅不應照精選煤計算

82

二、舊曆年前需伍百萬元勉敷開支案

決議：由業務科加緊收帳先向兵工廠接洽提前付款

三、臨時工應否發給獎賞金案

決議：照發

四、舊曆年前與十二月份薪給同時發給獎賞金一月事應由職工代表將劉董事長當日談話書面陳報經理室俾有根據案

決議：無異議

五、加強各單位取締竊電工作案

決議：(一)各單位於每星期會報時報告一週內工作情形

(二)遇有困難不能執行工作時將竊電情形調查確實

六、散會

俟報請取締組集中力量前往執行

主席 田習之

83

重慶電力公司業務會報紀錄

時間：三十八年元月四日正午

地點：本公司會議室

出席

歐陽觀

劉佩雄

劉伊凡

楊新民

吳大甫

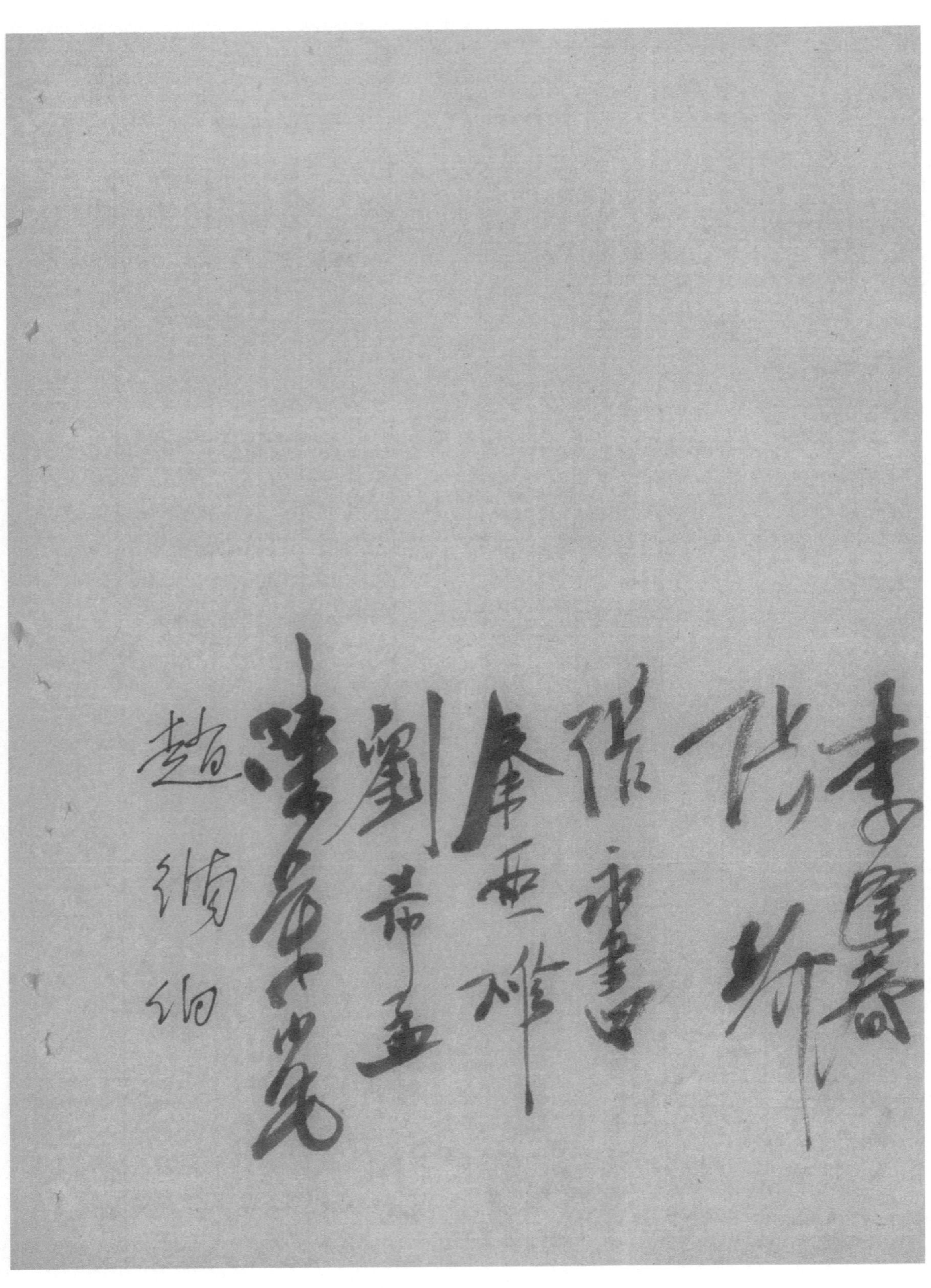

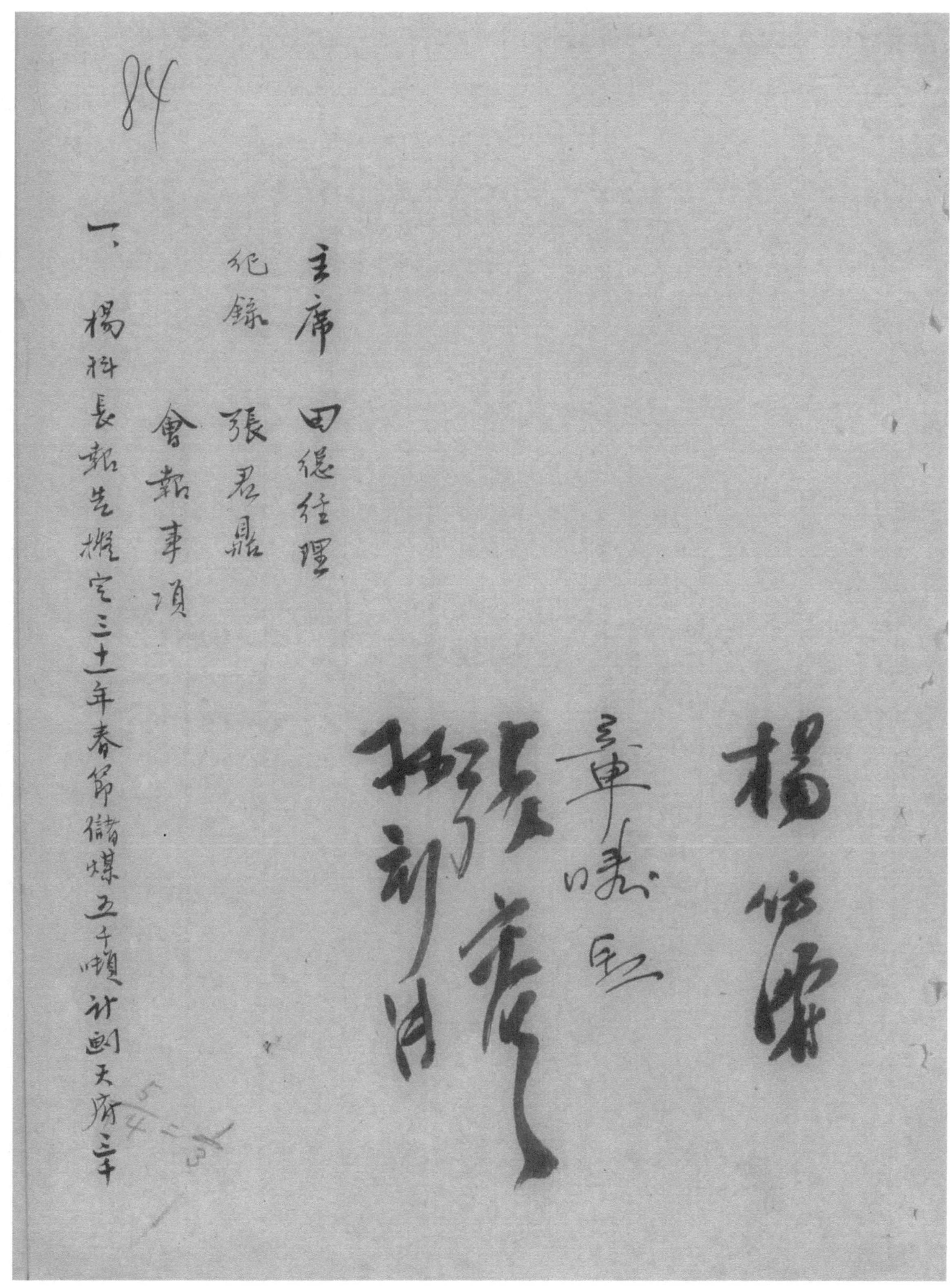

84

主席　田總經理

紀錄　張君鼎

會報事項

一、楊科長報告擬定三十一年春節儲煤五千噸計劃天府三千

嗣即付款訂煤和平煤試燒成績尚佳請其繼續運上

二、劉主任希孟報告二廠工人與自衛隊衝突經過

三、張主任永書報告中紡廠二日傍晚百餘工人到沙坪壩辦事處滋擾情形

決議：(一)由沙處呈報詳情特報治安機關

(二)對中紡廠來函據實答復

(三)切囑該電話人員對於用户詢問停斷電流情形務以詳細確實答復

四、為應付舊曆新年需款加緊收取電費案

決議：南廠南處呈四領票江北處呈六領票一廠用户檢查組會計科領票日期即派員與業科洽辦預收煤款票日內上街各

88

工廠付給十二月份電費收費情形由業科向總經理提出報告

五、新機運輸安裝各費應另立賬目案

決議：由會計科規劃指定專人办理程協理經付各款俾速清查

核对

六、加緊取締竊電案

決議：(一)指撥卡車施行突擊九龍坡至大坪及新橋至大坪兩路沿线注意檢查(二)一廠增加一分組共為兩分組(三)海棠溪羅家堤向家坡等四方棚裝置高壓表以便核計竊電損失

七、上半夜禁用馬達案

決議：再報登公告

八、植桿放线與裝表同時办理以免脱節案

决议：照办

九、电请警备司令部发给通行证案

决议：一厂九十份，二厂六十份，三厂一百份

十、十二月份补收电费一角如何制票案

决议：俟元月份新电价核定后再请工务局核准与元月份电价合并制票

十一、天府宝源煤混合燃烧时在放入煤斗前加以拌合案

决议：照办

十二、散会

主席 田习之

86

重慶電力公司業務會報紀錄

時間：三十八年元月十一日正午

地點：本公司會議室

出席：

田習之

陳聽

李道生

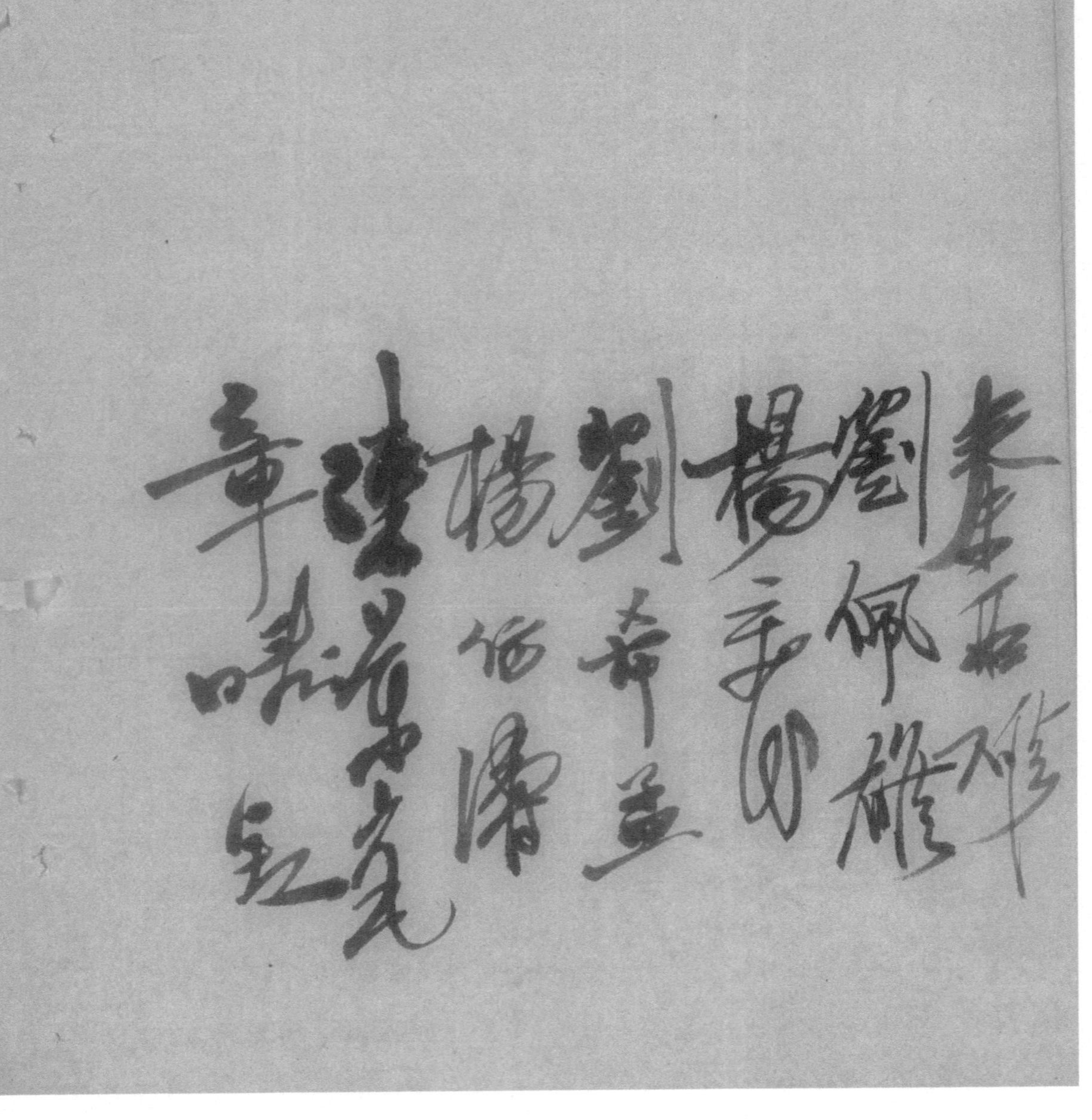

87

張永書
孫新清
苗宇傑
張容之
陳陽醒
吴郎行
黄大庸

主席 田總經理

紀錄 張君鼎

會報事項

一、田總經理指示各同事自應勤慎職守對于不良份子尤應檢舉互相勸勉否則總經理對于職工行動毫無所加善惡是非不辨獎懲莫由公司整個前途殆屬無望也

二、楊科長報告在舊曆年関前天府先上煤五十噸遂川五百噸和平五百噸竟成一千噸寶源煤尚未決定數量應如何辦理案

決議：寶源經常煤外訂一千噸單獨試燒可達二百五十磅為準

三、各廠責科組代業務科收取電費分票時係以區域為標準並未以好收不好收為標準案

88

決議：無異議

四、與市府接洽在每月電價未核定前公司先照計算公式製票收費以應急需此核定之電價發生差額時於次月補收或補扣案

決議：由會業務科會擬辦法呈核

五、政府宣佈戒嚴後本廠上下班時間得斟酌情形自行改訂為十一時六時三時案

決議：照辦

六、新機到廠由易科長負責向民生公司等處接洽由范工程師志高負責工料賬由廠務科負責案

決議：通過

七、舊年十五條公司接卡車一部專用電檢查組使用下鄉檢查竊電案

決議：通過

八、本月十六日係招待各燈用户之各機關代表茶會案

決議：由總務科籌備茶點及用電檢查組負責人屆時出席說明

九、香國寺住宅花園電燈事遲延兩月尚未來辦妥手續先行停電催辦案

決議：由江科妥負責妥理

十、公司職工於職務無關之兼營事項公司決不置理案

決議：通過

81

十六、散會

主席 田習之

80

重慶電力公司業務會報紀錄

時間：三十八年元月十八日正午

地點：本公司會議室

出席：

句容豫

章暢聖

楊信儒

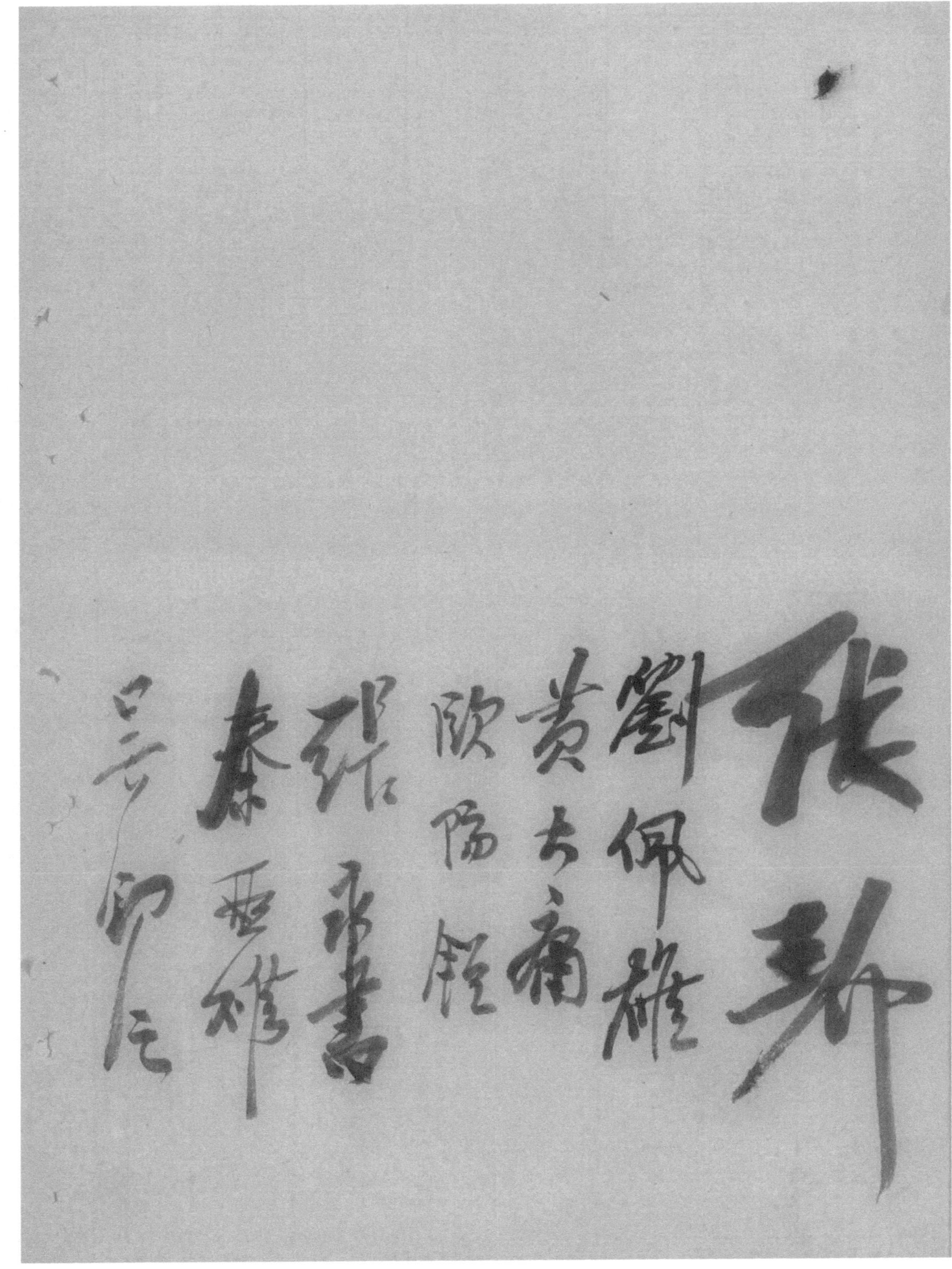

主席　田總經理
紀錄　張君鼎
會報事項
一、代電發備司令部請轉飭大溪溝彈子石鵝公岩等地警衛機關每晚十二時至一時之間三廠員工上下班時准憑公司證章通行案
決議：通過
二、新機起卸工人不够請增臨時工十名案
決議：通過
三、寶源煤起時如系面部份多夾石應即停收案
決議：通過

四、先行製票收費俟政府核定電價後次月電價增減案

決議：再研究

五、新機裝置委員會組織辦法案

決議：推楊主任祕書易科長張科長審查下週成立

六、加班工作如何審核案

決議：（甲）務必加班由主管人決定

（乙）是否實際工作由總經理指定專人考核

七、舊曆年前提製票據案

決議：調子弟校教職員辦理酌給津貼

八、一月份先發福利費案

決議：照辦

12

九、本月份未发薪工部份垫筹案

决议、由各科调人协助总务科办理

十、预收煤费案

决议：准收则收

十一、散会

主席 田习之

15

重慶電力公司業務會報紀錄

時間：三十八年元月廿五日正午

地點：本公司會議室

出席：

李肇春

張珍

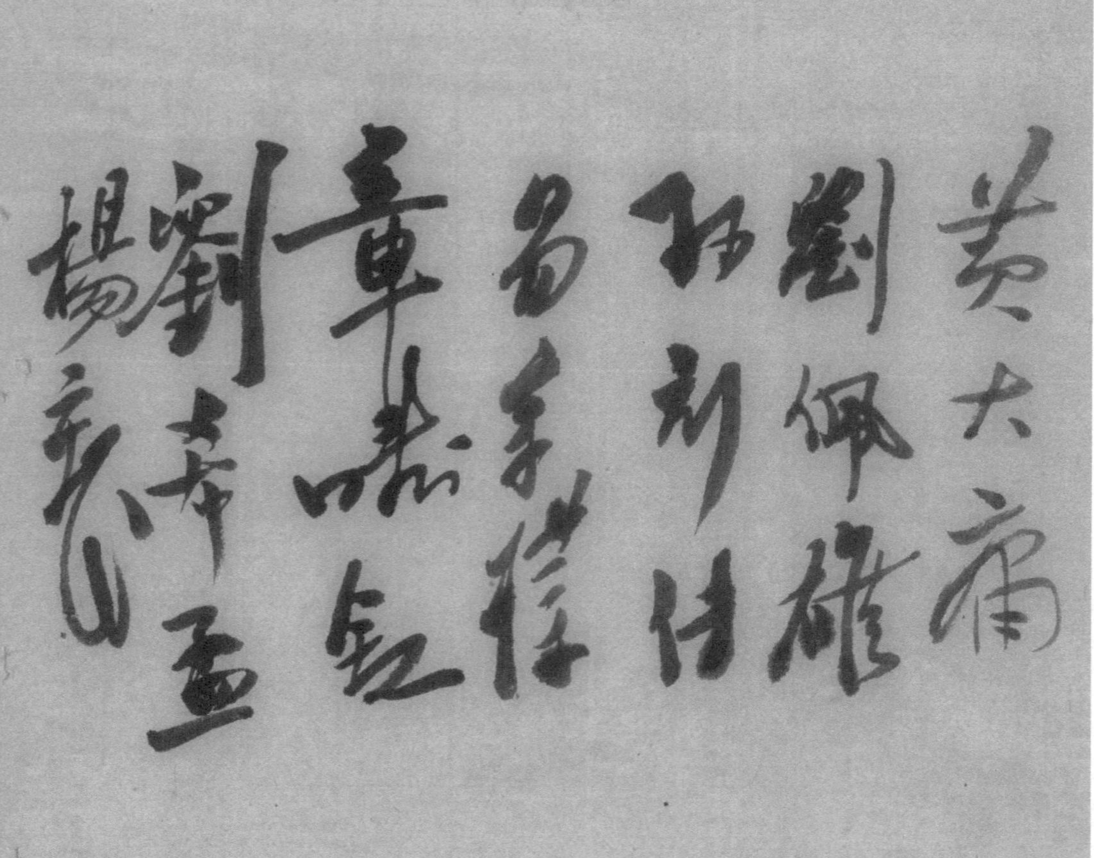

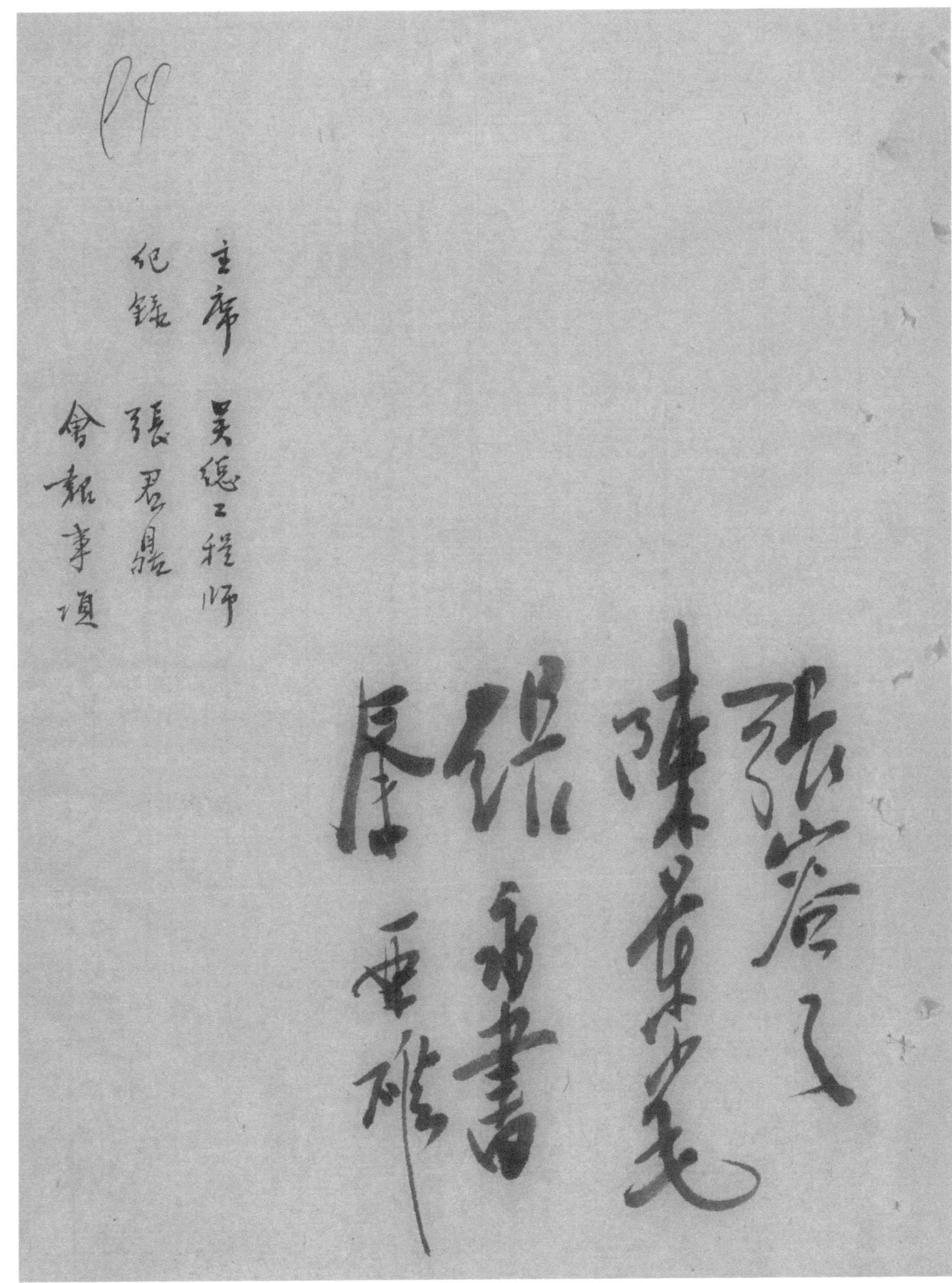

主席　吳總工程師

紀錄　張君磊

會報事項

一、電信局函請改善供電案

決議：由總工程師會同主管人員商定辦理

二、年関前加緊起卸大溪溝煤觔案

決議：推李主任逢春、歐陽副科長鑑前往社會局商議起煤力資

三、新機運輸安裝棧租等費預為估計請資委會協助貸款案

決議：函電業處陳處長請予協助，原函由程協理持致

四、新機建設委員會組織大綱案

決議：照原案通過

五、春假期中各部應派值班人員案

决议：由委员会派定

六、大溪沟厂请捐助自卫队经费案

决议：酌量捐助

七、电表烧坏应先换表再收赔表费案

决议：通过

八、两路口新村及学田湾和居程协理名义电表户头办理过户案

决议：照办，其他职工电表彻底清查更正

九、电料行有於夜间擅接线路电表倒走应设法防止案

决议：由电务科办理

十、吴总工程师报告十二月份装电抄表情形，查十二月份

發電度數共六百一十萬度內計第一廠二百七十萬度第二廠六十七萬度第三廠二百六十萬度賠電共六十九萬度內計中央紙廠十二萬度五十廠三十七萬度二十四廠一十九萬度自行發電及賠入電度合計六百七十九萬度

抄見度數共三百五十五萬度內計第一廠一百五十九萬度第二廠三十四萬度第三廠一百四十萬度

損失度數佔百分之四十七點七四包灯三千九百度

十六、敬会

主席 
田習之

重慶電力公司業務會報紀錄

時間：三十八年二月八日正午

地點：本公司會議室

出席：

荀宗樸

李之達[illegible]

楊治澍

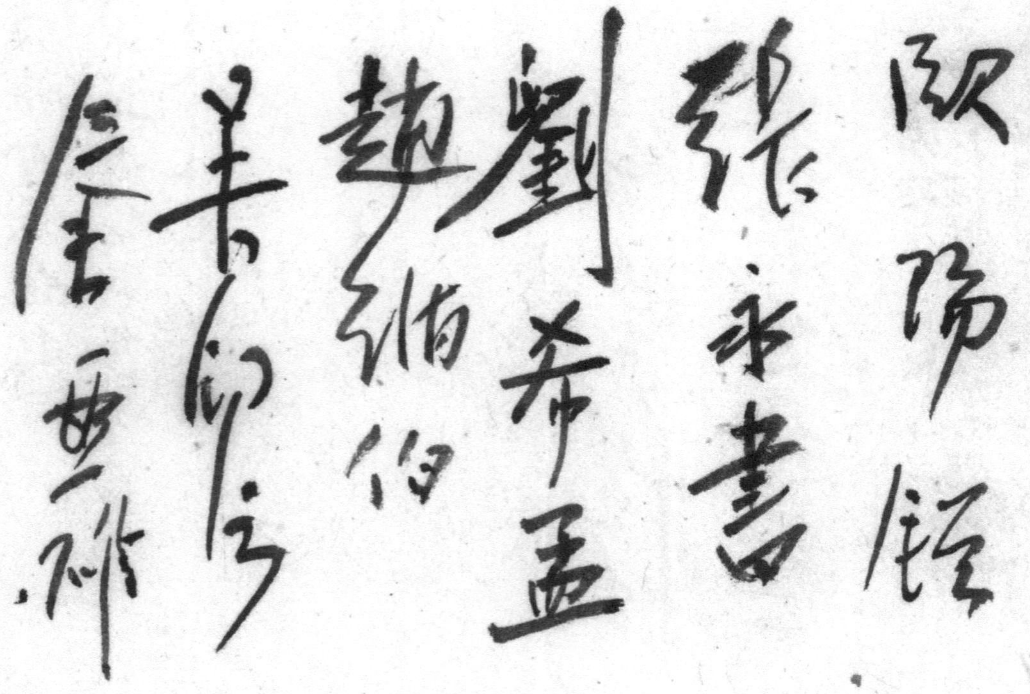

歐陽[illegible]
張永書
劉希孟
趙循伯
[illegible]
[illegible]

2

主席　田總經理

紀錄　張君鼎

會議事項

一、催運存滬五千瓩機爐器材並準備安裝案

決議：照辦

二、依照電價計算公式先行製票收費案

章味三

黄大庸

决議：會計科嚴密審核各項數字計算電價製表案送

總經理室

三、預收煤費即日停收已收者分别退還案

决議：通知業務科遵照

四、改善製電收費辦法報請市府参會備查案

决議：由秘書室擬稿

五、申新紗廠由南岸移裝至土灣案

决議：照辦

六、彈道研究所自備變壓器申請復火案

决議：付清以前所欠電度後再行復火

七、散會

主席
田绍之

4

重庆电力公司业务会报纪录

时间：三十八年二月十五日正午

地点：本公司会议室

出席

刘习之

杨信沸

黄大庸

李莘

张容之

陳紹禹

劉壽孟

張永書

歐陽鋆

吳郁行

秦西雄

孔新法

5

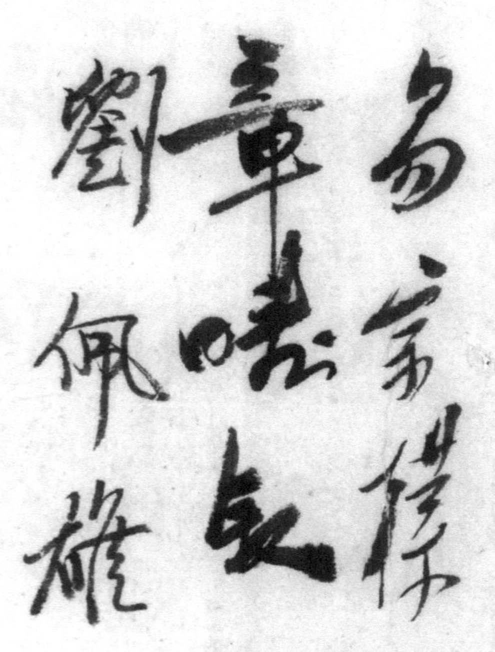

主席 田总经理

纪录 张君鼎

会报事项

一、改善收费办法案

决议：抄表股於两星期内抄完，大户於每月十五及月底各

抄一次製電股應設法將抄表工作配合收費股接獲電費收據後三天内掃解逾期剪火

稽核室派員逐日考核

十六日上午十時三辦事處電業兩科會商詳細辦法

抄表時將所抄電度告知用户（通知單由業科趕就付印）

二、天府寶源兩公司自願借給燃煤案

決議：照辦連同改訂收費辦法一併呈報市府

三、民生公司起重費與道門口設壓站補助費抵補其差額付現案

決議：照辦

四、渝江紗廠借紗案

6

决议：由李副主任会同沙实派员前往解决

主席 田習之

7

重慶電力公司業務會報紀錄

時間：三十八年二月二十一日正午

地點：本公司會議室

出席

楊仿濤

趙循伯

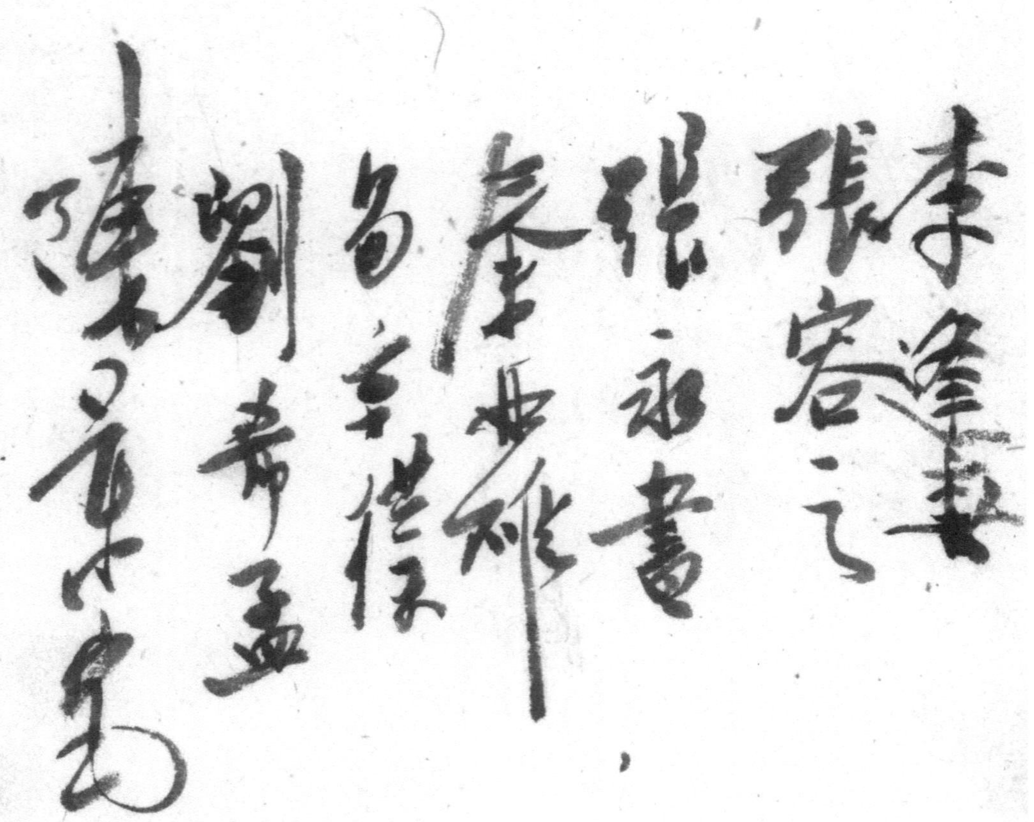

8

主席　吴總工程師

紀錄　張君鼐

會報事項

劉佩雄

姜大庸

柳莉萍

章曉乾

阮陽徑

一、何謂大户案

決議：由業務科擬具意見報經理室核定電價暫仍照每月調整一次

二、公司每日付天府煤款三十萬元天府每日撥交煤弍百噸至三百噸寶源煤質改良交款辦法商妥再行決定煤量竟成交煤四百餘噸催其交運案

決議：總務科負責辦理並多加努力儲存儲備

三、總經理交議成立新機委員會以袁玉麟（財務組）田習之吳錫瀛（設計組）易宗樸（工程組）劉佩雄（事務組）楊仿濤歐陽鑑張進人秦亞雄等九人為委員案

決議：通過由田總經理為召集人

四、公司应将窃电罚款百分之五十提出百分之五十核给宪警奖金案

决议：照办现在四小工津贴七折办发改照四小工津贴直接给与执行任务之宪警

五、一三场厂负荷不能应增加停电次数案

决议：全部供电区域改为三天轮流一次在三月份轮流停电表上详细规定登报公布时特别申明二厂如有存煤不致停电

六、商请南岸各工厂每月初以天府煤运交工厂抵付电费公司保证用电正常案

决议：由南办处与各厂洽商并设法改善线路灯力分用

主席 [illegible]

10

重庆电力公司业务会议纪录

时间：三十八年三月一日正午

地点：本公司会议室

出席：

田习之

李逢春

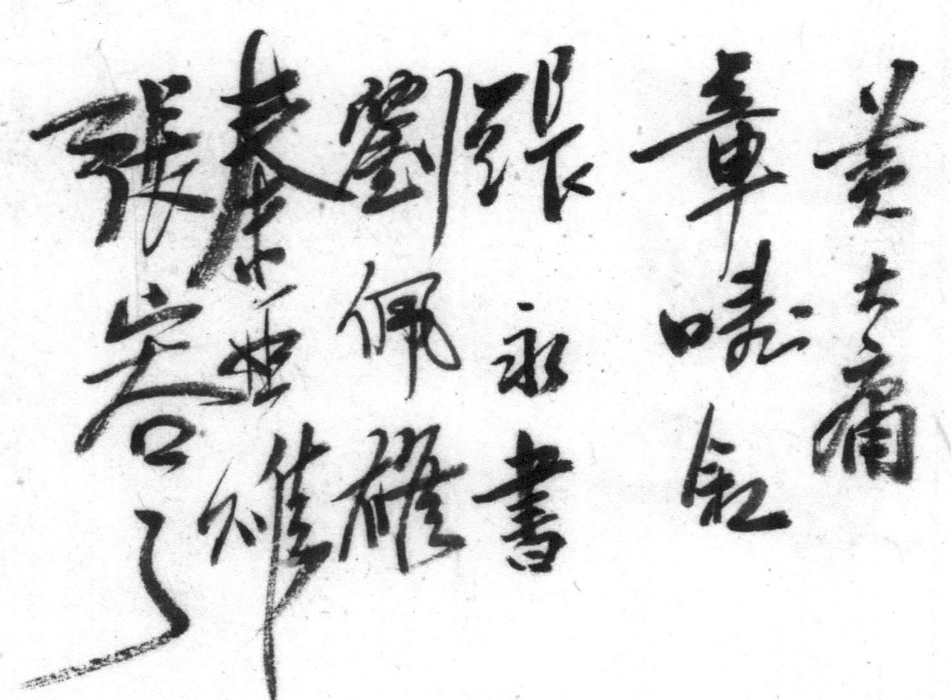

11

楊信濤
劉彝孟
葛宰樸
趙循伯

主席　田總經理

紀錄　張君韜

報告事項

一、上次會報紀錄第四項「公司應將窃電罰款百分之五十提出百分之二十移作憲警獎金」一案係提出百分之十請更正

會報事項

一、大户每半月抄表一次自二月份起執行案

決議：無異議並由業務科切實辦理

二、員工緩役由公司統一辦理案

決議：通過

三、抄表收費人員配撥辦事處後即由辦事處主任管理及設法供給住所案

決議：由辦事處斟酌辦理

四、高灘岩裝總表案

12

決議：(一)原有電表之計度方法在總表裝置后於總表電度内扣除

(二)原有電表由公司備價收回或介紹轉讓於其他用户

(三)原有電表准其在本月内移裝於公司指定區域由此坪埧捐事宜根據上項原則與前途洽商

五、新橋陸軍醫院請免繳桿綫補助費十餘萬元案

決議：洽請該院在新橋總表内用電

主席 田習之

13

重慶電力公司業務會報紀錄

時間：三十八年三月八日正午

地點：本公司會議室

出席：

吳[illegible]行

楊[illegible][illegible]

趙循伯

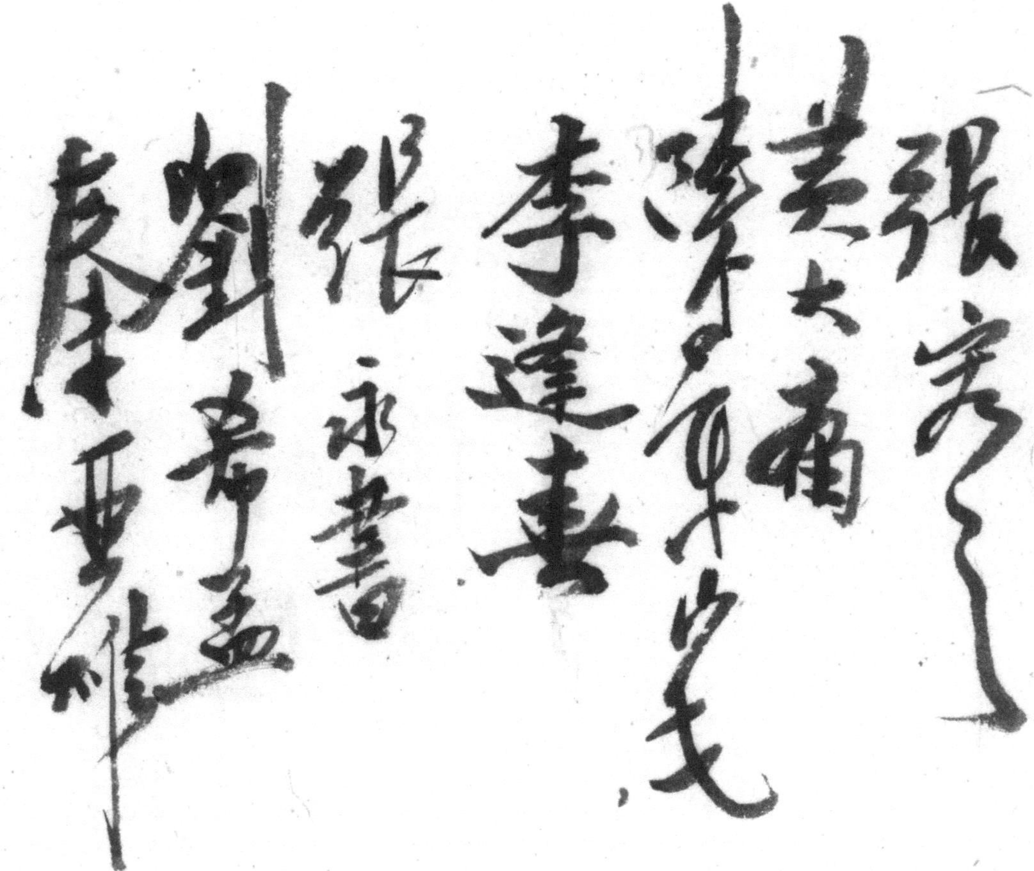

主席　吴德工程师

纪录　张君鼎

會報事項

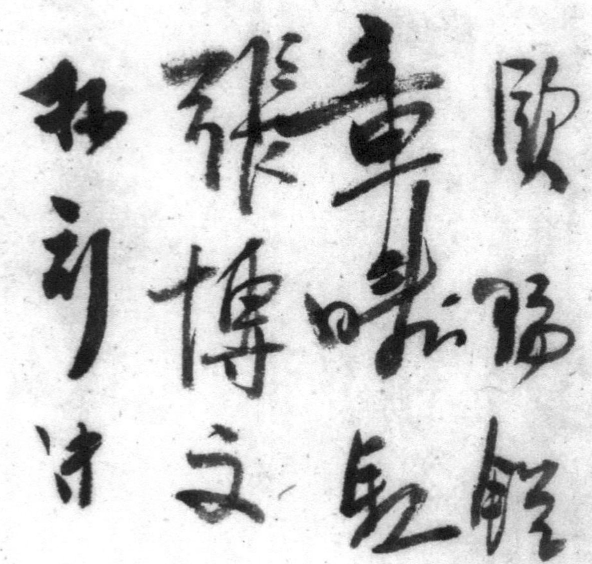

一、不论电力电灯每月用电度数超过一千度者均为大户每半月抄表制票一次案

决议：通过

二、江沙两厢事务经收电费均存当地以广银行南办事处会计科沙办事处请购保险箱即日发票及厢事务开始收费案

决议　通过

三、业务科请增加抄表人员六人经理室调去四人报到者仅一人额请主管调人协助案

决议：由经理室按办事处学徒一人可暂任抄表工作

四、电灯电费即日开收电务科将电灯户清册（户名地址盏数）抄交取缔组以便随时抽查案

15

决议：照办

五、宪警出勤津贴现为五十元请酌加案

决议：照职工出勤津贴规则办理

六、职工出勤津贴原为每月按指数调整一次现市府每半月发表指数一次出勤津贴亦应改为每半月调整一次案

决议：经理室核办

七、稽查室增加抄表收费工作后内勤人员加班津贴如何支给案

决议：营业股办理由稽查室将应领津贴人员事由签请经理室核定

八、接户材料及沙安所需木料杆如何办理案

决议：木杆在大溪沟选用

主席 [illegible]

16

重庆电力公司业务会报纪录

时间：三十八年三月十五日正午

地点：本公司会议室

出席：

陆东少亮

杨筱浦

趙維伯
吳大甫
李逢春
孫容之
張圻
歐陽錕
劉大春盈

17

主席　楊主任秘書

吳總工程師

紀錄　張君鼎

會辦事項

張永喜

章曦光

杜剡涛

一、社會局派員組訓工友案

決議：通知工友逕与社會局洽商

二、改訂材料管理規則案

決議：由總務科會同有關單位研究呈經理室核定

三、關于收受本票支票及現鈔處理辦法案

決議：(一)收受支本票時請付款人背書或於當時註明付款人姓名住址

(二)繳交出納股時經收人員背書否則出納股得拒絕收受

(三)經收現鈔無論多少繳交出納股外不得以支本票私行掉換

18

（四）稽核室邀同股工代表及有关部门随时考察电费收缴状况及现钞收入并随时分别向经理室及业务科提供意见

四、抄表通知单应严格实行案

决议：（一）主管部门督饬抄表员必需将抄表通知单交与用户

（二）广播词中告知用户向抄表员索取抄表通知单

五、集中力量先收新票案

决议：通过

六、吴总工程师报告本日上午与市府及工务局洽商电价经过

七、黄科长报告负债数额及垫付新职费用

主席 吴[illegible] 杨[illegible]

19

重庆电力公司业务会报纪录

时间：三十八年四月五日正午

地点：本公司会议室

出席：

田习之

杨锐济

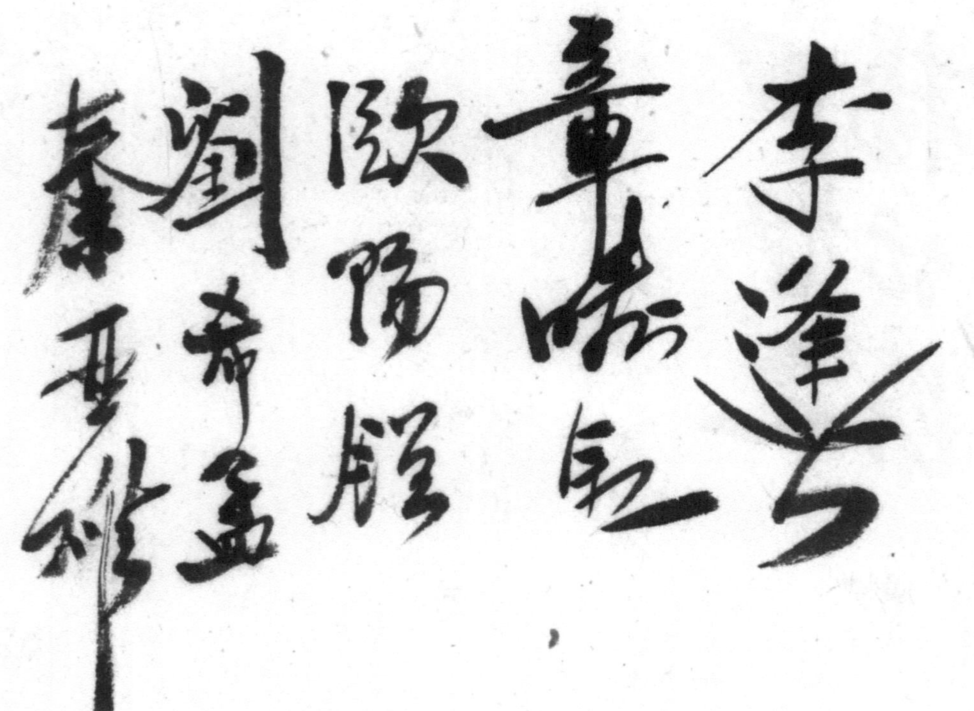

20

主席　田總經理

紀錄　張君鼎

會報事項

張博□

[illegible]津

張永書

張容□

黃大庸

一、田總經理報告 本日為止欠付五千噸煤款並工食米二千八百擔國家銀行貸款兩億元

二、沙坪壩收費在一百萬元以上者洽請用戶開付城內銀行支票案

決議：照辦 江北辦事處收款逐日送繳會計科 沙辦事處所收票據如係沙磁區銀行者仍存川康

三、調整電價辦法案

決議：本月上半月仍照舊辦法辦理 下半月推行新辦法

四、物品工具以舊換新案

決議：通過

五、加班辦法流弊滋多予以廢止案

21

决议：通过。如有加班必要时，事先呈请核定，并由总经理指定人员届时前往监督，核给奖金。

主席 田留之

22

重慶電力公司業務會報紀錄

時間：三十八年四月十二日正午

地點：本公司會議室

出席

楊伯甯

易[illegible]樑

张珩
欧阳钦
刘希平
袁西雅
杨训由
赵储伯
张永寿

23

主席　田总经理

　　　杨主任秘书

纪录　张君鼎

会报事项

李

张容之

黄大庸

陈茀卿
（签名）

一、田總經理報告　經派員調查鐵路堤河邊各米廠用電不受輪流停電影響應切實改正案

二、業務科報告　此次加緊抄表製票工作城區一萬四千户已抄一萬一千户南岸三千户已抄一千六百户江北處一千户已抄四百户沙坪壩處二千户尚未抄來製好票據今日晨上街收費者一千五百户昨日晨上街者二千五百户約共五億元秘書室總務科動員協助製票預定由會計科稽核室協助電費計算等工作於昨日送請會計科辦理計算電費、稽核室辦理過帳工作

三、會計科報告　本日与煤商洽妥積欠煤款六千噸應付八億元分向行莊暫借、比期前所收電費陸續補發、三月份欠薪外並用以還債務範圍內請免予發不開請購單

24

四、兵工廠裝設電爐後將以餘電售由本公司轉售市需案

决議：由電務科詳細調查如有可能取消輪流停電先由城區做起

五、在變壓器上裝置總表計算電費案

决議：先由三科事務仿總表例先與當地人士洽談試辦

六、江北區有關技術工務工作現由電務科办理應改由江北办事處直接管理以專責成所需人手由電務科酌調案

决議：由南岸办事處調工人五名到江北办事處紅砂磧貓兒石寶珠沱線路由電務科管理紅砂磧以下線路由江北办事處管理

七、電力用戶抄表撥歸電務科以便考核每用戶實用電度是否準確案

决議：原於科事務之電力用戶仍由事務抄表原於業務科者由業

務科指定電務科派去協助抄表之人辦理

八、總務科提 公司電表及一切關於用戶材料補助費改爲逐日調整案

決議：外匯材料以美金爲基數照中央銀行外匯轉移證價逐日掛牌調整國產材料以逐日調整爲原則業務手續費亦改爲逐日調整其基數及計算方法由業電兩科會簽經理審核定

九、總務科提 公司材料處理規則不合實用亟予修改提請互審核定加研究案

決議：由總務科將原規則及修正部份送有關部門研究再綜合各方意見製定修正案呈報經理審核定

25

十、大溪沟厂房楼上住宿职员工友等请主管通知即日迁出以利管理案

决议：照办

十一、总务科提 一厂煤机盘存195吨请核销案

决议：该项份外查明有无其他原因另案报请经理室核定

十二、总务科提 各厂主管人请对于收发煤职工多加监督案

决议：各厂处主管人对于其他科室派驻人员有权监督考核如有调动时各科室应通知当地主管人

十三、总务科提 庶务股发放薪工拟呈办法二项以解除发放困难案

说明：近因公司对于薪工月发数次人员不敷分配工作发生困难

办法(1)请原制表册人员于发放薪工时来公司协扣福利等

費並領義工金額轉發（2）各處廠造義工表人員有二人以上者請指派一人來處科股繕製工資表並協同發放義工加工表冊仍由各單位自造

決議：通過

十四、三辦事處辦理抄表製票收費工作實行日期案

決議：自五月一日起實行

十五、工人夜班津貼膳費請發現鈔並以領款之日指數計标案

決議：請示總经理決定

十六、加班費如何支给案

決議：由秘書室徵詢各方意見擬定支给辦法

26

主席

田习之

杨伯怀

27

重庆电力公司业务会报纪录

时间：三十八年四月十九日正午

地点：本公司会议室

出席

田习之

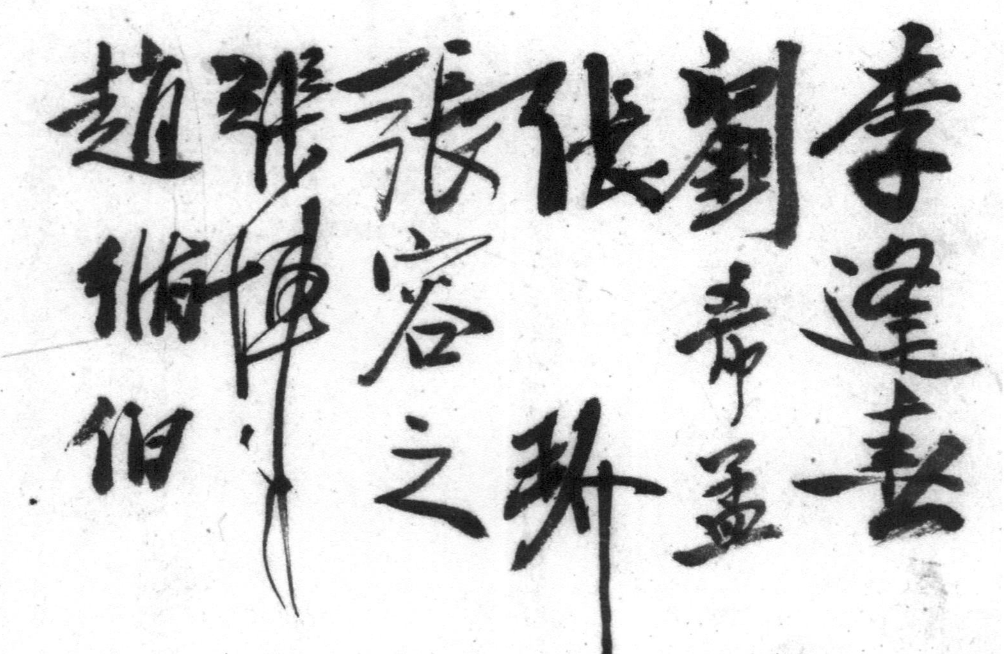

28

章嘯虹

楊倚霄

黃大甯

歐陽鑑

陳采氣

秦西林

易宗傑

抄副件

主席　田總經理

紀錄　張君鼎

會報事項

一、奉科長報告　二十一廠新機五月底發電晚間可輸出三百瓩，自天發電自給，停用本公司電流八百瓩，二十廠新機七月底發電晚間可輸出五百瓩，該廠擬借用五百開維爱方棚一具作爲輸電轉供市需條件

二、調整各項津貼案

決議：以工作效率配合津貼數目，由張科長、張主任、進人張主任

29

傅文奎科長會擬辦法呈核

三、擬定電價基数案

決議：以煤為基数由層股長瑜整理各項方案明晨隨總經理赴市府面陳請示得有結果先由總經理手令照收一面正式報公式定案

關於新電價執行細則由楊主任秘書張主任業務科三科事務人員於明晨詳細擬定

四、職員加班辦法案

決議：重行研究 收費出納兩股延長辦公時間實用獎金辦法以工作效率為原則由黃科長陳科長会擬呈核

五、私人寄存廠房煤觔限期提出伙食團用煤逕向煤商洽購案

决议：通过并由易科长通知三厂主管人

六、有人假借公司名义招摇应如何办理案

决议：由电台广播请用户注意

主席　田习之

30

重慶電力公司業務會議紀錄

時間：三十八年四月二十六日正午

地點：本公司會議室

出席

田習之

趙循伯

張稼

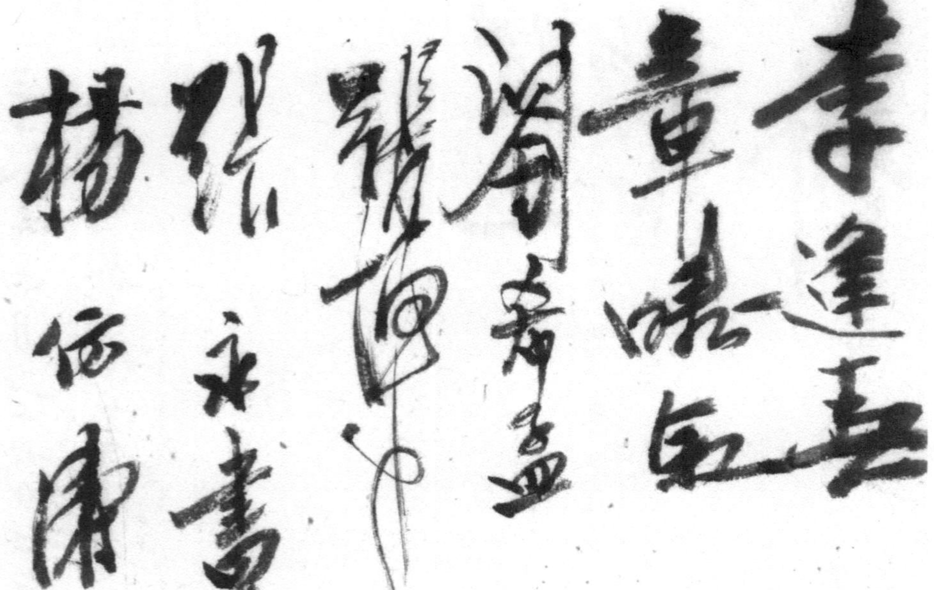

31

陳陶艤

張容之

吳錦行

秦西雄

主席　田總經理

吳總工程師

紀錄　張君鼎

會議事項

一、擬定用電須知案

決議：由總工程師易科長張科長楊主任擬定

二、出勤津貼案

決議：出勤津貼照臨時出勤津貼原則再研究實施辦法呈核

三、職員加班辦法案

決議：修正通過

四、四月份以前未收電費票據交經理室處理案

決議：通過

五、桿線電表補助費單價一律改以銀元為基數案

決議：通過

32

六、各单位需要统计事项交经理室汇计决定统计项目统计股请求各单位供给统计资料时儘量供给案

决议：通过

七、业务不适于现行收费办法之收费员六十人由业务自行配用另请社增十人沪办事处二人南办事处一人由经理室调派案

决议：通过

主席 田留之

33

重慶電力公司業務會報紀錄

時間：三十八年五月三日正午

地點：本公司會議室

出席

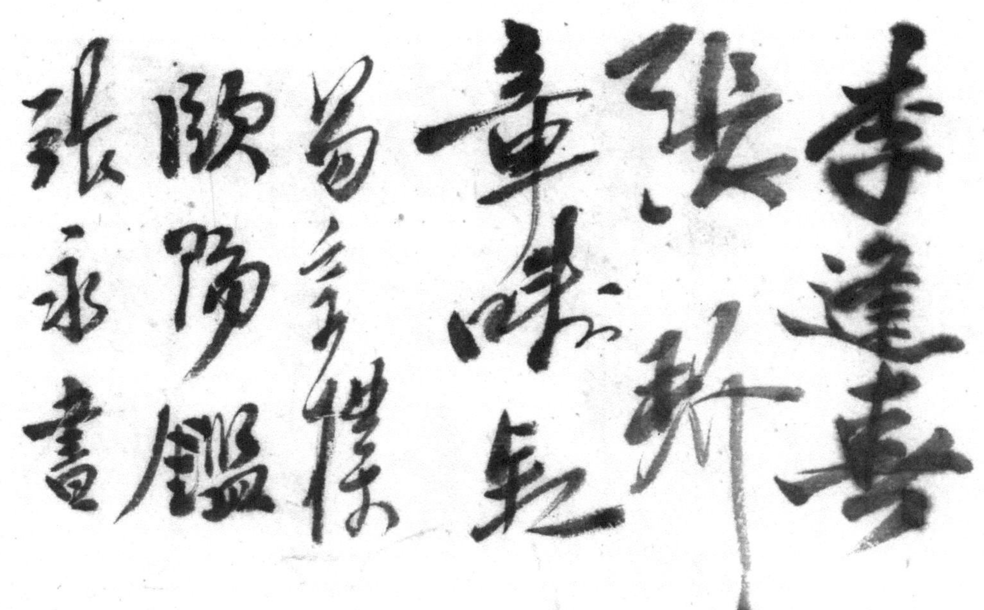

34

主席

田總經理

吳總工程師

纪録 張君鼎

會報事項

一、業務科尚需收費員九人請调派案

決議、即日调派，限明日上午八時到業務科報到

二、當日抄表即到公司繳費者應憑用户所持抄表通知單先行收費，定期補辦手續案

決議：應先行收費，內部手續由業務科詳密研究，以免錯帳

三、電務科與業務股掉換辦公室案

決議：通過

四、都鄉街業務科櫃台上收費應即分組便利用户繳款案

決議：通過，各組所管電區及街道名稱應分别張貼並將手

35

公时間牌告

五、天府公司預購電度四萬餘度約合煤觔五百餘噸以當日電價煤價折合由會計科出臨时收據案

決議：通過

六、改訂職員外勤交通費膳費津貼辦法案

決議：原則通過出勤津貼之膳費比照以前分級辦法分為四級科員級以電力兩度為準其他級數比例增減

七、由會計科派員一人協助稽核室副主任考核業務科現鈔收入案

決議：通過

八、由總工程师督導業務案

決議：通過

九、各科事務自抄表之日起另立帳目以往帳目由務處業務科結算處理案

決議、通過

十、江北擬推行總表制因電價隨煤價每日調整總表管理，委員會繳納電費頗有困難並要求優待案

決議：(1)給予百分之五配電損失

(2)正式通知本公司所有總表管理委員會每日電價以作該會對用戶收費之根據

(3)管理委員會應按日將所收電費付與公司（必要時可延長至翌日正午十二時止）照當日電價扣除電度

36

主席

37

重慶電力公司業務會報紀錄

時間：三十八年五月十日正午

地點：本公司會議室

出席：

田習之 程本臧

張容之
趙循伯
李逢春
郝訓法
周宗樸
張博文
張永書

38

主席　田總經理

紀錄　張君皓

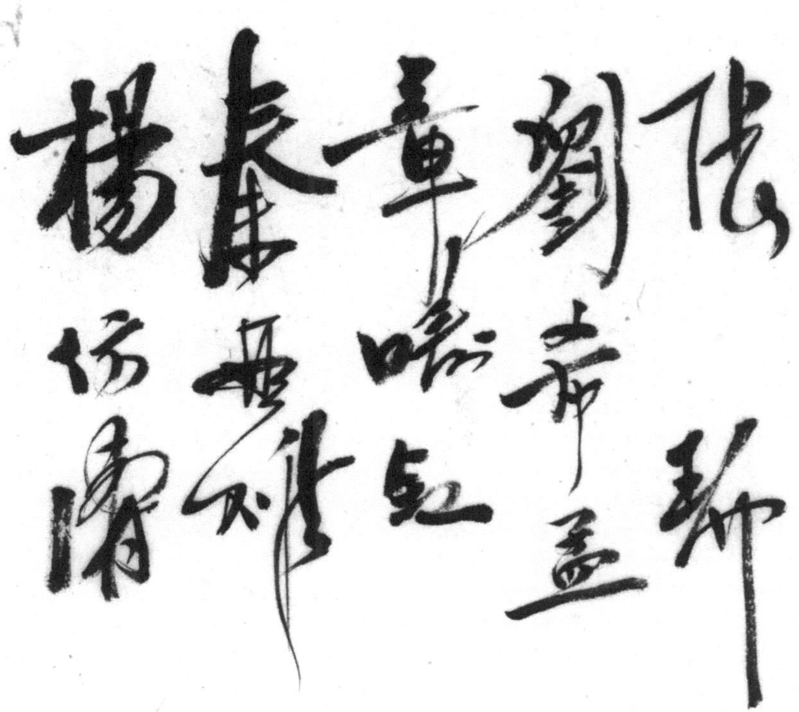

會報事項

一、三科事處收入鉅額電費時即以電話通知出納股設法於當日進帳案

決議：由三科事處臨時以電話通知出納股派小汽車提取

二、用戶以銀元折繳電費時銀元牌價每日照郵局價由各主管部門自行懸牌案

決議：通過詳細辦法另由經理室規定通知

三、委託銀行代收電費案

決議：(一)由張主任博文擬改抄表通知單

(二)由曾秉清與銀行接洽明日具報

四、用戶以支票繳費發生退票時應如何處理案

39

決議：在具體辦法未決定前由業務科及三科事處暫時斟酌辦理

五、值班津貼如何規定案

決議：值班辦公仍舊津貼數月由秘書室根據外勤津貼標準擬定後通報

六、庶務股对於各廠處薪工之發放前曾由會報通過由各廠處派員領回轉發，惟昨日發薪時秩序頗亂，請決定以後辦法案

決議：由各單位派員向庶務股整批領回分發

七、材料處理規則曾由總務科送請有關單位研究，茲僅第三廠对於第十四條提出意見，擬即照修正呈核公佈案

決議：通過

八、各兵工廠以電價逐日調整，預繳困難，洽請改善收費辦法案

決議：（一）函請以煤抵付電費，並請總工程師分別接洽

（二）各兵工廠有類此情形者，由三科事務及業務科分別洽商以煤抵付電費

九、本公司各宿舍及子弟校用水頗多，請管理案

決議：（一）總務科參考各宿舍去年六月最高用水量，規定每家用水標準呈報經理核定，超出限度者由職工自行負擔

（二）檢查子弟校水管有無漏水情事

主席 

40

重庆电力公司业务会报纪录

时间：三十八年五月十七日正午

地点：本公司会议室

出席

田习之

张圻

李达惠

赵循伯

張傳文
張永書

黄大庸
吴[illegible]

41

主席　田總經理

吳總工程師

紀錄　趙循伯

會報事項

一、三科來函收入鉅額電費送款辦法案

決議：三科專函送鈔時直接用電話通知總務科派小汽車往接

二、大户缴费办法如何改善案

决议：大户迟缴电费时如一时所缴不足，应将迟到金额酌情先收出电度折合，以免增加用户负担。

三、各厂废料及退料问题案

决议：（一）废料由各厂随时通知总务科变卖。

（二）各厂如有材料退回材料股时，总务科应通知材料股照收，不得拒绝。

四、修正职员加班暂行办法案

决议：通过，由秘书室通报。

五、办事处职员值夜班津贴如何规定案

决议：由总务科与三办事处会商办法呈核。

六、用户缴费也发生重複应如何處理案

決議：(一)指定預收電費(二)力求改善内部手續避免錯誤(三)或出當日電價退費(四)秘書室即日登報公告請用户自動送繳電費

七、用户預繳電費現係由會計科辦理近來户数逐日增加人手不敷請決定辦法案

決議：預購電度辦法大綱如下

(一)預購分以煤商棧單及現鈔二種煤商棧單最多可以預購三個月現鈔最多可以預購一個月(二)由本公司印製記名預售電度券憑券抵付電費(三)總公司另設預售電度專組辦理对業務科負责三辦事處另立專賬(四)

详细办法由會計科業務科秘書室會商於最短期中呈核實施並以會計科為召集人

八、委託銀行代收案

決議：（一）除復華銀行已決定於本月十九日代收外，儘量接洽銀行代收，手續由會計科與委託銀行詳為規定後呈經理室備查

（二）鈔水平息時由秘書室登報公告請用戶用現鈔或抬頭本票繳費

九、退票問題案

決議：照當日電價收費

十、四月份工款尾數如何發放案

45

決議：仍照煤礦業當日通知來價發放

十一、各廠急需材料請撥專款購置案

決議：(一)除電費收入以外以一切補助費收入作為購置材料專款

(二)防止幣制降低起見收入各費接洽銀行折合為銀元存款以便保值支付

十二、電力表底度減少問題案

決議：原則贊同減少底度由電務科負責研究並由秘書室發佈新聞目前工業不景本公司正考慮減少底度

十三、大渡口兵工廠擬自為敷設綫路由本公司供給磁瓶及人工售電一千五百瓩案

決議：在原則上同意購電詳細辦法請總工程師負責洽商

十四、五月份以前欠费另组机构催收案

决议：通过

主席 田习之

46

重庆电力公司业务会报纪录

時間：三十八年五月二十四日正午

地點：本公司會議室

出席

程本臧 吴锡瀛 陈荣棠 赵继昀

張博文

楊信濤

歐陽鑑

李[illegible]

張永書

張[illegible]斯

45

主席 吳總工程師

紀錄 趙維伯

會報事項

唐再修

劉壽益

葛家棟

章曦鈺

黄大庸

一、請田總經理早日銷假視事案

決議：陳由會報同人推楊主任秘書仿濤、易科長宗樸、張主任稽核琦、黃科長大庸、張科長容之五人於明日上午面請早日銷假

二、電力表底度減少辦法案

決議：(一)底度減少百分之五十

(二)改小電表

(三)停工之工廠仍行撤表，在六個月內用戶如申請在原地復裝，除照章收取復火費外，不再收任何費用，如更改地址應照章收取各項業務費用

以上原則由業務科與三辦事處酌情個別解決

46

三、預收煤費如何折還案

决議：照用户實際繳款之電價折合電度扣還，並另由秘書室通知業務科會計科稽核室及三科事務

四、四月廿日以前欠繳電費如何解决案

决議：由各單位相機辦理，如發生爭執時，可照一般向規定辦法出臨時收據暫收，並聲明保留以後補收權利

五、天府寶源催索煤款如何應付案

决議：(一)天府前一日到煤應設法在次日付清，以前欠款亦應酌量陸續償付

(二)寶源煤款及一切煤款之支付應照總務科付款照單會計科方得照付，並由經理室通知總會務科照辦

六、修正各單位繳款及會計科處理繳款辦法案

決議：通過公佈

七、員工當值辦法（廠務科除外）案

決議：再由有關單位研究後下次提會

八、福利社提議舉辦職工兌換銀幣角票辦法案

決議 保留

九、出勤人員請領雨傘及各部門請領小洋刀頭為縻費擬請規定案

決議：從本月份起一律停發並通告

十、每日收支總額應送經理室核查案

決議 由業務科會計科逐日彙核

十一、散會

(7)

48

重慶電力公司業務會報紀錄

時間：三十八年五月三十一日正午

地點：本公司會議室

出席

程本臧

易宗樸

趙循伯

楊詒濤
劉希孟
吳仰儕
歐陽鑑
章曉鈞
張博文
李[illegible]

49

黃大庸

主席　程協理

吳總工程師

紀錄　張君鼎

會報事項

一、再推人請求四總經理銷假視事案

決議：推黃科長大庸易科長宗樸陳科長景嵐歐陽科長鑑章主任疇叙等於會後前往

二、預購壹度專款購儲燃煤案

決議：先向燧川購煤一千噸和平一千噸其他煤礦六千噸酌購原則以低

於天府煤價為標準

三、大廠電費由各主管先行除收案

決議：通過

四、醫務室提案 (甲)各廠及公司醫務室內外科藥物早已用罄，是否購添 (乙)今年防疫藥品是否購備施用 (丙)關于職工介紹用藥究取如何方式請明確規定並通報各單位 (丁)關于住院材料亦請同時規定通報各單位

決議：(甲)暫不配藥棉花紗布紅藥水油膏酌量添配 (乙)函請衛生局派員注射防疫針 (丙)醫生處方職工自行配藥 (丁)除因公受傷外由公司送院醫治外其餘公司不負責任

五、南翔畜續租地收案

50

决議：請章主任就近接洽

六、賠償木桿案

决議：由總務科洽辦

七、散會

主席 [illegible]

51

重慶電力公司業務會報紀錄

時間：三十八年六月七日正午

地點：本公司會議室

出席：

程本臧

楊佑清

章晓岚

欧阳信

马宗樑

张承书

刘蒂益

李逢春

52

居[illegible]伐

劉佩權

黃大庸

趙猶伯

姜印之

張博文

主席：程協理

吴協理

紀錄 張君能

會報事項

一、民生厰以起重機抵付電費應照目份電價計算由本公司將民生公司所欠電費加以清算函告該厰請即付清電費否則停電一面函請五十兵工厰立即停供唐家沱電流案

決議：通過

二、水泥厰欠費停電案

決議：由唐家沱分電站斷電

53

三、盤溪分廠欠費案

決議：由廿兵處簽報轉呈工務局核辦

四、廿見度數統計由電務科會辦案

決議：每半月統計一次

五、委託銀行代收案

決議：俟改為銀元計值時再議

主席：[illegible]

54

重慶電力公司業務會報紀錄

時間、三十八年六月十四日正午

地點、本公司會議室

出席

程本臧

李逢春

章曉紅

張怡千

潘昌猷

張容三

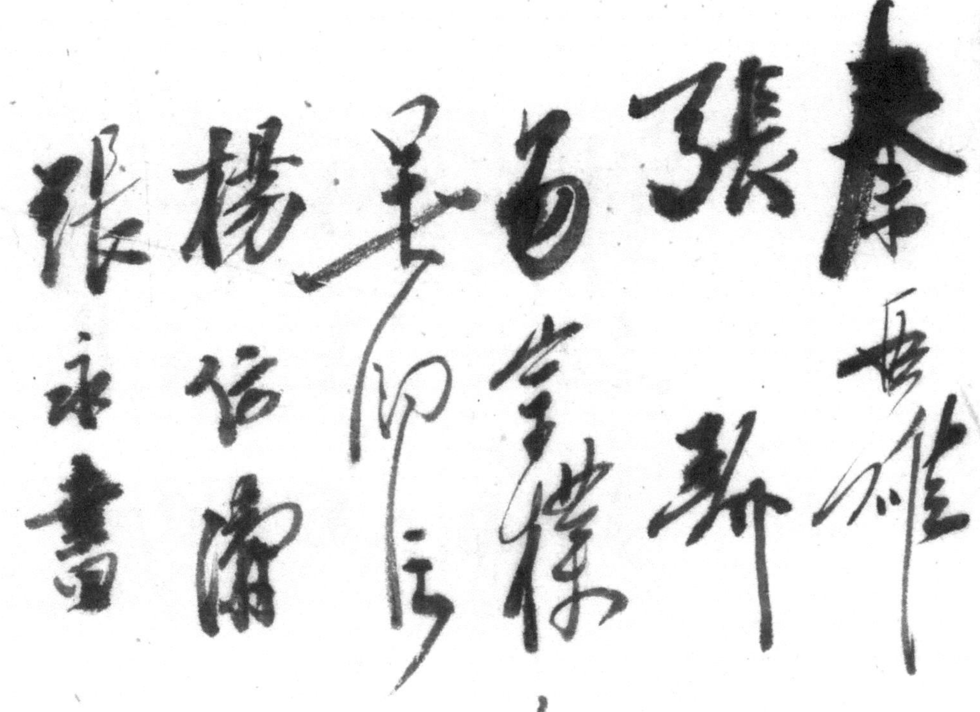

55

主席 程協理

吳協理

紀録 張君鼎

陳陽鑒

趙循伯

何建伯

黄大庸

劉壽孟

會報事項

一、業務上暫收款由業務科或各事處出收據（收據為三聯式）以前由會計科收款辦法廢止案

決議：通過

二、大戶電費集中辦理案

決議：由業務科與三科事處會商解決簽報經理室為大戶須立分戶帳應在下期會報前辦妥（以每月用電五千度以上者為大戶）

三、水泥廠供電案

決議：（一）水泥廠現在用電每日約七百度折合十噸煤

（二）本公司所存水泥先行提回應用

56

以上兩項一併分函朱世通及康振鈺

四、銀行代收電費案

決議：以前代收賬目即行結算

五、自來水公司欠付五十萬度電度案

決議：由業務科派專人坐收，如其不付，報請工務局准予停電

六、中興公司以電焊機角鐵元鐵水泥抵付電費案

決議：照補其差額由本公司補付二百元

七、第一廠燃煤盤虧案

決議：由總務科簽報總經理室

八、天水電廠電表五十餘個暫由本公司接收案

決議：如其價低可照辦

九、暂停自备电表案

决议：登报公布

十、鼓励职工取缔窃电案

决议：通过

十一、散会

主席 吴鼎昌

57

重庆电力公司业务会报纪录

时间、三十八年六月二十一日正午

地点　本公司会议室

出席

吴卯侯

李达夫

杨诒清

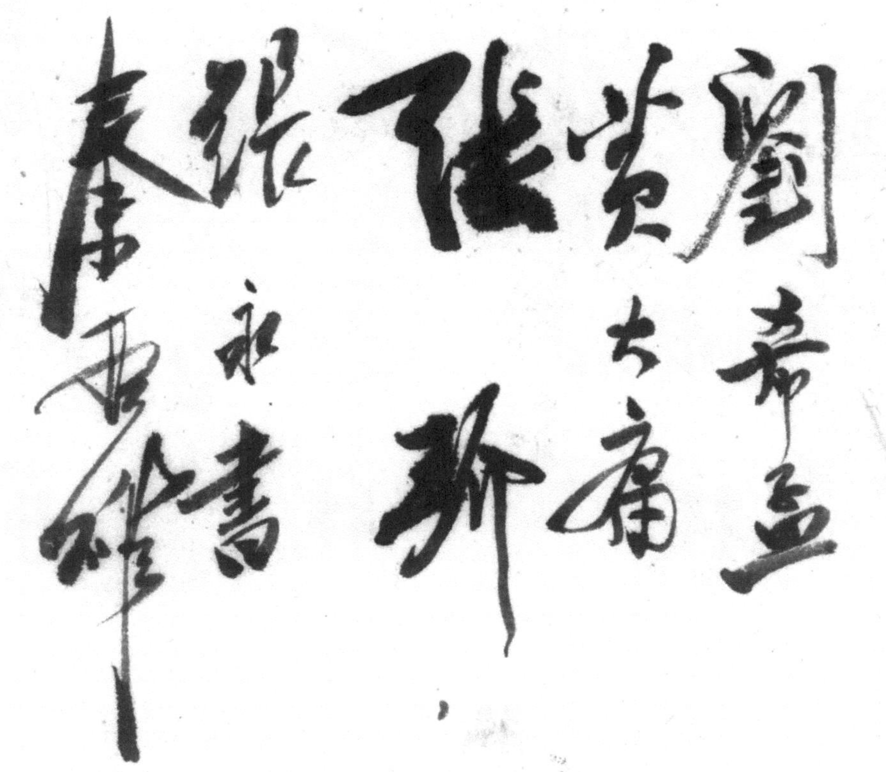

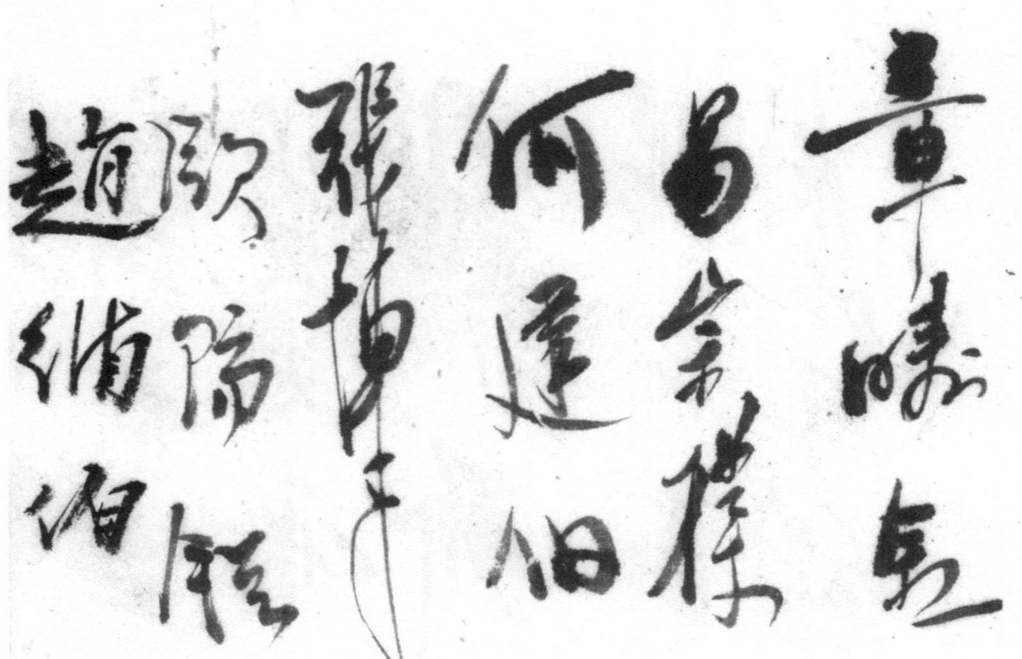

主席 吴协理
纪录 张君鼎
会报事项
一、水泥厂案
决议：（一）本公司所存水泥一千八百余桶向职工生存会接洽陆续备出，以八十桶至三十桶做过江铁塔，其余存放二厂
（二）积欠电费随时派员洽取
（三）今后供电每日仍有六百度，供所须一百五十吨烟煤，抵除电费，后再议继续供电问题
二、职工代表会请参与公司事务案

57

決議、在不干涉公司行政及羞辱本人職務兩項原則下容納職工會建議

三、公司發行職工券案

決議：由會計科詳細規劃並估計印刷費用印刷時間再議

四、明日發福利費暫照四元一角米價發給，如政府核准四元七角再補足差額案

決議：通過，多發補公費扣回

五、和平福利煤價暫照天府煤價增給百分之十案

決議：通過

六、移借都江宜賓兩廠五千瓩機器拼湊安裝案

決議、先設法探詢運到機件是否與本公司機器相合再向該

府建議

七、電表賠費應予減低案

決議：酌予減低

八、自備電表遷移地址案

決議：照一般電表遷移辦法辦理

九、檢表費退費案

決議：照當日牌價折合金圓券

十、工程人員過時晚間值班津貼案

決議：有関各部门研讨签報经理室核定

十一、散會

60

主席 吴[illegible]

61

重庆电力公司业务会报纪录

时间：三十八年六月二十八日正午

地点：本公司会议室

出席：

刘伊凡

杨简清

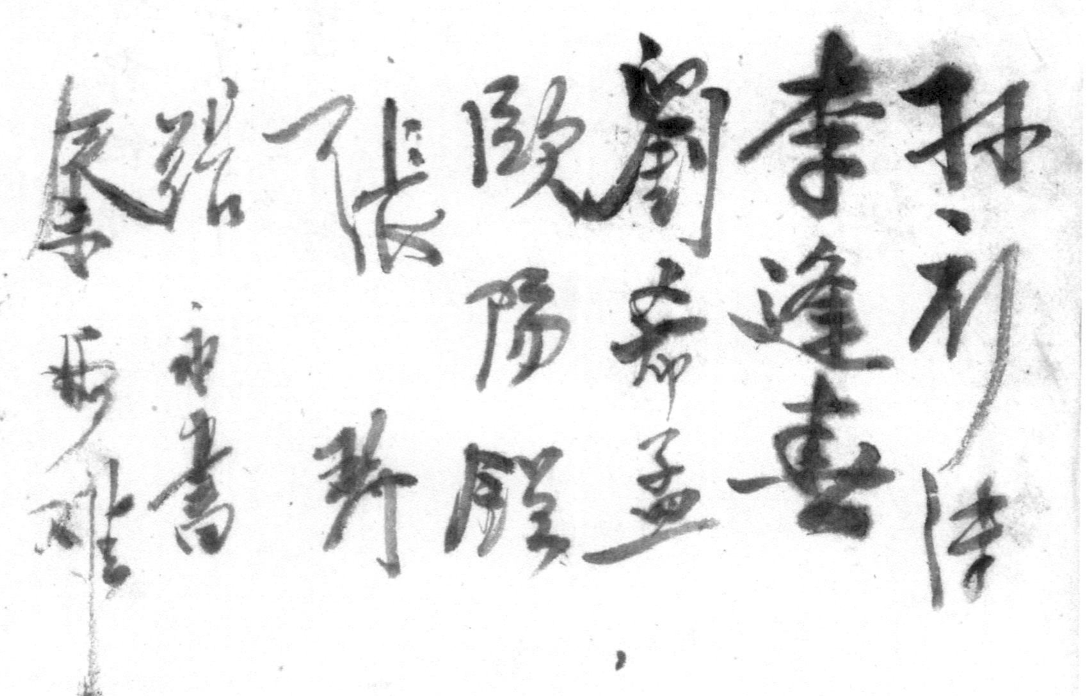

62

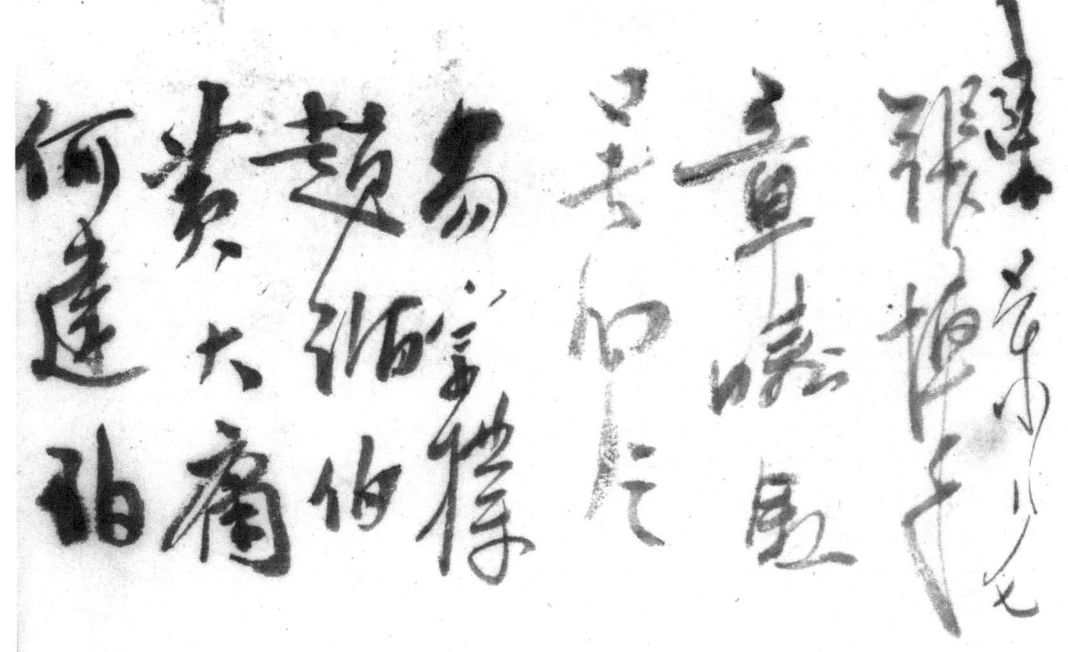

主席　吴总工程师

纪录　张君鼎

会议事项

一、兵工厂欠付电费额计五六月底为止达拾万余元案

决议：吴总工程师、章副科长同往兵工署洽收，一面再向各厂接洽

二、自来水公司每日付六百余元只敷一日电费，欠款二万余元，如何办理案

决议：加紧催收

三、国际广播电台欠费案

决议：傳电催款

67

四、洪水儲煤一萬噸案

決議：(一)借款以銀元計算

(二)代電長官公署轉飭中央銀行促其從速簽訂合約

五、自備電表案

決議：由主管部門相機處理

六、抄表員發給檢查証案

決議：通過舉發竊電之獎金照章發給並禁止員工為竊電户向取締組說情

七、出勤津貼一律以銀元開支案

決議：通過

主席 [illegible]

64

重慶電力公司業務會報紀錄

時間：三十八年七月五日正午

地點：本公司會議室

出席

李澤藩　程本臧　趙緒伯　張容之

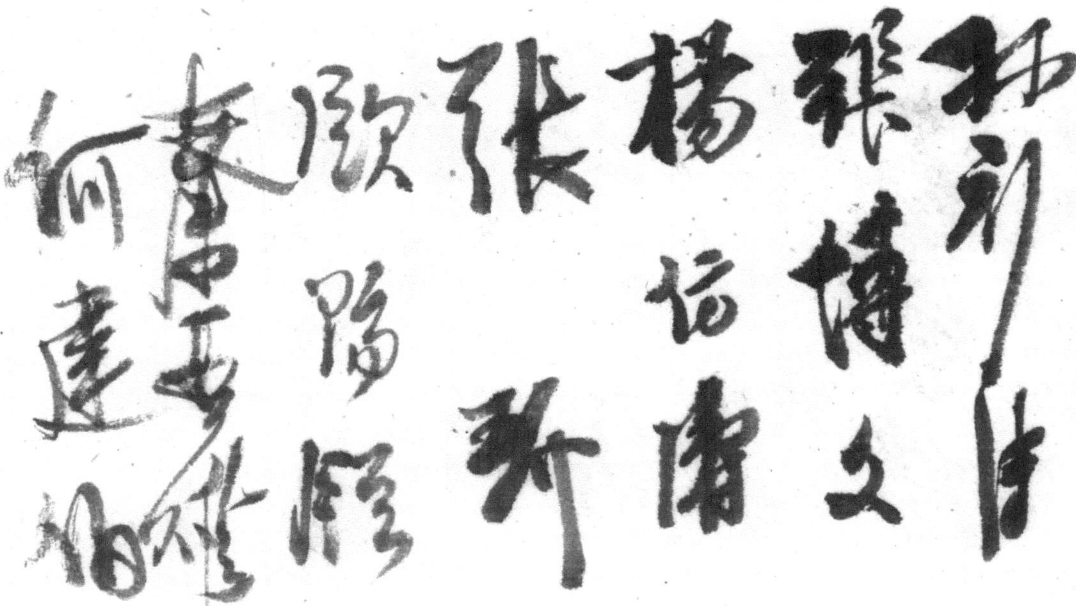

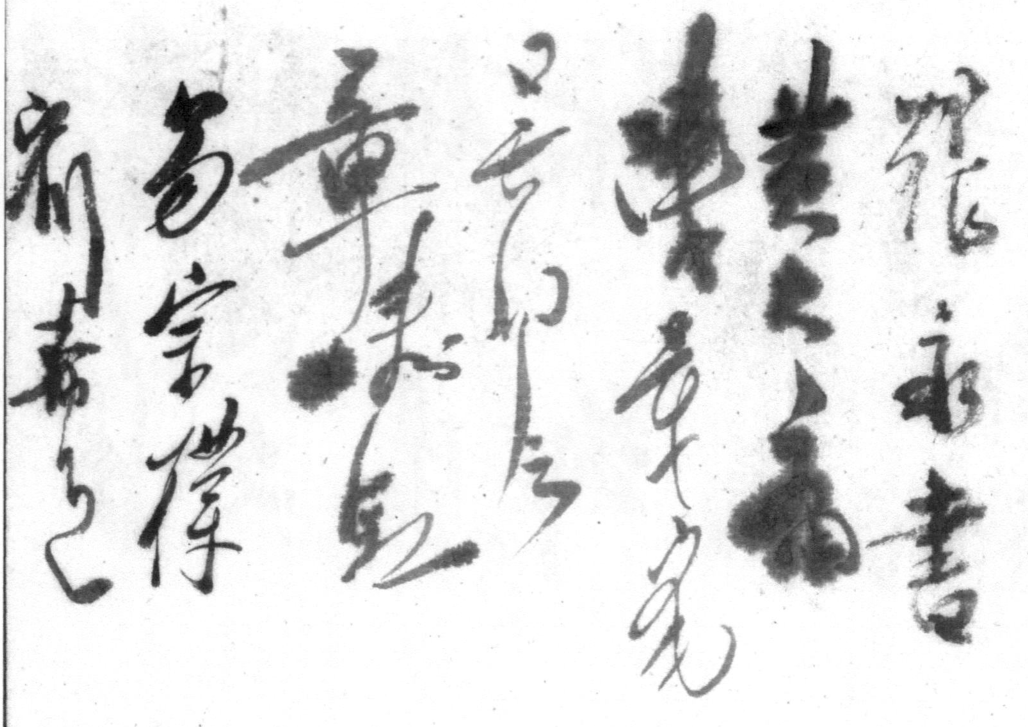

主席　吳總工程師

紀錄　趙維伯

會報事項

一、各兵工廠欠費如何催收案

決議：（一）由業務科長隨時向各廠負責人催索

（二）各廠電費以購電抵付，將來應比照各兵工廠用電量多寡照比例攤扣

二、國營廣播電台以後究應由材料處或改由業務科收費案

決議：先由業務科與材料處核對欠費，以後究應由何處主管收費，由材料處與業務科會商後決定

三、材料處所屬各學校積欠電燈費，十四萬餘度（四三至三一計算）

66

约四万度电力约四万余度如何处理案

决议：㈠将市郊各区学校欠费详细列表由业务科集中汇交秘书室备文呈请长官公署及市教育局核示

㈡在下学期开始前由业务科及三科事务分别向各校接洽将所收灯油费用转缴本公司作为预购电度

四、业务科及三科事务对于每月欠费应按月制成统计以供参考案

决议：由主管部门分别编制后交业务科汇编统计分送各科室参考

五、币制改为银本位后过去电表押金应如何处理案

决议：援过去法币改金圆券时成例办理查政府对于币值及物

價值數未公佈前不作硬性規定

六、幣制改革後收費股是否仍須在一元以上規定收取銀元案

決議：以支票周過去當頭支票過多恐發生糾紛起見暫時不收外幣票、銀元及銀元兌換券輔幣券等一律收取

七、消火費應如何決定案

決議：消火費電灯空房五角實房每房一元

八、本年夏季辦公時間應否改訂案

決議：不改訂

九、福利委員會請一次撥足一至六月福利費食米（每月約八百石）案

決議：交會計科收集現行材料照日提董事會討論

十、擬表股職員唐映光請求醫藥津貼費案

决议：仍照五月廿一日会报决议不予津贴

十一、总公司伙食团请对伙食酌予津贴案

决议：（一）公司伙食团甚多不宜单独津贴所请应勿庸议

（二）会报同人伙食照过去办法归公司招待来宾费用部份办仍由各同人自行负担

十二、各科人员延长工作时间奖金如何规定案

决议：照实际贡献程度计算但应由各主管部门切实考核以实际延长工作者为限

十三、各厂处技术工作职员逾时工作奖金应如何规定案

决议：照十二案延长工作时间案办理

十四、散会

61

主席 吴[illegible]

68

重慶電力公司業務會報紀錄

時間：三十八年七月十二日下午

地點：本公司會議室

出席

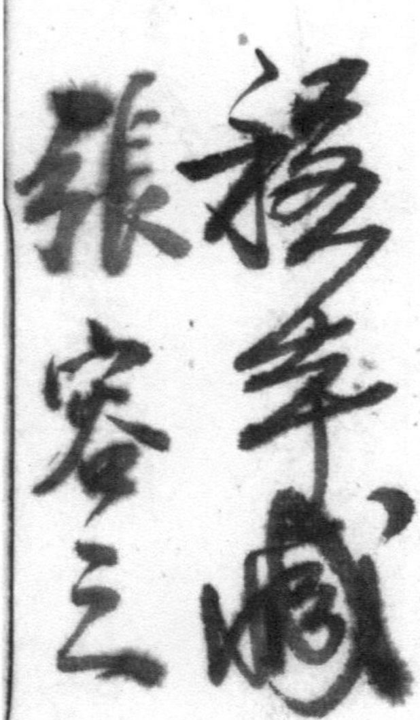

褚永書
張博年
歐陽鍔
劉壽孟
何建伯
孫引清
楊啓關

吴大甯 趙循伯

69

主席 吳協理錫瀛

紀錄 張君鼎

會報事項

一、業務科所屬包燈户改由取締組辦理所需辦事人員由科組洽商案

決議：通過

二、南岸辦事處調撥工人十名至業務科辦理剪火案

决议、通过

三、自七月份起電灯電力電热底度一律减半俟電正常後恢復案

决议：通过

四、海関巷某處電表二只燒燬由電務科派人搬回修理七月份起負责付費案

决议：照辦

五、南岸單相表代替三相表者約百只逐漸改用三相表案

决议：通过

六、散會

主席 [illegible]

70

重庆电力公司业务会议纪录

时间：三十八年七月十九日正午

地点：本公司会议室

出席

程本臧

杨佑卿

张容之

劉文島

何達伯

張斯

張博乎

劉佩雄

章嘉

71

易宇樵

吴任之

黄大庸

主席　吴總工程師

紀錄　張君鼎

會報事項

一、二廠存煤僅能維持至明晚請速接煤[illegible]案

決議：（一）撥好煤運二廠

（二）轉運二三兩廠煤之船由大溪溝將船號船户姓名

等項分別通知兩廠

（三）材料股正副股長中以一人住大溪溝辦公為宜

二、六月份輸出電度與抄見度數相差百分之五十三應如何補救案

決議：（一）變壓器損失設法減少

（二）線路小者予以改換

（三）單相表應改為三相者迅斷辦理

（四）減少郊區供電增加城區供電

（五）改善天原電化廠供電線路

（六）加強檢查竊電

（七）沙辦處派員與渝江及申新紗廠交涉用電

三、電容器速售由用户安装案

決議：照辦

四、散會

主席 [illegible]

73

重慶電力公司業務會報紀錄

時間：三十八年七月二十六日正午

地點：本公司會議室

出席：

程本臧

張永書

楊信濂

歐陽驊

黃大庸

秦亞嶸

何達伯

劉希孟

7k

主席：吳總工程師

紀錄 張君鍔

張耕

張容之

易守猷

吳伊何

劉佩璇

會報事項

一、用電檢查組大溪溝分組所需憲警借住子弟校派連鍾毓照料食宿案

決議：照辦

二、請政府派員聯合辦理竊電案

決議：無異議由用電檢查組辦理手續

三、總務科將七月份總務費用加以統計公佈八月份各部領用物品照七月份最低額領取案

決議：通過

四、自八月份起營業收入及保押金獨立以收入專購電務器材廠務賠料由購置股向會計科支領案

75

决议：原则通过，详细办法另订之。

五、各厂收煤应照标准煤质办理，不合标准者一律照收料单退料，杜绝劣煤弊。

决议：照办，由总务科印制收煤单。

六、唐家沱民生厂电表快百分之十一，由公司函本厂请退费案。

决议：照办。

七、散会。

主席 锡

76

重慶電力公司業務會報紀錄

時間：三十八年八月二日正午

地點：本公司會議室

出席：

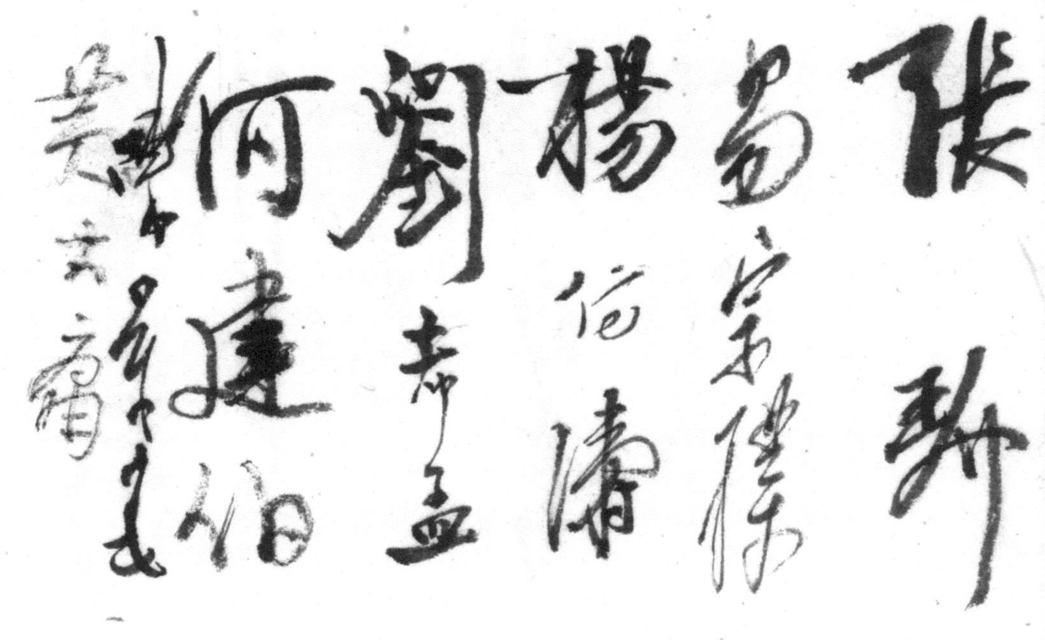

77

主席：吴協理

紀錄：張君鼎

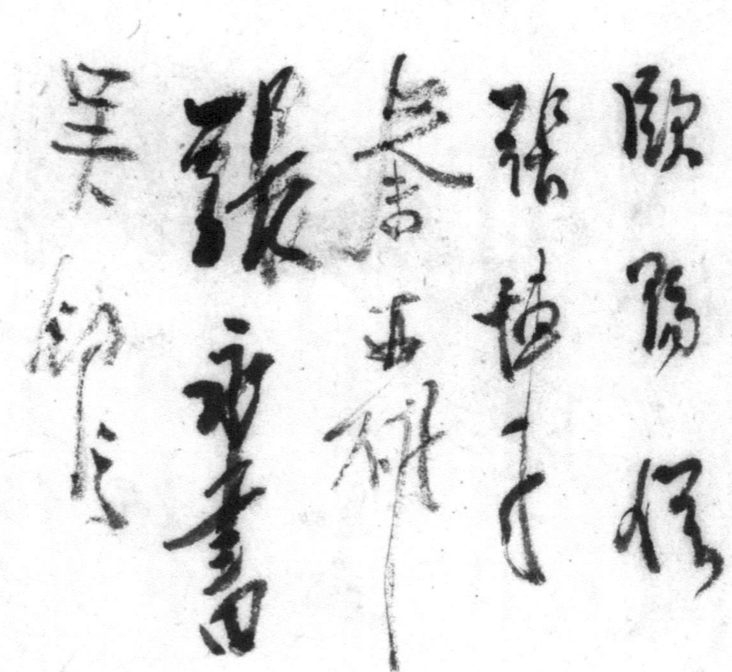

會議事項

一、借款購儲天府煤案

決議：通過

二、實驗科向福利社借用職員二人每月津貼食米九石四斗案

決議：通過

三、自八月一日起改訂過時加班津貼獎金辦法案

決議：（一）除星期加班及每日上半夜各部門需要留職員一人值班外，所有各種名目之加班一律取銷

（二）會計科年終結賬業務科每年更換用戶賬頁實驗科每年更換抄表冊子均不另給津貼改發獎金

（三）星期加班增給薪津三十分之一過時值班給予實力

78

二度之津貼

(四)應領津貼或獎金於每月終造冊請領

四、與市四廠結算電費時注意扣除(一)楊芳毓公館用電(二)華光學校(三)紹道研究所(四)製呢廠案

決議：通過

五、散會

主席 劉

79

重庆电力公司业务会报纪录

时间：三十八年八月九日正午

地点：本公司会议室

出席：

傅友周

张斯

葛崇樸

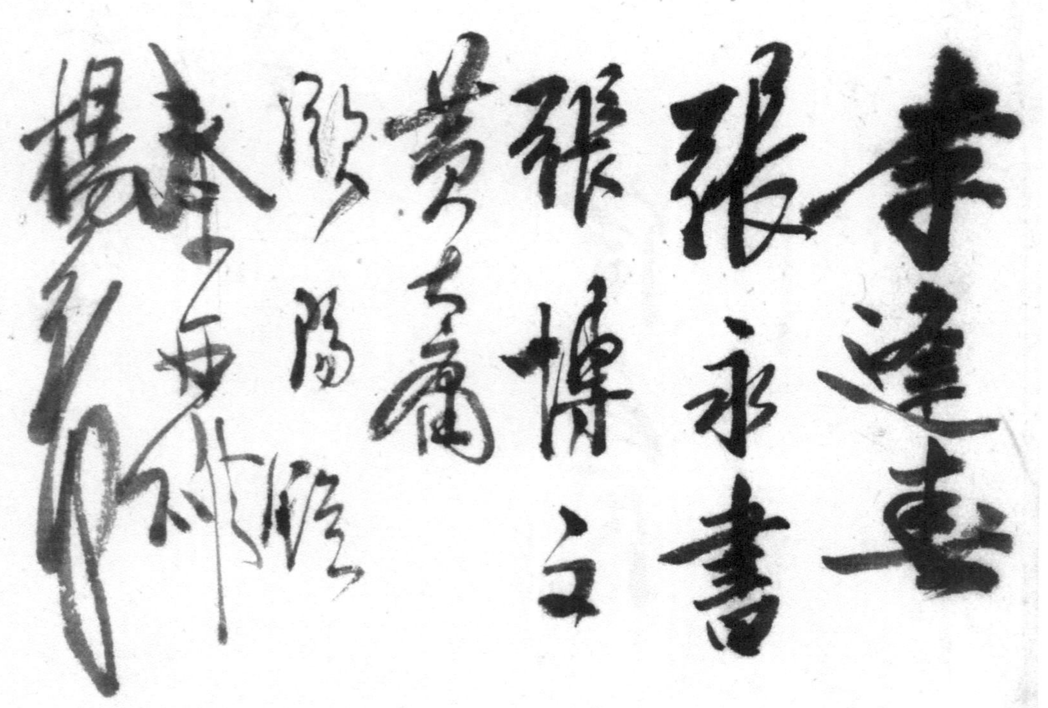
張永書
張博文

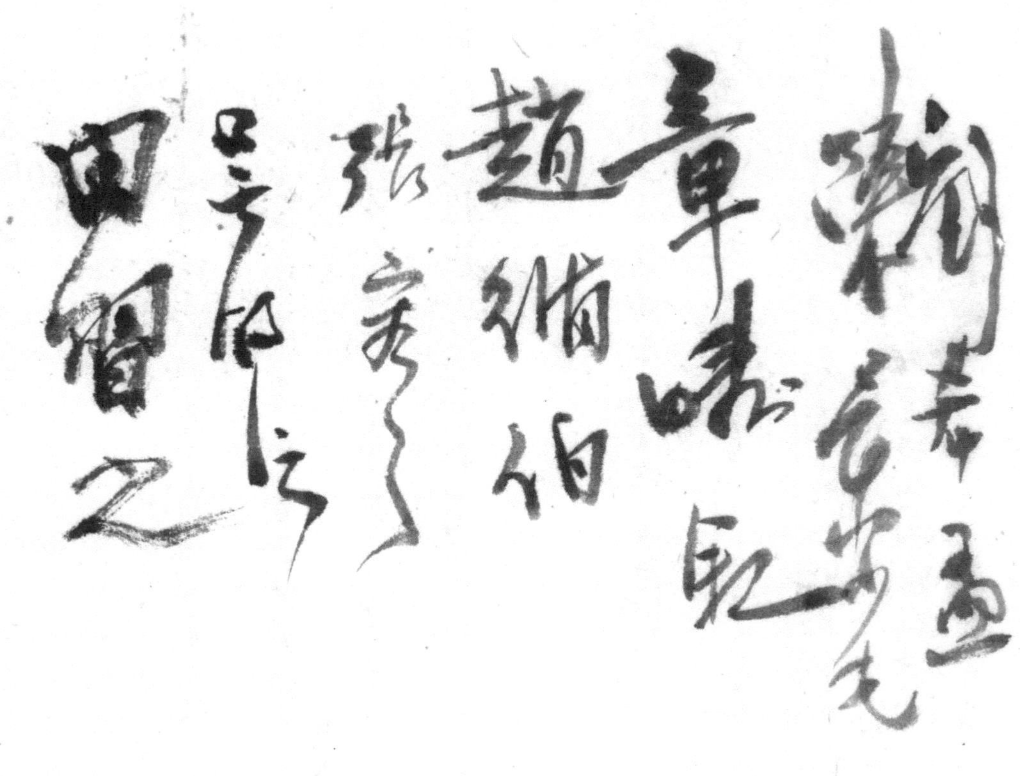

主席 吳協理 [illegible]

紀錄 張君鼎

一、田代總經理報告 本日傅總經理就職會議仍由吳總工程師主席傅總經理以六十歲高齡在此非常時期為公司服務深堪欽佩本人在渝之日仍願以常委資格隨時來公司協助傅總經理務望各同仁安心工作分層負責

二、傅總經理報告 本公司成立之先由本人主持之工務局設立電力廠籌備處撥款二十四萬元收購燭川公司劉航琛康心如兩先生各借墊七十萬元購機建廠發電後始改組為公司本人即担任監察以迄今日一度任協理與公司關係十分

81

竊切莅以董事會敦促担任總經理職務深感責任重大今日最重要之事有二第一健全本身向外活動增加電費收入職工食糧与鍋爐食糧均屬當務之急第二本人仍係幫劉總經理忙盼同仁照常安心工作辦理移交對於重大事件專案移交提請董事会檢究

三、

吴總工程師報告　本公司係商業性質做生意服務力求周到非常时期必有特殊困難同仁加倍努力

黄科長報告　本人服務九年歷經三任總經理未曾辦過移交前為清理過去賬目請准許搬莊了結過去賬目一分一厘均由本人負責至於上海辦事處新通安利三項賬目程協理囑咐由彼負責

會報事項

一、本月十一日再買天府燃煤一千噸案

決議：通過

二、中紡紗廠灯力用電如何收費案

決議：由張主任承書與該廠洽商

三、五十廠與唐家沱民生廠用電付費如何解決案

決議：函約張師曾來城商洽

四、辦理包灯用電所需職員七人如何借調案

決議：除業務科已調二人外加調二人，電務科調一人，廠務科調二人

五、三廠三科車費及電務科備用金不敷應用請予增加案

決議：增為二百元每星期報銷一次

82

六、散會

主席 鄒魯

83

重庆電力公司業務會報紀錄

時間：三十八年八月十七日正午

地點：本公司會議室

出席：

傅友周

趙紉治

陳嘉祐

黄大庸

易宗樸

李逢春

劉希孟

歐陽鯤

86

张倬[illegible]
何建伯

主席　程协理
纪录　张君鼎

会报事项

一、每星期由会计科造具收支概况表送经理室案

决议：自本星期起照办

二、加强取缔窃电及减少电流损失案

85

决议：由程吴两协理指定人员共同研究有效办法

三、二十一厂黄金作价案

决议：每两作价八十八元

四、自来水公司四五月份电费结算案

决议：照双方协议办法结算由经理部份通知业务科以作根据

五、军政部制呢厂以呢子抵付电费案

决议：由沙办处洽办

六、各校开学在即派员洽商以所收灯油费领购电度案

决议：照办由张主任永书先与开关洽商

七、高滩岩总表内机关用电与民间用电划分案

决议：装分表或照灯头摊算

八、五〇三汽車配件廠欠費如何清理案

決議：以貨件抵付電業物料洽辦

九、以後請購材料不得積壓案

決議：如辦如缺款購買應由購買股通知請購人

十、職工免緩役證請求減免手續費案

決議：由人事股派員洽商

十一、散會

主席 [illegible]

86

重庆电力公司业务会报纪录

时间：三十八年八月二十三日正午

地点：本公司会议室

出席

傅友周

程本臧

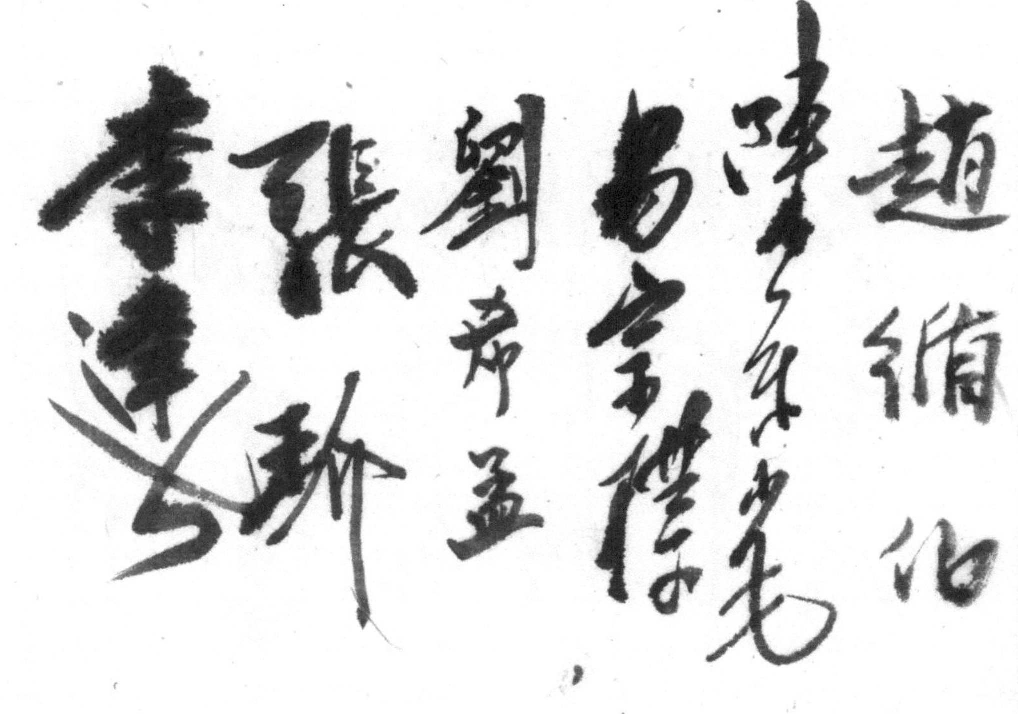

87

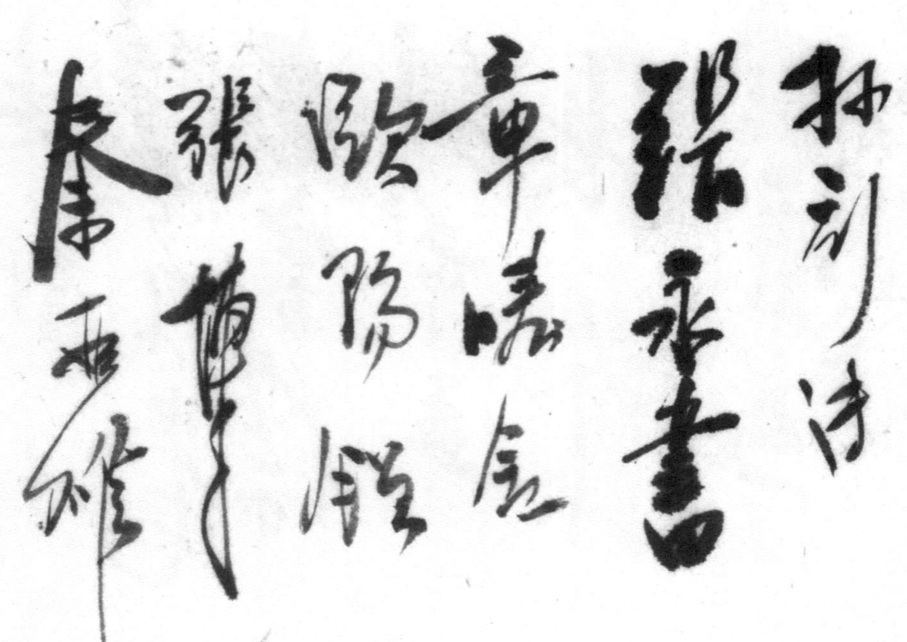

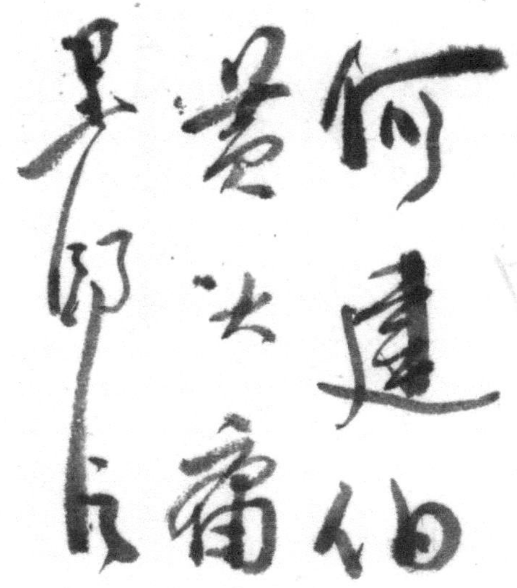

主席　傅總經理

紀錄　張君鼎

會議事項

一、各部門辦理交代事宜派范志高郭民永田孟甫協助稽核室監盤並限於九月十五日以前辦竣案

決議：通過

二、自下星期起總經理赴各科組廠處視察並個別與員工談話案

決議：無異議

三、化龍新村用戶八家漫火案

決議：另放低壓线供電並由經管科專案通知各該用戶負責嚴查該區路线如再發現竊電公司即停止該戶供電並聲明此次放线公司並不取費

四、山洞變壓器燒燬請速修理小變壓器供给第七編練司令部用電案

決議：通過

五、燃料股报告最近各砖窑供应燃煤状况案

决议：开辟煤源，商请天府公司加紧供应第三厂

六、散会

主席、傅友周

89

重慶電力公司業務會報紀錄

時間、三十八年八月三十日正午

地點　本公司會議室

出席

程本臧　歐陽藩　李達惠　杨到甲

易培基
張[illegible][illegible]
劉[illegible][illegible]
趙[illegible]伯
楊[illegible][illegible]
[illegible][illegible][illegible]
吳敬恒

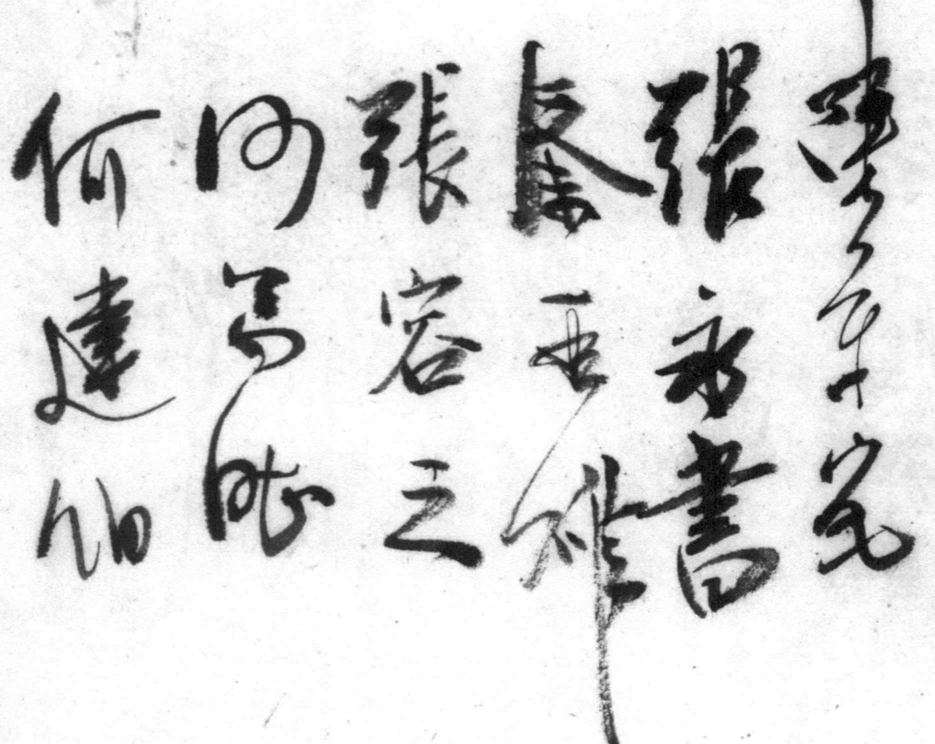

主席：吴总工程师

纪录：张君鼎

会议事项

一、总经理分赴各科厂处组视察日期案

决议：改期视察之前一日以电话分别通知

二、黄桷渡变压器暂停供电案

决议：照办

三、本公司付出账电费及暂收各兵工厂电费由会计科清理开单交与业务科案

决议：通过

四、大溪沟消防队请捐款案

91

决议：捐助肆百元

五、大溪沟壮丁安家费案

决议：捐助五十元

六、向天府公司购或借煤一千吨案

决议：由张科长与天府商洽以七百吨运鸡公岩

七、制呢厂以呢子抵付电费案

决议：照由福利社分配先行登记

八、重庆市水电检查组办事细则案

决议、候工务局会议纪录到后由秘书室商同用电检查组拟订

九、学校电费预收一学期案

决议：业务部门分别与各校商洽由秘书室拟函

十、贍儲糧食案

決議：儘速成立糧食贍儲委員会妥籌財源及倉儲

十一、散會

主席 [illegible]

92

重庆电力公司业务会议纪录

时间：三十八年九月六日正午

地点：本公司会议室

出席

李再雄

劉華盈
楊引之
張聯
張容之
李達
張永書
張植之

93

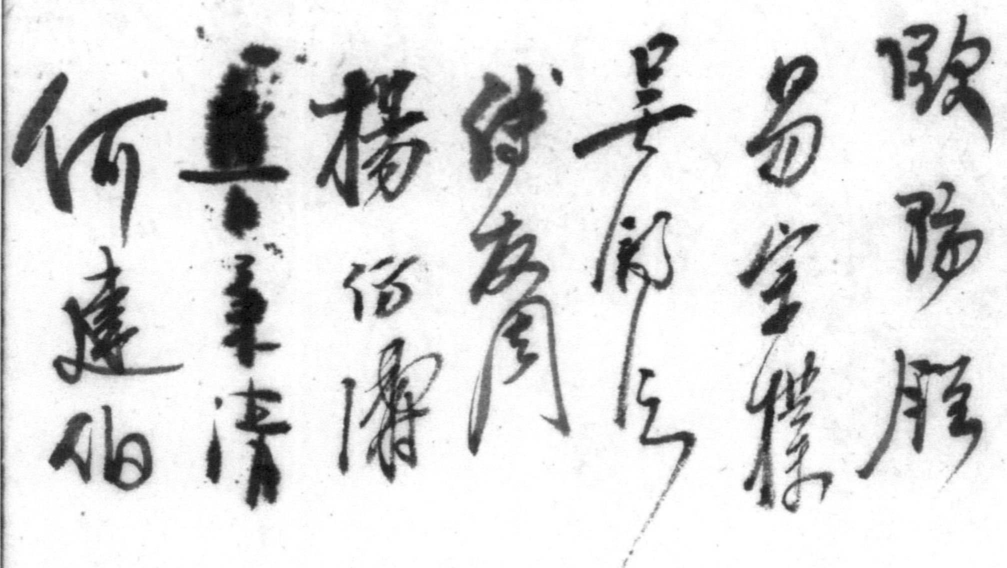

陳以百分式
閱曾之

主席 傅總經理
紀録 張君鼎

會報事項

一、預防火警拟定案

決議：(一)森嚴門禁 拟自從九月十日起凡公司職工無論進入公司或廠房必須佩帶証章會客者必須由傳達引導門警如不盡責應予嚴懲

94

(二)加强厂房保护 办法由各厂拟具实施办法报核

(三)加强救火设置 办法添置美制救火机三具分发一二厂及公司其他如灭火弹及应用器材由各厂斟酌实际需要报请购置

(四)从九月十日起公司各科长副科长为总值日轮流值宿各科派职员一人值宿由公司预备被褥工友已有轮流值宿办法并应办理重要账据文件各科自行集中以便随时装箱搬运

(五)加强电话管理 增派接话生一人

二、公司及各厂警卫案

决议：(一)一厂警卫请警备部派军维持

（二）二廠警衛由劉主任與警局商量

（三）三廠警衛商請廿一廠維持　公司警衛由李副科長指揮各廠由廠主任指揮並與自衛隊聯絡

三、催收歷積欠電費擬臨時採用分區分類辦法由業務科商請公司同人協助收費案

決議：照辦　以此次火災損失求得同情順利收費

四、南岸處加緊收費辦法案

決議：野貓溪以下託劉主任布置代收

五、散會

主席　傅友周

85

重慶電力公司業務會報紀錄

時間：三十八年九月十三日

地點：本公司會議室

出席、

楊[illegible]

傅友周

張永書
李逢春
劉佩雄
孫[illegible][illegible]
劉壽孟
易宗夔
歐陽[illegible]

96

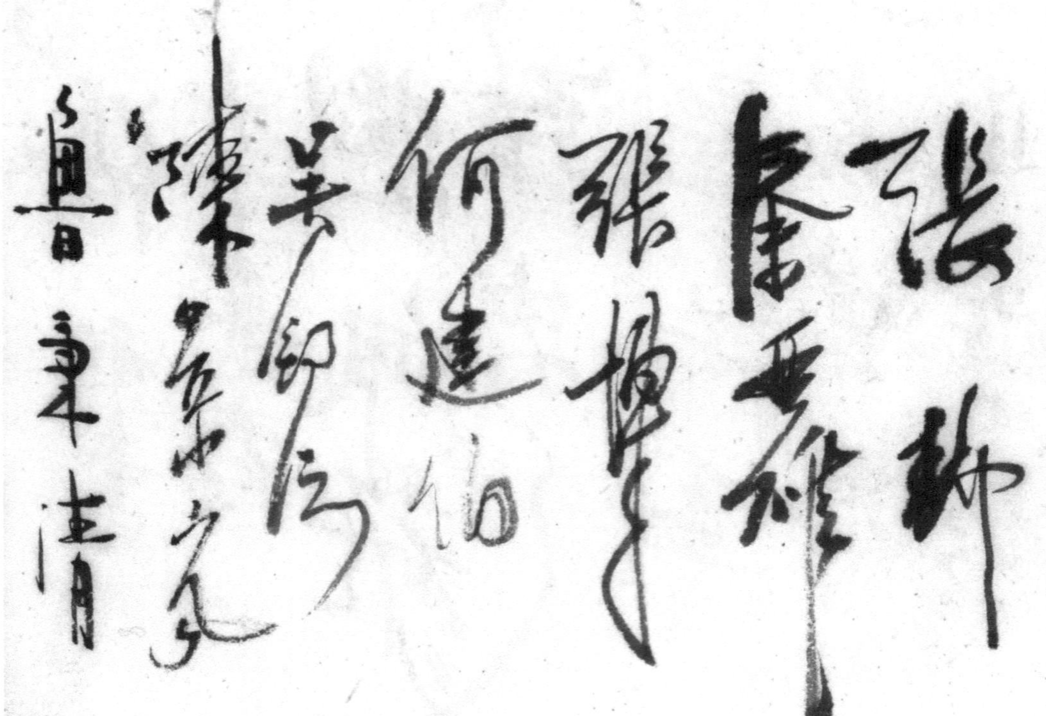

章曉鈺
抄列付

主席 吳總工程師

紀錄 張君鼎

會報事項

一、保護一廠軍隊商請交通廠讓出二樓或三樓以供該隊住宿案

決議：函請保護三廠所需軍隊即商由一廠軍隊派撥

二、三廠警衛力量函請廿一廠協助案

97

決議：由公司備函洽商

三、在公司住宿人員由各科調查通知總務科彙集總名單交總值日案

決議：通過

四、臨近大溪區域供給電料法案

決議：對業務科簽呈加以研究

五、重大中工部校電力要求折扣案

決議：無折讓但可捐助些學生實驗費

六、第十八區公所要求二廠工人夜間巡邏案

決議：由公司備函請免

七、煤炭標準灰份定為百分之廿熱量九千五百BTU水份

百分之六案

決議：不及標準者扣錢

八、各廠發薪工以何發放案

決議：明後日發薪照舊，下次改發辦法

九、公役值日添製被褥案

決議：照發並按時妥注意

十、修理汽車辦法案

決議：應否修理由總務科決定，修理工作由易科長負責修理材料以舊換新

十一、中新二廠發電機所有權案

決議：所有權屬于中新二廠，由南科負責送還救國團南岸發

98

壓站設備由劉主任協助清查

十二、出勤膳費如何規定案

決議：由業務科會同工務處擬具辦法送核

十三、散會

主席　吳［簽名］

重庆电力股份有限公司第一次临时股东大会决议录（一九三六年七月十日） 0219–2–11

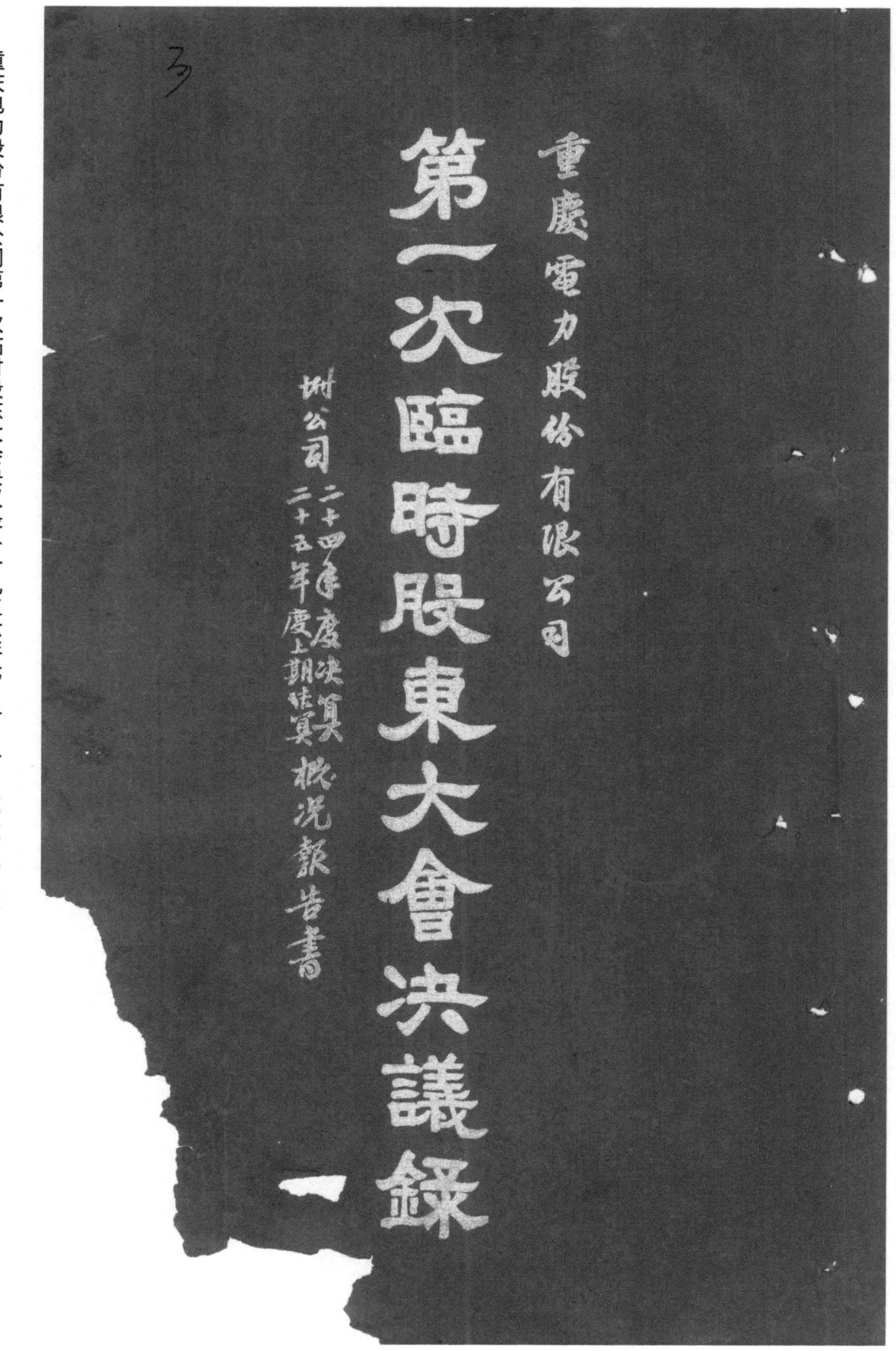

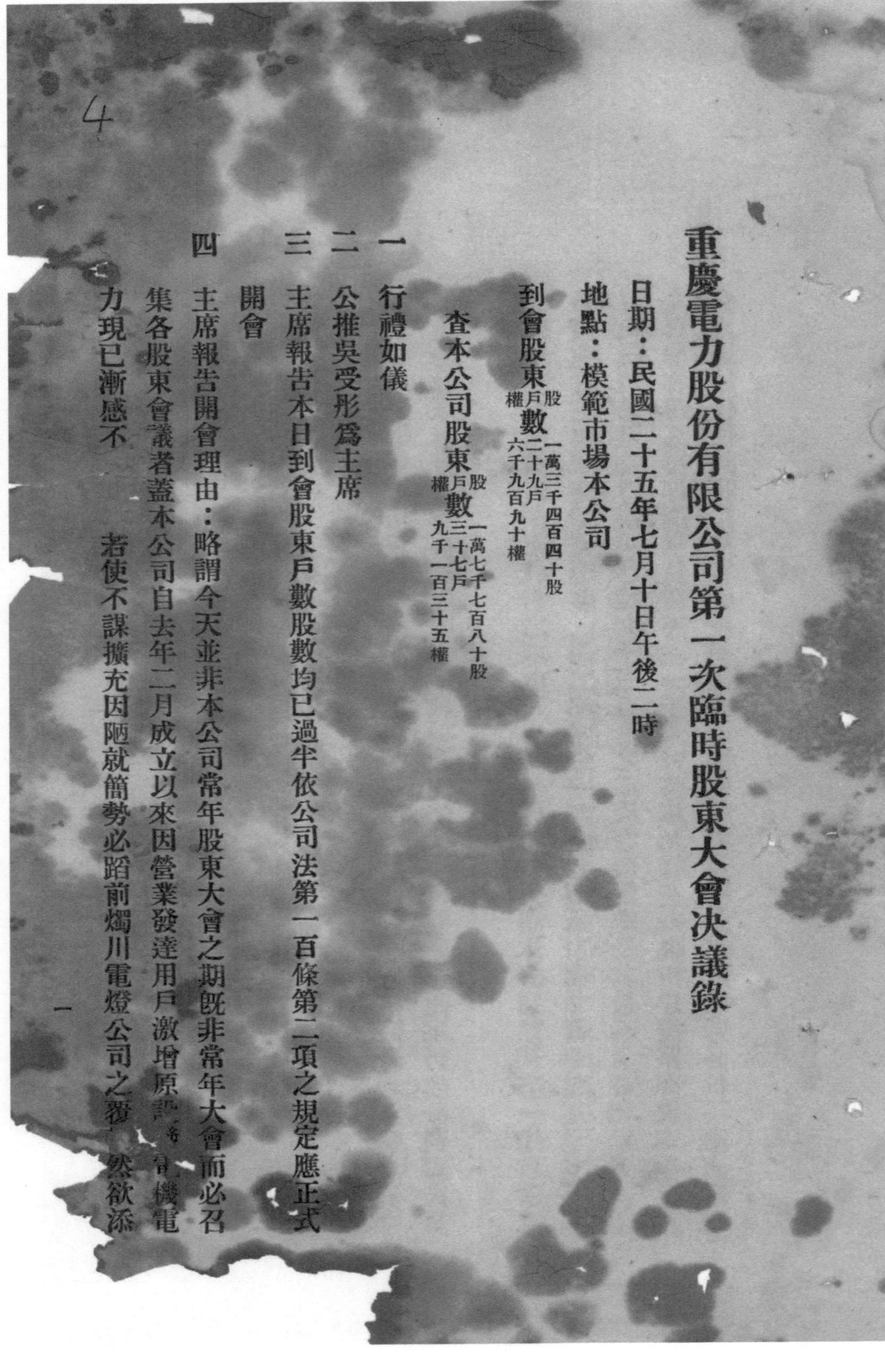

重慶電力股份有限公司第一次臨時股東大會決議錄

日期：民國二十五年七月十日午後二時

地點：模範市場本公司

到會股東股戶權數 一萬三千四百四十股 二十九戶 六千九百九十權

查本公司股東股戶權數 一萬七千七百八十股 三十七戶 九千一百三十五權

一 行禮如儀

二 公推吳受彤爲主席

三 主席報告本日到會股東戶數股數均已過半依公司法第一百條第二項之規定應正式開會

四 主席報告開會理由：略謂今天並非本公司常年股東大會之期既非常年大會而必召集各股東會議者蓋本公司自去年二月成立以來因營業發達用戶激增原訂[illegible]機電力現已漸感不若使不謀擴充因陋就簡勢必蹈前燭川電燈公司之覆[illegible]然欲添

一

購機器以謀擴展但本公司現尚負債未償其貲金之來源又不得不向各股東商議措集此本公司召開臨時股東大會之理由也

五 公議大會提議案

(1)增加股本案

(2)擬購新機案

(3)發行公司債定額貳百萬元案

(1)(2)兩項主席以增股購機事聯一體請併案辦理胡監察謂依據公司法規各股東必須先行承認股本然後始能決購機械事雖一體辦理却有先後此案仍須分別表決經衆贊成

劉總經理起立報告擴充股本之理由及訂購新機之經過謂本公司原備有一千啓羅瓦特發電機三部平時發電至多祇用二部當以一部作爲預備自開始營業起迄至本年六月止電燈電熱電力用戶已達九千三百戶之多機力發電總量其最高負荷紀錄爲一千九百餘啓羅瓦特即通常負荷亦在一千六百啓羅瓦特左右現南岸綫路亦於本年五月完成開始供電此後用戶當必日益增多而發電量數若不急謀增高勢必供不應求本公

司營業亦將大受影響本人有見及此曾在第十次董事會議提議添置機器設備以謀發展嗣後接水坭公司來函謂該公司約計明年四月開工每日需用電力約一千啓羅瓦特本公司既負重慶市區供電使命對該公司所需電力自當負責供給而本公司新機設備更應急行添置刻不容緩故擬添置六千啓羅瓦特新機二部本人後因赴滬之便即向各機器廠接洽多方研究方悉購買六千啓羅瓦特機器兩部需英金捌萬鎊左右（約合國幣壹百伍陸拾萬元）不如改購四千五百啓羅瓦特機器兩部爲適合且僅需英金肆萬陸千壹百鎊約值國幣柒拾捌萬餘元連同關運安裝各費至多壹百貳十萬元即足既可省錢數十萬元之譜而機器使用力量復相差無幾且與廠房原有電機及廠外綫路設施亦復合用不必另置故決定改購至貨款分期交付約可緩付兩年其利息六厘至八厘當在滬訂立合同交付訂金機器本年十月交一部十一月交一部合同原文已詳爲譯註提請董事會公議經第十二次董監聯席會議公推周董事季悔胡監察汝航審查繼思外幣漲跌無定賒期過遠假外幣上漲公司必遭損失不如交付現金可享扣回子金利益其籌集現款之方當不外乎增加股本與發行公司債兩種蓋本公司股本現爲壹百捌拾萬元若再增加柒拾萬元共爲貳百伍拾萬元以所增之股本加公司兩年之折舊金即足付所

購新機價款一大部份至公司債發行額本人以爲不如一次發足貳百萬元一勞永逸除償還本公司舊債外尙餘約壹百數拾萬元以之作第二步擴充新機計劃亦僅足敷用矣周董事季悔胡監察汝航相繼起立說明審查合同內容情形如鍋鑪係英國拔柏葛廠出品電機係英國茂偉廠出品各廠皆係世界最有名之機器廠品質精良人樂選用共去英金肆萬陸千壹百鎊約合國幣柒拾捌萬叁千餘元價值亦不爲昂貴此次劉總經理在滬訂購機械採取投標方式一切措施適爲允當且將合同及要函十三件提交董事會審查認爲滿意應請各股東加以贊成

主席請各股東對（1）（2）（3）案加以表決

（1）增加股本案

議決：全體表決通過增加股本柒拾萬元惟會內舊股東認股須以七月底爲限交股則以八月底爲限若逾七底不認股卽由董事會向外招募

（2）擬購新機案

議決：全體舉手通過惟訂購新機合同須照抄一份存董事會備查

（3）發行公司債定額貳百萬元案

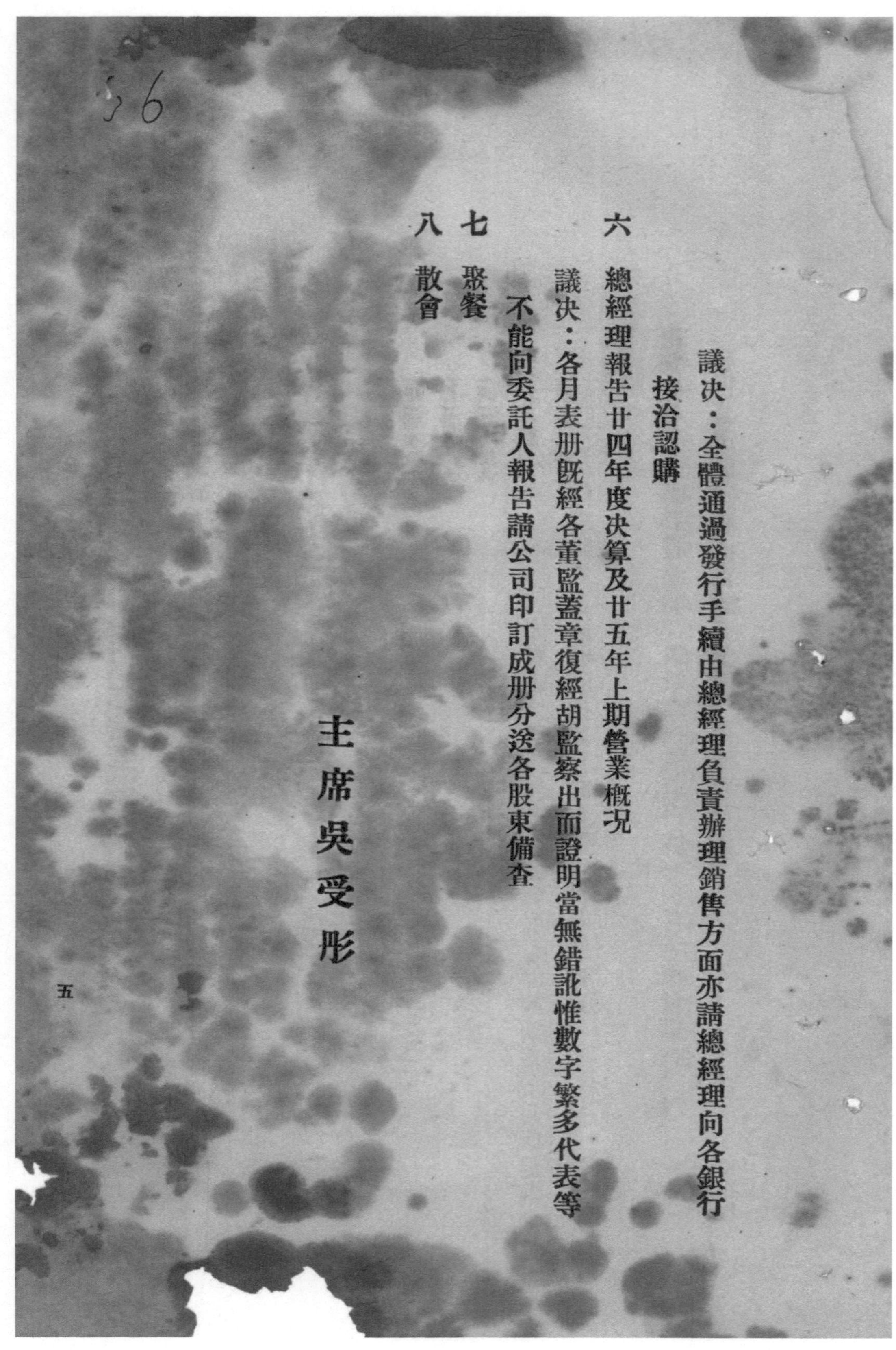

56

議決：全體通過發行手續由總經理負責辦理銷售方面亦請總經理向各銀行接洽認購

六　總經理報告廿四年度決算及廿五年上期營業概況

議決：各月表册既經各董監蓋章復經胡監察出面證明當無錯訛惟數字繁多代表等不能向委託人報告請公司印訂成册分送各股東備查

七　聚餐

八　散會

主席吳受彤

五

重慶電力股份有限公司二十四年度决算及二十五年度上期營業概況及業務概况書

目錄

二，損益計算表——自二十三年八月份起至二十四年十二月份止

二十五年度上期營業收支概算

收入之部

(甲)電費收入

(乙)營業收入

(丙)雜項收入

支出之部

(甲)經常開支

說明

上期結算報告

一，資產負債表——自二十五年一月份起至六月份止

二，損益對照表——自二十五年一月份起至六月份止

用戶統計

(甲)自二十四年度二月份起至十二月份止本市城區用戶統計比較

七

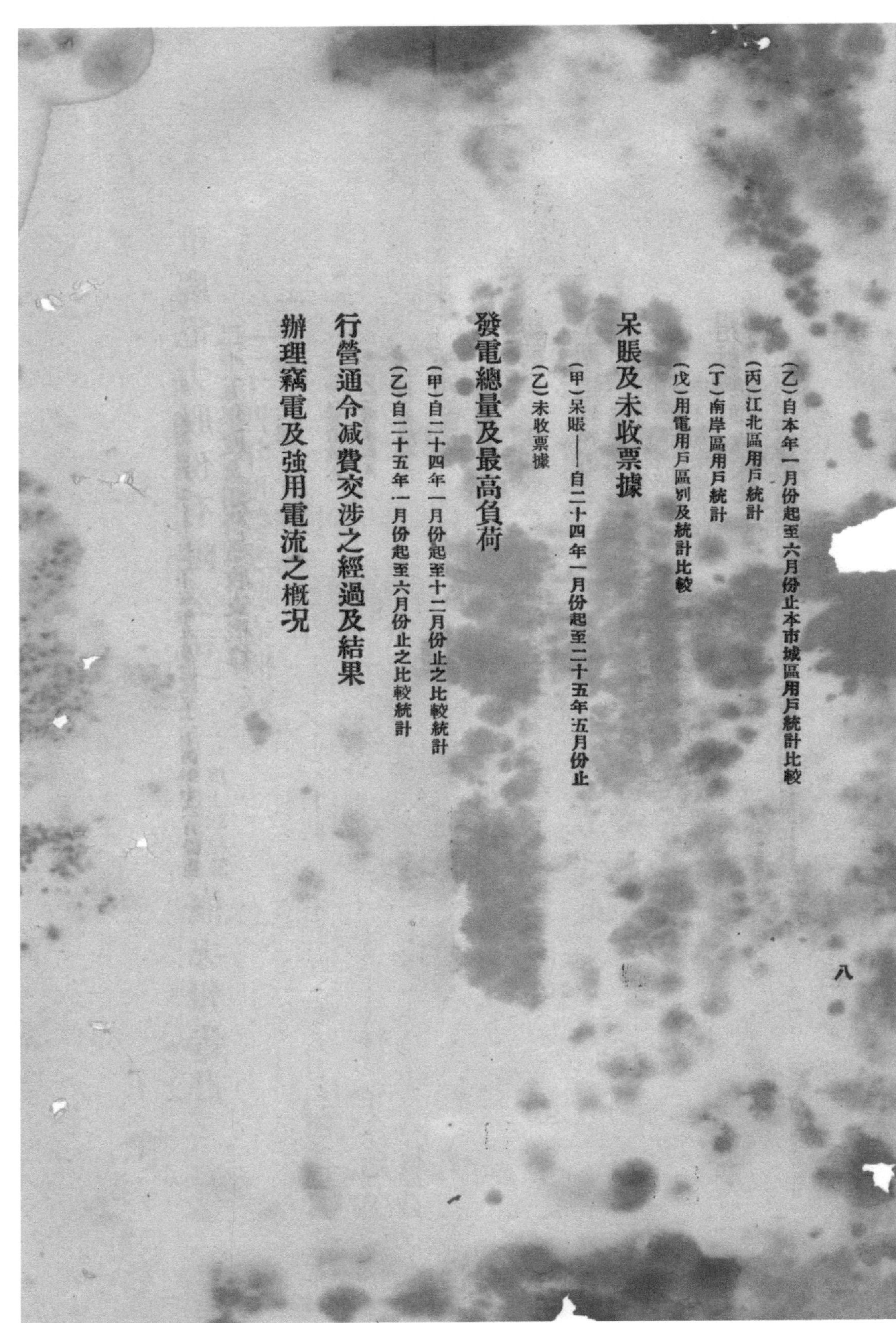

(乙)自本年一月份起至六月份止本市城區用戶統計比較

(丙)江北區用戶統計

(丁)南岸區用戶統計

(戊)用電用戶區別及統計比較

呆賬及未收票據

(甲)呆賬——自二十四年一月份起至二十五年五月份止

(乙)未收票據

發電總量及最高負荷

(甲)自二十四年一月份起至十二月份止之比較統計

(乙)自二十五年一月份起至六月份止之比較統計

行營通令減費交涉之經過及結果

辦理竊電及強用電流之概況

八

重慶電力股份有限公司二十四年度決算 二十五年度上期結算概況報告書

二十四年度營業收支概算

（一）本公司開始營業，係從二十三年八月一日起。所有二十三年八月份至十二月份（前籌備處營業部時期）計五個月之賬，均一併分別列入二十四年度賬內。即係二十四年度賬目爲二十三年八月一日起，至二十四年十二月三十一日止。其營業收入情形分列如左：——

（甲）電費收入： 共計五四二，六九三，五〇元

一，電燈收入 四二七，二八七，四七

二，電力收入 一〇四，一六一，九七

三，電熱收入 三二五，七二

四，路燈收入 一〇，八五八，四〇

五，補繳電費收入 五九，九四

（乙）營業收入： 共計 一九，三六八，八〇

一，業務手續收入 一九，三六八，八〇（即接火費，檢驗費，工本費，等是。）

(丙)雜項收入： 共計 一九，七一九，八六

一，補助費收入 二，三七一，八四

二，房地租金收入 二〇〇，〇〇

三，進貨折扣收入 一六一，五二

四，匯兌利益 九，〇〇四，一四(即鈔水是。)

正，利息收入 五，九九七，八四

六，物材料盤盈 一，〇七八，〇五

七，其他雜項收入 九〇六，四七

以上(甲)，(乙)，(丙)，三項總計共收入： 五八一，七八二，一六元

(二)二十三年八月一日起，至二十四年十二月三十一日止，收入各項，已經分列如上。其支出各項分別彙列如左：——

(甲)經常開支： 共計五四七，八八三，七五

一，發電費用 一五〇，五〇五，〇一(屬於廠房之一切開支。)

二，供電費用 二二一，八一一，二三(屬於綫路，及工務科之一切開支。)

9

重慶電力股份有限公司資產負債表（自23年八月份起至24年底止第一次年度決算）

民國24年12月31日製　　　　字第　　號

科目	金額	合計	科目	金額	合計
(資產類)			(負債類)		
固定資產		242303792	資本及公積		200338984
發電資產	134836863		資本總額	200000000	
輸電配電資產	70060884		法定公積	338984	
用電資產	24763740		長期負債		60000000
業務資產	2642305		長期借入款	60000000	
其他固定資產	10000000		短期負債		19663400
流動資產		43892784	應付票據	7000000	
現金	466686		存入保証金	12663400	
銀行存款	4973[illegible]1		雜項負債		8988522
應收票據	4500000		呆賬準備	521781	
應收賬款	2540479		暫收款項	1475644	
借出款	6000000		應計存項	6991097	
存出款	22200000		盈餘		3050857
材料	7688248		本期盈餘	3050857	
雜項資產		5845187			
開辦費	219200				
存出保証金	822500				
暫付款項	905327				
催收款項	97391				
應計欠項	1604579				
預付款項	2196190				
合計	292041763	292041763	合計	292041763	292041763

總經理　　科長　　主任　　覆核　　製表

10

重慶電力股份有限公司損益計算總表（自23年八月份起至24年底止第一次年

民國24年12月31日製　　　字第　　　號

科目	金額	合計	科目	金額	合計
（損失類）			（利益類）		
經常開支		54788375	電費收入		54269350
發電費用	15050501		電燈收入	42728747	
供電費用	2281123		電力收入	10416197	
營業費用	10205820		電熱收入	32572	
管理費用	27250931		路燈收入	1085840	
盈餘		3389841	補繳電費收入	5994	
本期盈餘	3389841		營業收入		1936880
			業務手續收入	1936880	
			雜項收入		1971986
			利息收入	599784	
			房地租金收入	20000	
			補助費收入	237184	
			進貨折扣收入	16152	
			滙兑利益	900414	
			物材料盤盈	107805	
			其他雜項收入	90647	
合計	58178216	58178216	合計	58178216	58178216

總經理　　科長　　主任　　覆核　　製表

三，營業費用　一〇二，〇五八，二〇（屬於營業方面。）

四，管理費用　二七二，五〇九，三一（屬於管理方面一切開支、以及利息。而利息一項爲數至鉅，約計二十二萬八千餘元。所有各股款之股息均以管理費用科目債款利息科目處理之。）

以上四項總計支出：五四七，八八三，七五

說明：

查本年度收入總數：五八一，七八二，一六。支出總數：五四七，八八三，七五。品迭計盈餘：三三，八九八，四一。以上收支賬目，暨「損益計算書」，及「資產負債表」，均曾專函航寄謝霖會計師查閱。並得覆函，大略節述如下：

「二十四年度賬目，須依據「公司法」之規定：無盈餘不得分配股息；未攤提折不得分配盈餘。」

故本年度之賬，乃係將所收各股款列入借入債款；所付之股息即列入管理費用中之債款利息。

復因本公司註册手續，創立會爲二十四年十二月三十一日。以後將債款撥入股款，亦在此期以後，故亦可以不必折舊。否則違犯公司法，似有未妥。以上所列之盈餘叁萬餘元，祇照規定提存公積金十分之一。下餘之數仍不能分配，應移作下期賬內之「前期損益科目」。俟二十五年度決算時，再爲照公司法規定，正式分別結賬：並分配盈餘也。

二十五年度上期營業收支概算

(一)本公司二十五年一月至六月止，各項收入共計如左：——

(甲)電費收入： 共計四一八，三七九，二五元

一，電燈收入 三五八，二三三，三四

二，電力收入 四三，八七四，九五

三，電熱收入 一，五九四，二八

四，路燈收入 九，九六六，〇〇

五，自用電度收入 四，五七五，二三

六，補繳電費收入 一三五，四五

(乙)營業收入： 共計 六，五〇三，八〇

一，業務手續收入 六，五〇三，八〇

(丙)雜項收入： 共計 六，八一五，〇六

一，利息收入 五，〇九一，〇〇

二，房地租金收入 一，二二二，〇〇

12

三，補助費收入　四八四，四〇

四，售貨利益　一八，四一

五，其他雜項收入　九，二五

以上(甲)，(乙)，(丙)，三項總計共收入：　四三一，六九八，一一元

(二)本公司二十五年一月至六月止，各項支出共計如左：—

(甲)經常開支：　共計一七〇，九四七，七〇

一，發電費用　六五，二六七，一二

二，供電費用　二〇，六五二，二五

三，營業費用　一六，〇四四，二二

四，管理費用　六八，九八四，一二

以上四項總計共支出：　一七〇，九四七，七〇

說明：

(一)依據本年度上期收支比較，計盈餘洋二六〇，七五〇，四一。

(二)平均計算，本年度概況統計比較收支如左：

一三

A. 每月平均收入　七一，九四九，六九

B. 每月平均支出　二六，四九一，二八

C. 每月平均毛益　四三，四五八，四二

(三)上項盈餘數內所有股息，及攤提折舊，倘未計算。如將此兩項計出，每月股息約支出一萬二千元；折舊照百分之四約須支出洋八千元。實際約計每月僅可得純益洋二萬三千餘元之譜。此卽本年度營業收入比較之大概也。

13

重慶電力股份有限公司資產負債表

民國25年6月30日製　　字第　　號

科目	金額	合計	科目	金額	合計
(資產類)			(負債類)		
固定資產		2518568.09	資本及公積		2003389.84
發電資產	1351585.91		資本總額	2000000.00	
輸電配電資產	720897.68		法定公積	3389.84	
用電資產	318372.35		長期負債		510000.00
業務資產	27712.15		長期借入款	510000.00	
其他固定資產	100000.00		短期負債		227368.40
流動資產		453064.09	銀行透支	2274.40	
現金	719.19		應付票據	70000.00	
銀行存款	246.06		存入保証金	155094.00	
應收票據	5000.00		雜項負債		26081.46
應收帳款	60772.42		呆賬準備	5217.81	
借出款	102000.00		暫收款項	18267.32	
存出款	222000.00		應計存項	2596.33	
材料	62326.42		盈餘		291258.98
雜項資產		86486.50	前期盈餘滾存	30508.57	
開辦費	6194.00		前月盈餘	223624.98	
存出保証金	8710.00		本月盈餘	37125.43	
暫付款項	49133.27				
催收款項	973.91				
應計欠項	10218.96				
預付款項	11236.36				
合計	3058098.68	3058098.68	合計	3058098.68	3058098.68

總經理　　科長　　主任　　覆核　　製表

14

重慶電力股份有限公司損益計算表（自本年一月一日起至六月三

民國25年6月30日製　　字第　號

科目	金額	合計	科目	金額	合計
	百十萬千百十元角仙	千百十萬千百十元角仙		百十萬千百十元角仙	千百十萬千百十元角仙
（損失類）			（利益類）		
經常開支		17094770	電費收入		41837925
發電費用	6526712		電燈收入	35823334	
供電費用	2065225		電力收入	4387495	
營業費用	1604421		電熱收入	159428	
管理費用	6898412		路燈收入	996600	
盈餘		26075041	自用電度收入	457523	
本期盈餘	26075041		補繳電費收入	13545	
			營業收入		650380
			業務手續收入	650380	
			雜項收入		681506
			利息收入	509100	
			房地租金收入	121200	
			補助費收入	48440	
			售貨利益	1841	
			其他雜項收入	925	
合計	43169811	43169811	合計	43169811	43169811

總經理　　科長　　主任　　覆核　　製表

15

用戶統計

(甲)自廿四年一月份起至十二月份止本市城區用戶統計比較：

月份：	實有用戶：
籌備期	一九九八戶
二月份	二五四九戶
三月份	三一四一戶
四月份	三八三一戶
五月份	四五九九戶
六月份	五〇四八戶
七月份	五五五八戶
八月份	五八四六戶
九月份	六一〇九戶
十月份	六四二六戶
十一月份	六七一九戶

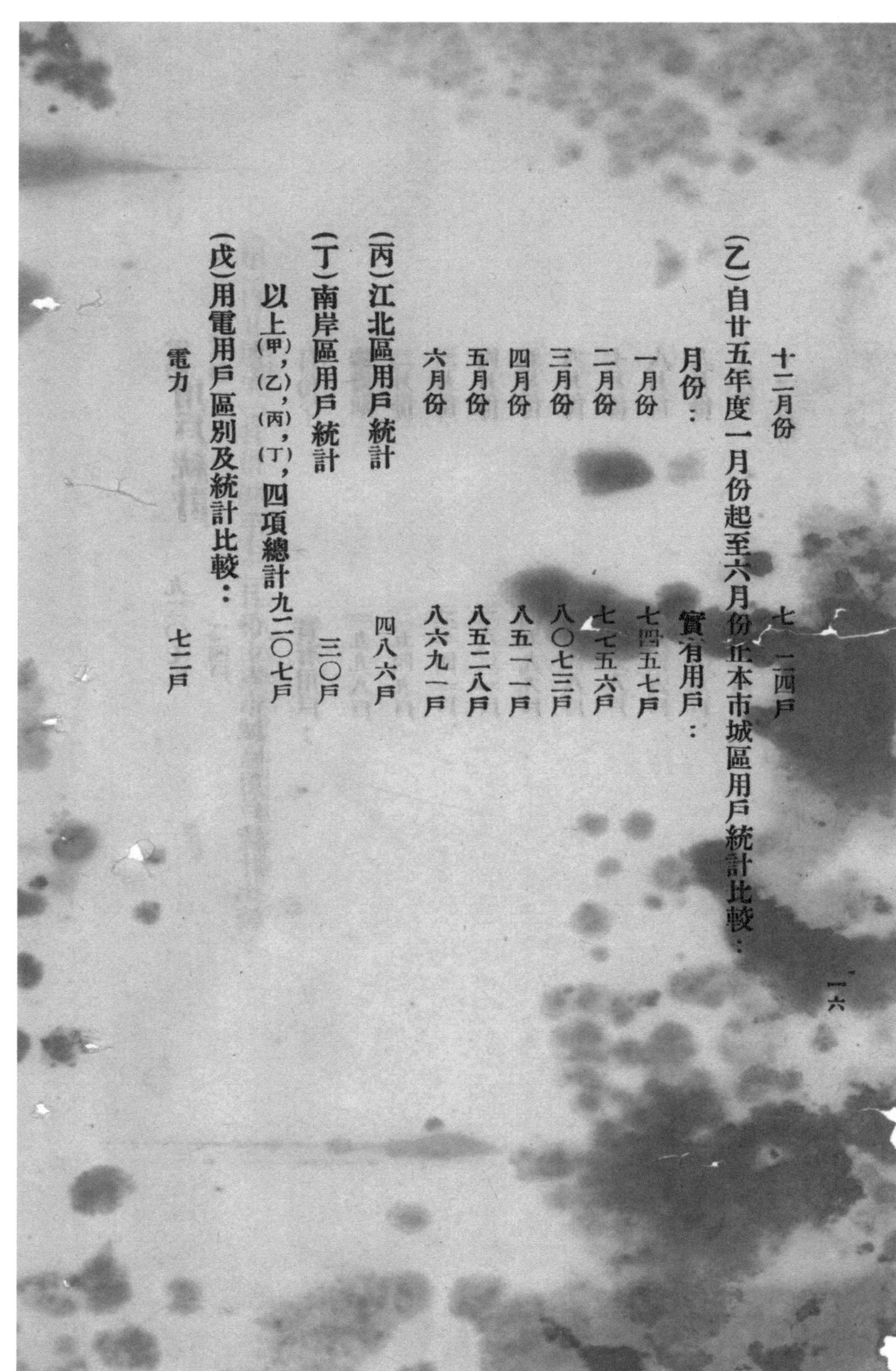

十二月份	七一二四戶

(乙)自廿五年度一月份起至六月份止本市城區用戶統計比較：

月份：	實有用戶：
一月份	七四五七戶
二月份	七七五六戶
三月份	八〇七三戶
四月份	八五一一戶
五月份	八五二八戶
六月份	八六九一戶

(丙)江北區用戶統計　　四八六戶

(丁)南岸區用戶統計　　三〇戶

以上(甲)，(乙)，(丙)，(丁)，四項總計九二〇七戶

(戊)用電用戶區別及統計比較：

電力	七二戶

一六

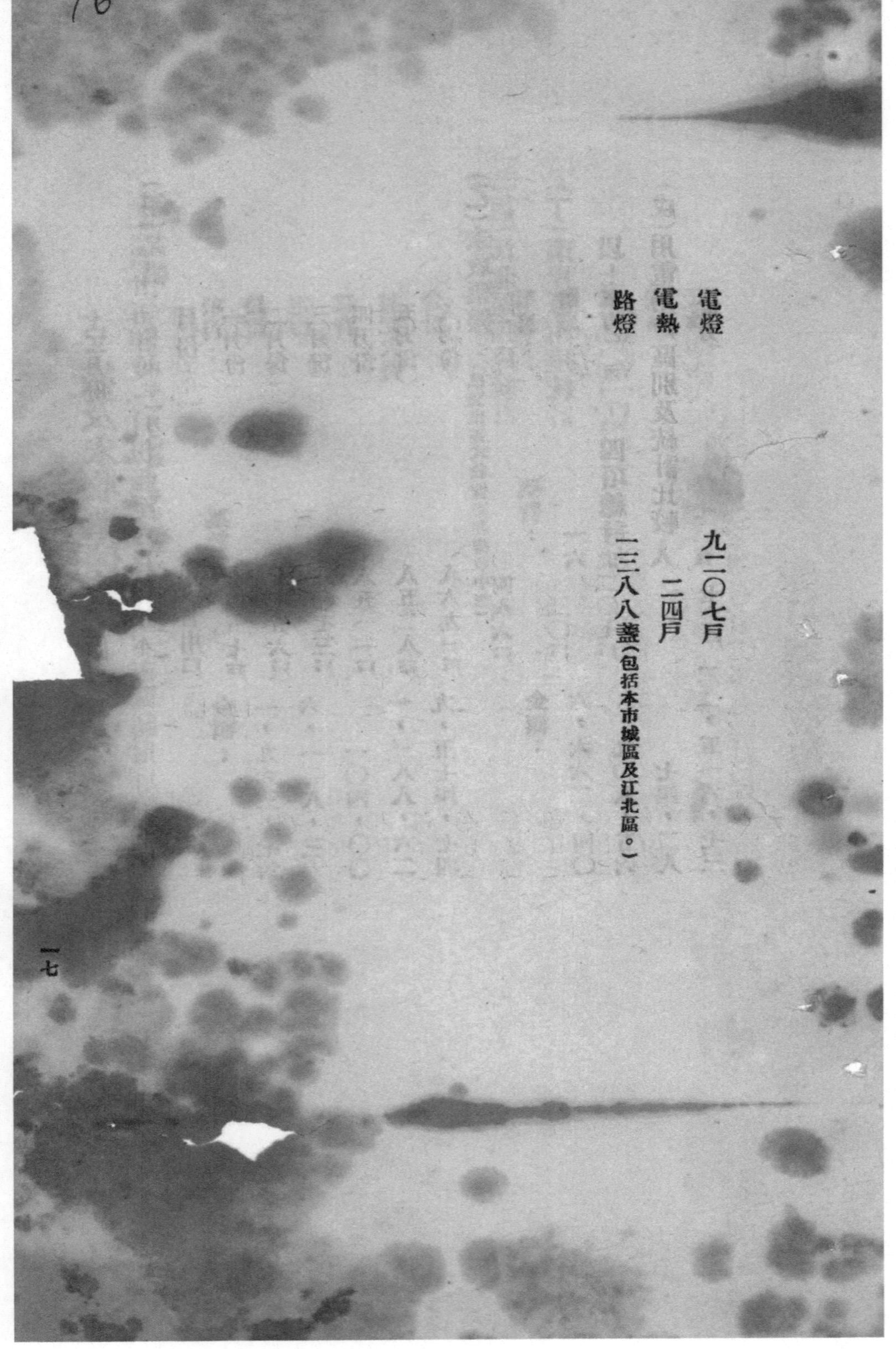

16

電燈　九二〇七戶

電熱　二四戶

路燈　一三八八盞（包括本市城區及江北區。）

一七

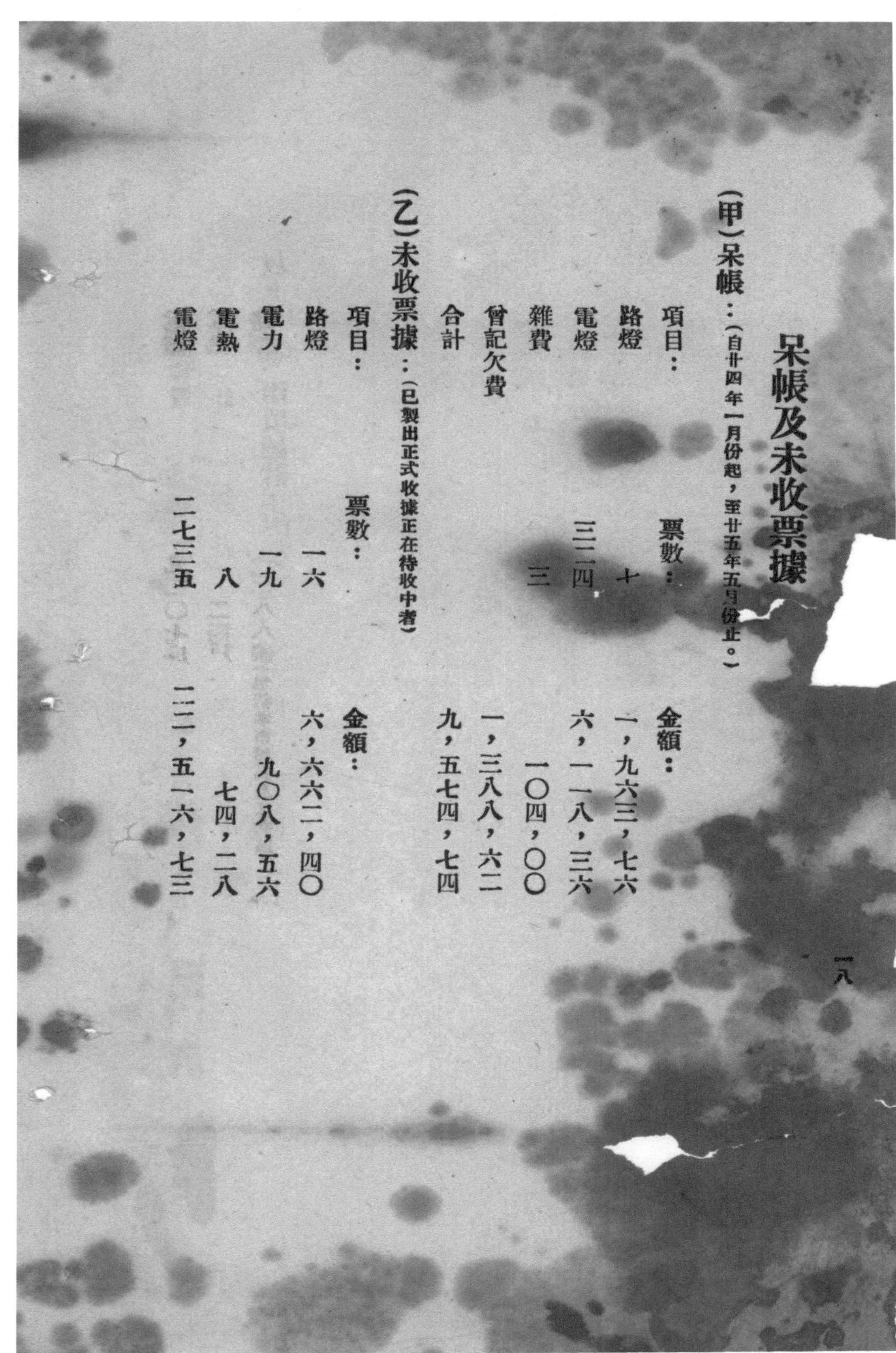

呆帳及未收票據

（甲）呆帳：（自廿四年一月份起，至廿五年五月份止。）

項目：	票數：	金額：
路燈	十	一，九六三，七六
電燈	三二四	六，一一八，三六
雜費	三	一〇四，〇〇
曾記欠費		一，三八八，六二
合計		九，五七四，七四

（乙）未收票據：（已製出正式收據正在待收中者）

項目：	票數：	金額：
路燈	一六	六，六六二，四〇
電力	一九	九〇八，五六
電熱	八	七四，二八
電燈	二七三五	一二，五一六，七三

一八

保證雜費	一三三	一，六九七，五五
合　計		三一，八五九，五二

以上(甲)，(乙)，兩項總計：　四一，四三四，二六

發電總量及最高負荷

(甲)自廿四年一月份起至十二月份止之統計比較：

月份：	發電總量（基羅瓦特小時）：	最高負荷（基羅瓦特）：
一月份	二一四，○○○	八五○
二月份	二五一，三八○	九三○
三月份	二八七，四四○	七四○
四月份	二七一，七八○	九一○
五月份	二八○，二四○	九九○
六月份	二八六，七五○	一○○○
七月份	三四五，七六○	一二六○
八月份	三五八，九三○	一一○○
九月份	三五二，八○○	一二六○
十月份	四一六，三二○	一三六○
十一月份	四三九，○六○	一四二○

十二月份	四八二，二九〇	一六六〇

(乙)自廿五年一月份起至六月份止之統計比較：

月份：	發電總量（基羅瓦特小時）：	最高負荷（基羅瓦特）：
一月份	五一一，六四〇	二一〇〇
二月份	四四八，九六〇	一五九〇
三月份	四六七，四〇〇	一六五〇
四月份	四三〇，三五〇	一四六〇
五月份	四三四，六七〇	一七〇〇
六月份	四四二，三四〇	一六四〇

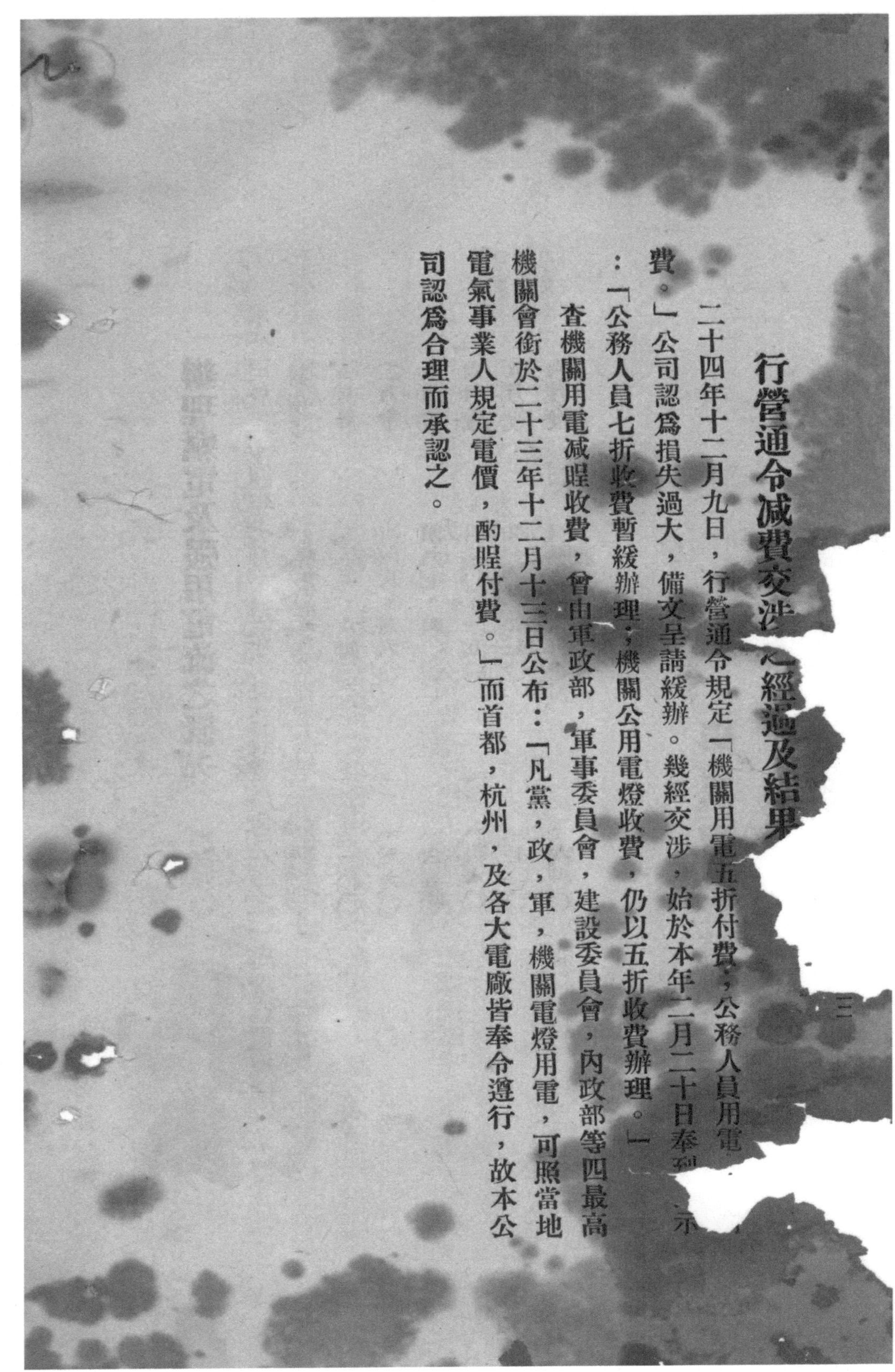

行營通令減費交涉之經過及結果

三

二十四年十二月九日，行營通令規定「機關用電五折付費，公務人員用電七折付費。」公司認爲損失過大，備文呈請緩辦。幾經交涉，始於本年二月二十日奉到[illegible]示：「公務人員七折收費暫緩辦理；機關公用電燈收費，仍以五折收費辦理。」

查機關用電減睲收費，曾由軍政部，軍事委員會，建設委員會，內政部等四最高機關會銜於二十三年十二月十三日公布：「凡黨，政，軍，機關電燈用電，可照當地電氣事業人規定電價，酌睲付費。」而首都，杭州，及各大電廠皆奉令遵行，故本公司認爲合理而承認之。

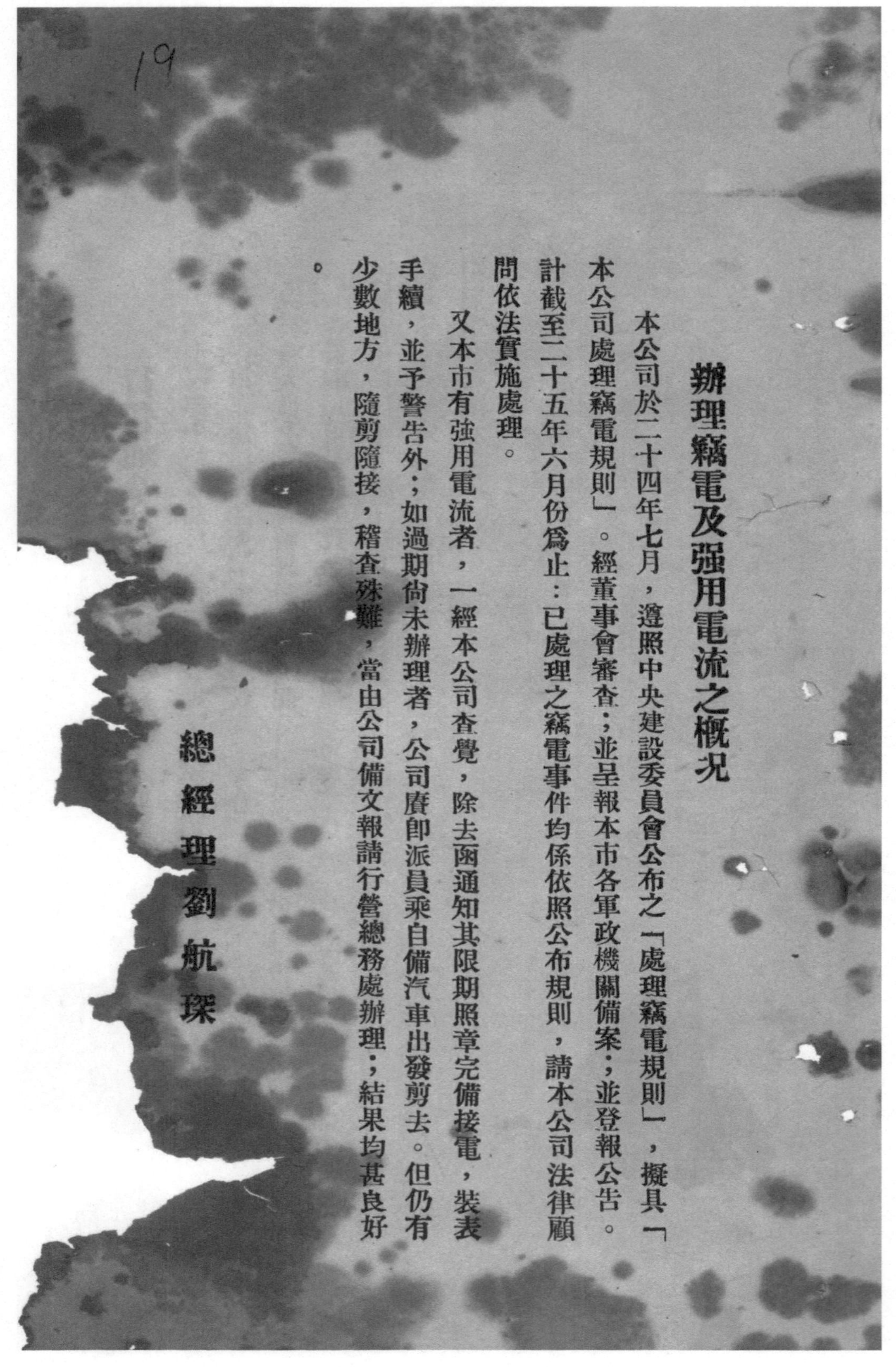

19

辦理竊電及强用電流之概況

本公司於二十四年七月，遵照中央建設委員會公布之「處理竊電規則」，擬具「本公司處理竊電規則」。經董事會審查；並呈報本市各軍政機關備案；並登報公告。計截至二十五年六月份爲止：已處理之竊電事件均係依照公布規則，請本公司法律顧問依法實施處理。

又本市有强用電流者，一經本公司查覺，除去函通知其限期照章完備接電，裝表手續，並予警告外；如過期尙未辦理者，公司屢卽派員乘自備汽車出發剪去。但仍有少數地方，隨剪隨接，稽查殊難，當由公司備文報請行營總務處辦理；結果均甚良好。

總經理劉航琛

重庆电力股份有限公司临时股东大会纪录（一九三九年一月十日） 0219-2-105

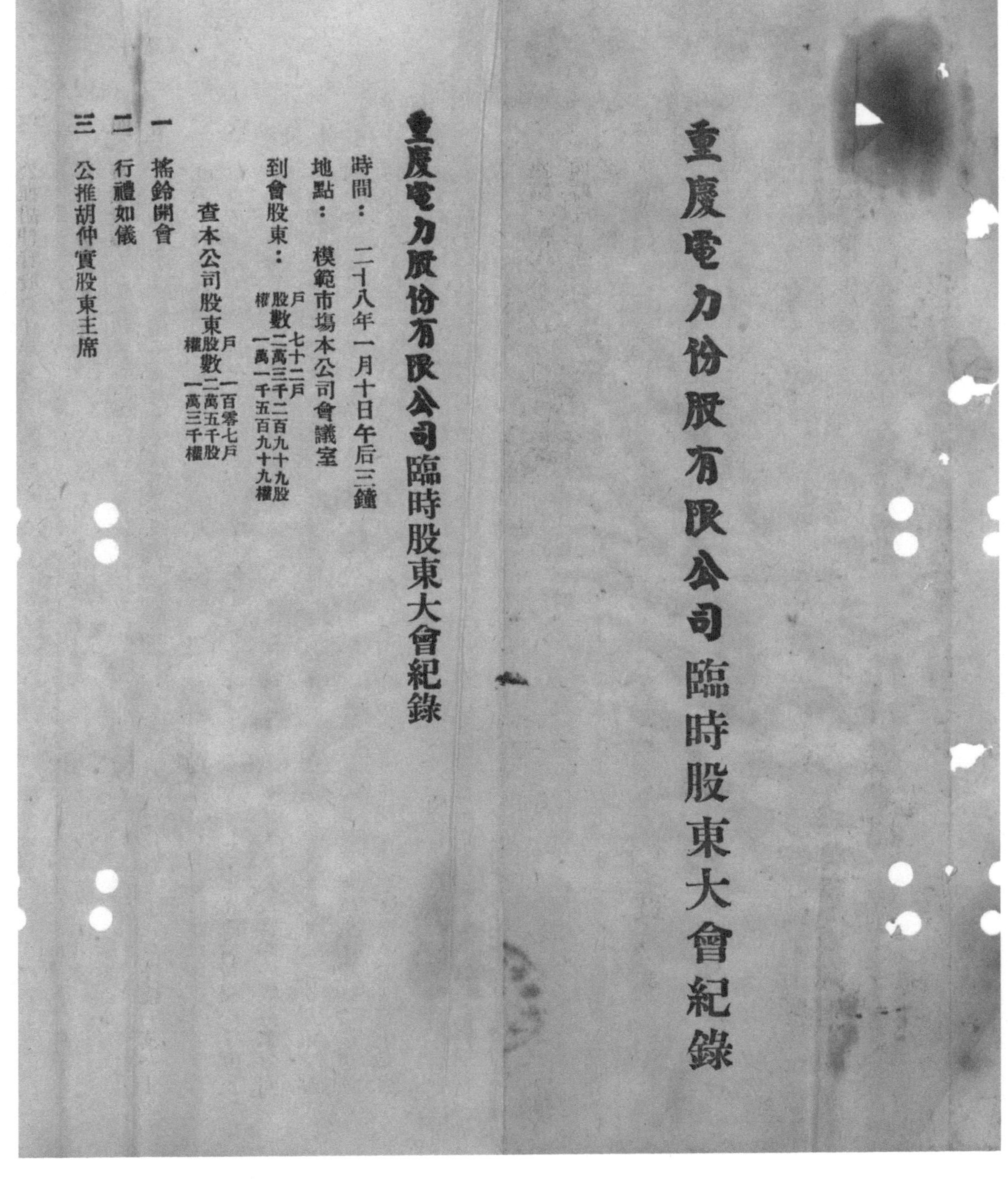

重慶電力股份有限公司臨時股東大會紀錄

重慶電力股份有限公司臨時股東大會紀錄

時間：二十八年一月十日午后三鐘

地點：模範市場本公司會議室

到會股東：戶七十二戶
股數二萬三千二百九十九股
權一萬一千五百九十九權

查本公司股東戶一百零七戶
股數二萬五千股
權一萬三千權

一　搖鈴開會

二　行禮如儀

三　公推胡仲實股東主席

四　審查股權

五　主席報告：本公司股東戶數共一百零七戶權數共一萬三千權本日到會股東七十二戶股權一萬一千五百九十九權實已超過公司法第一百條第二項之規定應正式開會

六　石董事體元代表潘董事長仲三報告開會理由：　本公司原有資本二百五十萬元設備舊機一千瓦三部已用罄無餘嗣以機力弗勝負荷添購四千五百瓩新機兩部以應營業上之需要但當時一錢莫名曾向本市銀錢業抵借代現劵達二百五十萬元之鉅經於二十七年一月二十九日臨時股東會議决呈准工鑛調整會担保以公司財產作抵押向中中交農四行借得二百萬元以資償付惟當時所借之款除償還舊債外其餘如未到期之各項期票及合同訂購之材料款項又皆無款交付况自時局轉變滬漢工廠遷川海口封鎖運輸日感困難公司爲本身營業前途計爲供給遷川各工廠用電計爲預防今後運輸困難計不得不先後向國外訂購大批供電材料以資供應現又奉行營命令拆卸舊機建設南岸彈子石應急分廠約計購地建築材料裝安等費須二十餘萬元連前應付合同期票及新訂材料款項總共差洋一百二十萬元公司以無款交付復向工鑛調整處請轉四聯總處續借一百二十萬元以應急需經工鑛處派員調查結果以公司需款濟用確爲事實已轉函四聯總處請予照借惟附帶提有意見以公司股本過低借款超出股本以上須追加成五百萬元公司之基礎方固且有餘資供營業上之活動等語四行當事人亦認加股爲必要本會一再討論僉以臨時借款利率較高且須按月還本合計前後兩次借款公司每月收入除盡量提還本息當無餘力作活動資金現狀時感困難不如增加股本提償負債則每月可將收入存額移供臨時支用此後卽不致長感拮据矣且公司資產已達六百萬元以上卽加成五百萬元之股本資產尙有餘額故認爲有加股之必要其辦法擬以舊股二百五十萬元本年度結算所得三十餘萬元之子金全數換作股本再由舊股東盡量先認其認未足額之數完全歡迎四行以債款換作股本加股以外之債仍另案按月分償惟玆事體大本會未敢擅專應由股東大會解決此[illegible]召集臨時股東大會之理由也請各股[illegible]董對本會提案發抒

偉論

七 提案

（甲）增加股本案

龔股東農瞻發言： 據董事長報告本公司借款超過股額及今後無餘資供營業上之活動當有增加股本之必要本席對增加股本二百五十萬元甚表贊同惟辦法與手續尙有磋商餘地因公司今天召集臨時股東會議不外下列兩種理由卽一公司是否應該加股二加股是否如此數目若此兩點各股東均認爲適當則認股手續照公司法儘先由舊股東承認其認未足額之數再由董事會向外招募至擬以舊股二百五十萬元本年度所得之子金全數換作股本及舊股東認未足額之數完全歡迎四行以債款換作股本等辦法毋庸明白說出

董事長起立解答： 關於以子金換作股本一層因公司受四行借款合同之限制盈餘當以現金狀況爲依據不能以賬面爲標準換言之卽公司不能借款以發股息所以有此擬議此層應特別聲明

省政府代表王梵潮發言： 照公司現時環境增股及增股數目本席均認爲適當並無異議不過以舊股東權益言新增之股似應由舊股東照前認股額比例增加不必再向四行請求加股以維權益

董事長繼起解答： 照股東權益言自不應有向四行歡迎加股之舉不過公司過去向四行借款及今後續借一百二十萬元均有連鎖關係且四行不日卽將以書面徵詢加股數目本會將無辭以答故此層提請注意

康股東心之發言： 爲結束此案計本席以加股及數目各股東均無異議惟加股辦法依王代表意見擬完全由舊股東照前加股額比例担負不必向外招募卽足照此辦理頗覺限制稍嚴蓋股東之中有心欲加而力不足者有力足而不願再加者有照比例對加而又願多認者種種情況不一本席爲結束此案擬以加股辦法須由舊股東儘先認股按照原有股額對加更善如有放棄不加者由其他舊股東承認再有不足者

授權董事會向外招募

決議：　主席聲明此案提付兩點表决

一　贊成加股二百五十萬元連前二百五十萬元合爲五百萬元者請舉手　全體通過

二　贊成新加之股由舊股東照原有股額對加如有不願照加由其他舊股東承頂再有不足授權董事會向外招募者請舉手　全體通過

(乙)修改章程案

董事長報告本公司股本總額既經決議增加爲五百萬元則章程第六第十六第十八第三十一各條均有修改必要請各股東公議

龔股東農瞻發言：　本案依公司法須俟新股收足開股東會時方能提付修改不能與增加股本案同時付議

決議：　本案保留

四時五十分散會

主席　胡仲實

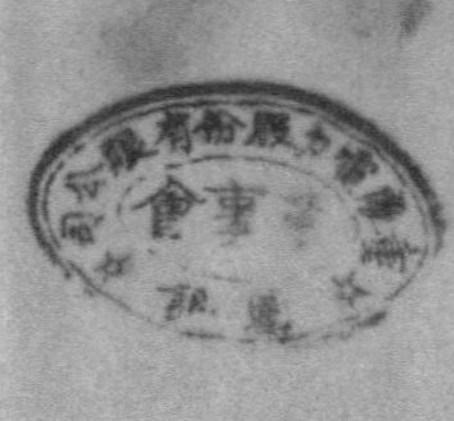

重庆电力股份有限公司第三届股东常年大会纪录（一九三九年二月十日） 0219–2–105

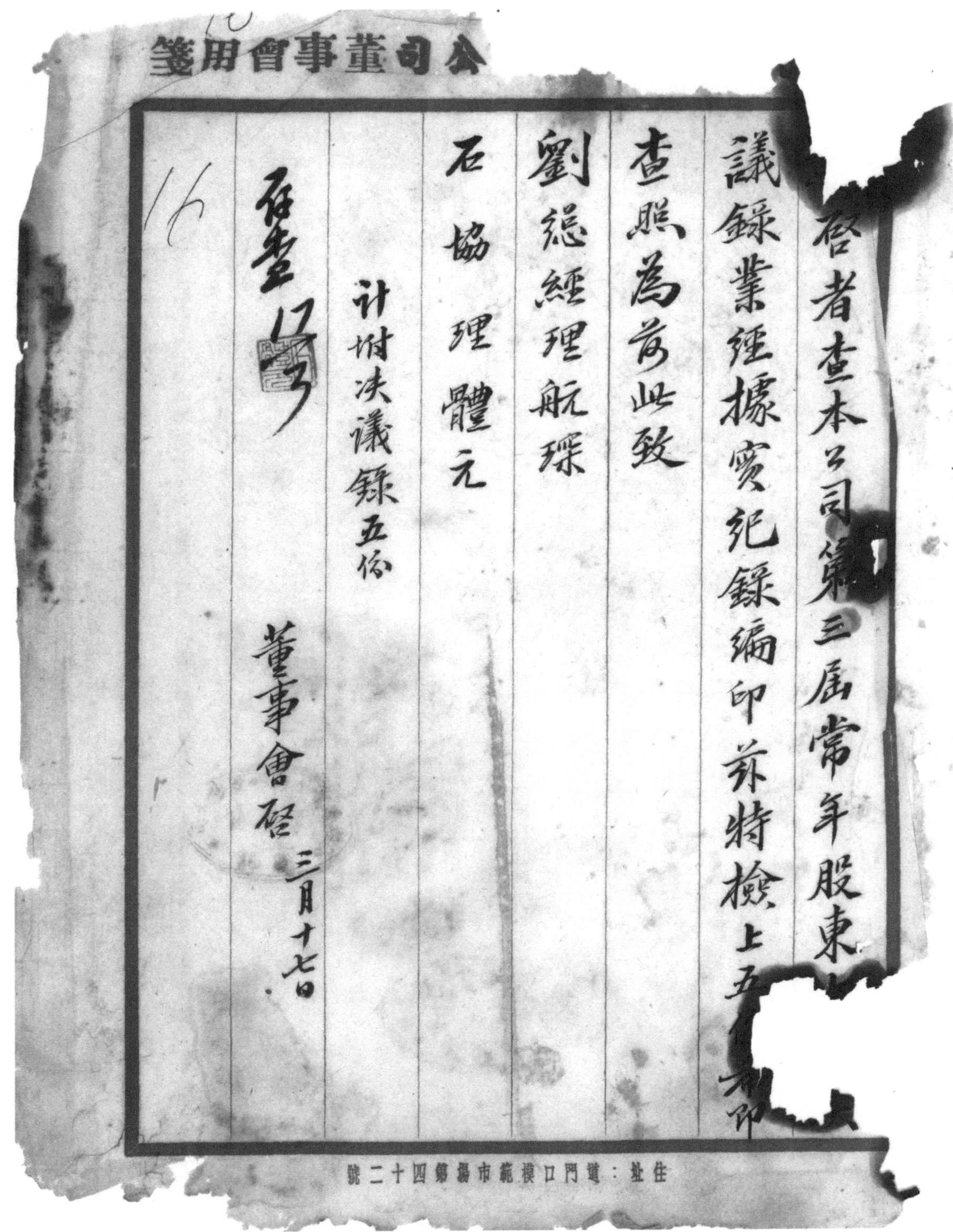

公司董事會用箋

啓者查本公司第三屆常年股東[會]議錄業經據實紀錄編印，兹特檢上五[份]希印查照為荷，此致

劉總經理航琛

石協理體元

計附决議錄五份

董事會啓

三月十七日

住址：道門口模範市場第四十二號

请速照印 新闻纸印120份 手摇式

重慶電力股份有限公司第三届股東常年大会紀錄

時間：二十八年二月十日午後三鐘

地點：第一模範市場本公司大禮堂

主席：周見三

紀錄：楊彩民

(一)搖鈴開会

(二)行禮如儀

(三)公推周見三股東為大会主席

(四)主席報告：查本公司股東戶數共一百零七戶

股权共一万三千权，本日到会股东为八十一户，股
权为一万零五百三十五权，实已符合公司法第一
百条第二项之规定，应宣布正式开会。
（五）胡常务董事仲实代表潘董事长报告开会理
由：
查本届大会为本公司第三届股东常年大
会，本公司廿七年度结算案既经董事会审查就
绪，自应依法召集股东常会分别报告法议，所有
一切开会手续均依法办理，承各股东踊跃莅临
参加，至为欣幸。现在本公司业务日臻发达，惟因
任为多，至盼各股东尽量指示，以凭移交董事

2

18

会查照报列

(六)石协理体元代表刘总经理航琛报告二十七年度营业状况及本届决算情形：

(甲)查本公司二十七年度营业状况有伟大之进展，全年用户实数计电灯户数为一万六千一百六十二户，电力户数为二百九十一户，电热用户为一百零四户，共计用户总数为一万六千五百五十七户，比较廿六年度增加四千零三户，是用户数字之进展。

又全年售电度数，照抄见电度统计，售出电灯

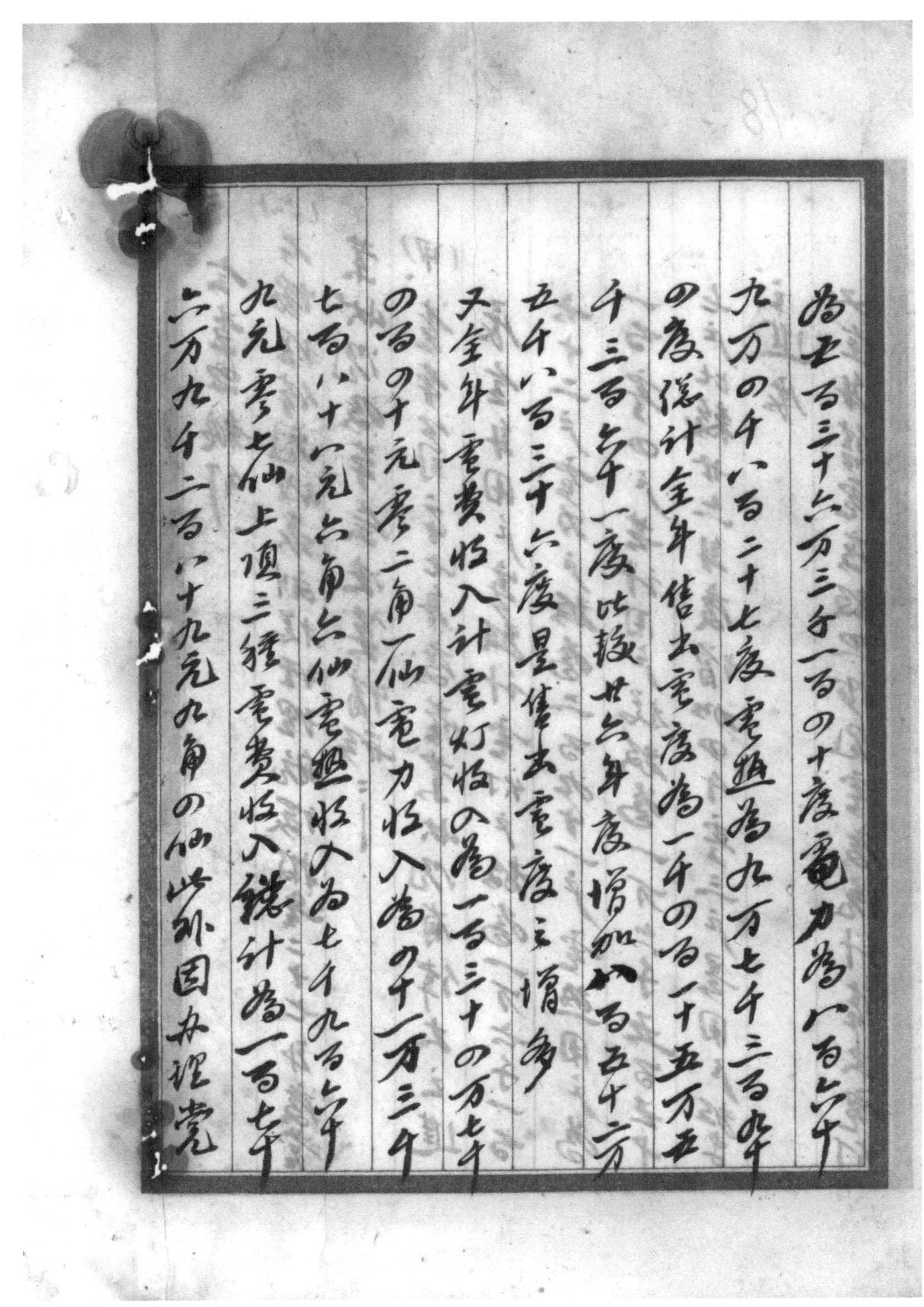

為五百三十六万三千一百四十度電力為八百六十九万四千八百二十七度電熱為九万七千三百九十四度總計全年售去電度為一千四百一十五万五千三百六十一度比較廿六年度增加八百五十六万五千八百三十六度是售去電度之增多又全年電費收入計電灯收入為一百三十四万七千四百四十元零二角一仙電力收入為四十一万三千七百八十八元六角六仙電熱收入為七千九百六十九元零七仙上項三種電費收入總計為一百七十六万九千二百八十九元九角四仙此外因办理党

三、

19

除筭營稅園用電收數六折特價之損失為一十五万四千三百零五元七角八仙比較廿六年度增加電費收入為七十万零七千七百九十四元五角八仙是電費收入之增進又路燈一項二十七年全年度抄見度數為五十八万四零三百四十五度應收金額共計二万二千九百五十六元五（平均每一電度約計售價為四分四厘）

(乙)、查本公司二十七年度其財產狀況如下：固體資產部份(1)固定資產為五百一十九万七千八百六十九元五角七仙(2)流動資產為三十四万四千四百

千八元四角六仙（丙）雜項資產為一百三十八万零七百八十五元九角六仙，總計為六百九十二万三千零八十三元九角九仙

關於負債部份（1）資本及公積為二百五十八万一千六百五十一元四角三仙，（2）長期負債（四行借款截至二十七年十二月底止）除按月攤還外尚欠一百八十一万五千元正，（3）短期負債（應付金屬材料及其他等款）為一百一十五万九千零四十二元六角八仙，（4）雜項負債（包括折舊準備、呆帳準備、應計存款、及其他等款）為八十五

万六千五百三十一元三角六仙（5）其馀五十萬元零五千七百八十四元四角五即本期毛益以上五項總計為六百九十二万三千零八十三元九角九仙

（丙）、查本廠法幣情形如下計卅七年全年度售出電度收入總額為一百八十五万二千七百七十四元正計分下列三項：

（1）電費收入——一百七十二万四千九百五十五元二角八仙

（2）業務手续收入——一万六千一百一十五元四角

（3）雜項收入——一十一万一千七百零三元三角二仙

又二十七年度全年支出總額為一百三十四万六千九百八十九元六角五計分為下列四項：

(1)發電費用——五十五万二千七百九十九元零七角四仙

(2)供電費用——十万零四千六百二十四元三角六仙

(3)營業費用——一十二万五千三百一十七元三角一仙

(4)管理費用——五十六万四千五百五十七元一角九仙

以上收支兩項品迭毛益計為五十万零五千七百八十四元四角五

上項決算報告書係由董監審查蓋章外并請謝霖会计师查核出具証明書貼附決算

21

5

报告书后面以资查考。又廿七年度报告书已汇稿编辑中，一俟编印齐备再行分别补送各股东审查。

(七)王监察君翱报告审查二十七年度决算书：

(甲)查本年度预算收入总额为一百五十万元，计每月平均收入为十二万五千元正(按本年度收入决算总额为一百八十五万二千七百七十四元，计每月平均为十五万四千三百九十八元，计全年度收入数超过预算为三十五万二千七百七十四元正)

(乙)查本年度支出预算总额(除折旧、官息、

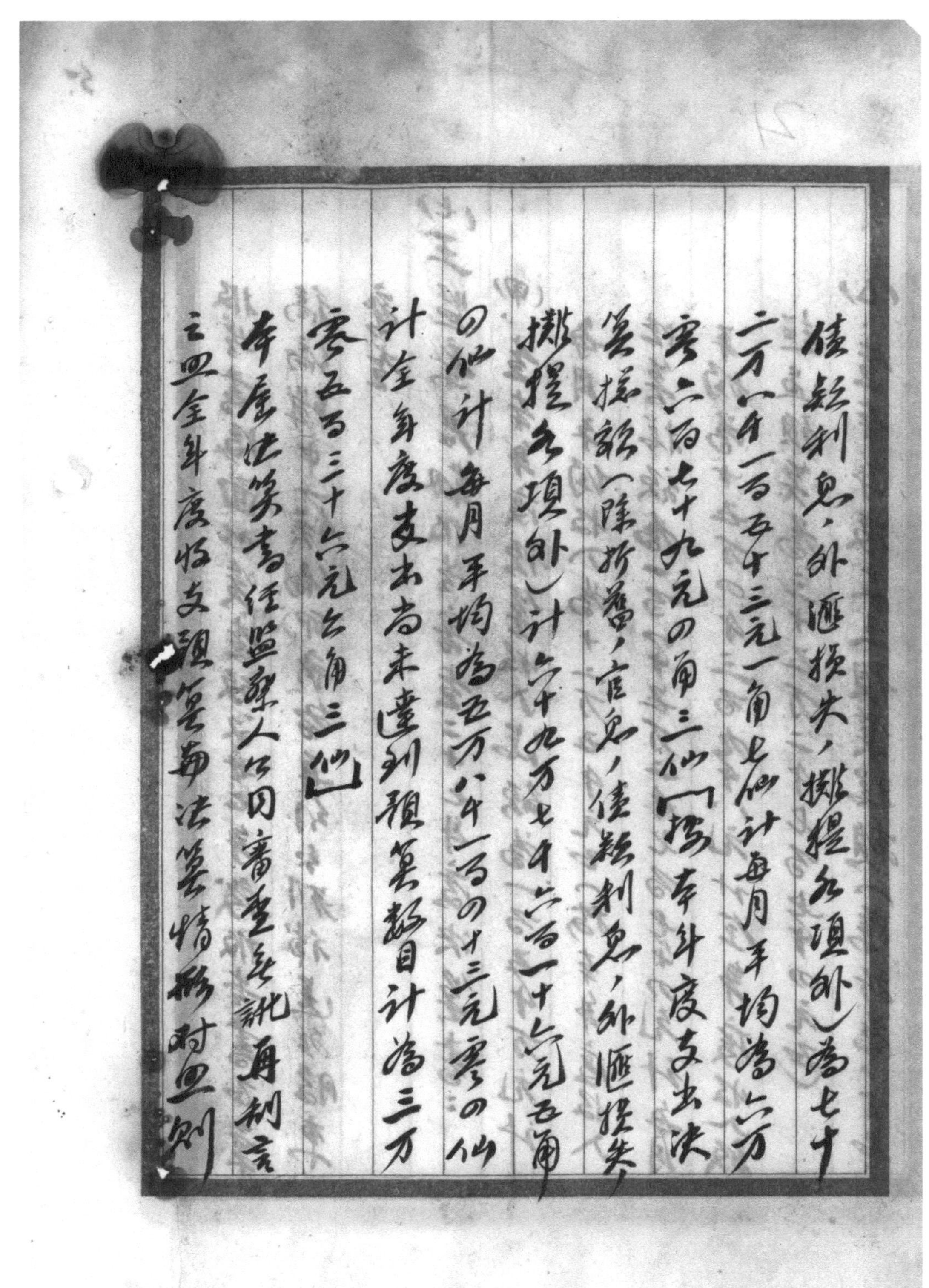

债款利息、外汇损失、搬提各项外）为七十二万八千一百五十三元一角七仙，计每月平均为六万零二百七十九元四角三仙（按本年度支出决算损额（除折旧、官息、债款利息、外汇损失、搬提各项外）计六十九万七千六百一十六元五角四仙，计每月平均为五万八千一百四十三元零四仙，计全年度支出为未达到预算数目计为三万零五百三十六元六角三仙）

本处决算书经监察人公同审查无讹，再利言之，照全年度收支预算与决算情形对照则

收入預算比較超過三十餘万元支出預算尚未達到預算數目且減支三万餘元（本案經主席提付表決一致举手通過）

（八）胡常務董事仲實報告二十七年度盈餘分配案：

查廿七年全年度毛益為五十万零五千七百八十四元〇角五分，分配如下

甲，提百分之十為法定公積金，計為五万零五百七十八元四角〇仙

乙，照章應納所得稅（營利所得稅）計千分之六十為二万七千三百一十二元三角六仙

（丙）、照本公司章程按年息八厘計算提撥股東官息計二十万元

（丁）、除去上列各項外每次淨餘係用百分率分配如左：

①百分之八為董監酬勞計為一万八千二百三十一元四角九仙

②百分之五為發起人酬勞計為一万一千三百九十四元六角八仙

③百分之廿二為職員酬勞金計為五万零一百三十六元五角九仙

④百分之六十五為股東紅息計為一十四万八千一百

三十元零八角四分

（本案经主席提付表决一致举手通过）

（九）改选董监案

石董事体元提议：查本公司章程规定董事任期三年监察人任期一年本届董监任期均届满期自应照章分别改选用符规定惟查本公司依照本年一月十日临时股东大会决议增加资本案已经法定增加资本二百五十万元依法应俟召集五百万股本之股东大会时修改章程后再为改选应否备拟请保留本案留俟下届临时股东会举

6)请主席提付讨论

(当经主席提出征求股东意见一致赞成举手通过)

(十)临时提议

(甲)胡常务董事仲实提议请求政府收回特价用电案：

理由——查阅本公司廿七年度因特价损失一项已达十五万余元之多当初本公司要求特价时系援南昌电厂例为理由南昌电厂系由南昌行营拨付三十万元补助故有特价之

24

優待本公司係屬民營未受補助情形當然不同且此後撫恤日多優待之損失益鉅公司力不能勝現本市自來水公司已經公告取消用水特價辦法同屬公用事業應採同一辦法應請市政府收回成命以期挽回營業損失請大會公議施行

決議：照胡常務董事提議請市政府取消特價用電一案對于補救公司營業損失及維護公司前途計實具重大意義即由大會全體股東一致贊成通過本案並請由董事會交付經理部辦理務期達到圓滿結果

(4)、石董事伟元报告関於二十七年度官鸿息及

舊股東增認新股案：

理由——查本公司遵照本年八月十日临時股東大会決議增加股本二百五十万元一案當由董事会分函通知去訖惟截至現在未收到股東通知增認股額者尚多倘長此遷延難於結束增股问题董事会爰預留壹百万元為舊股東認額餘額因临時分募至舊股東發給廿七年度官鸿息问题須俟加股问题解決後以便批付若增股问题不能確定則[illegible]發息亦為促成[illegible]

25

擬請由大会確定發息日期，俾各股東查

官鴻息時分別徵求加股意見，以期一次確定增

股數額。上兩項事併案办理，是否有当，請付公

議裁決施行。

甯股東芷邨發言：查公司增股案，舊股東至今

尚未全体依法定案，實為遺憾。茲為促成進行計，擬請

仍由公司分函各股東再訂認股期限，倘各股東過

期不履，則以承認四額加股論。

康股東心之發言：本席認為認股與發息，應

分為兩案，個別办理，如果聯帶進行，在公司固

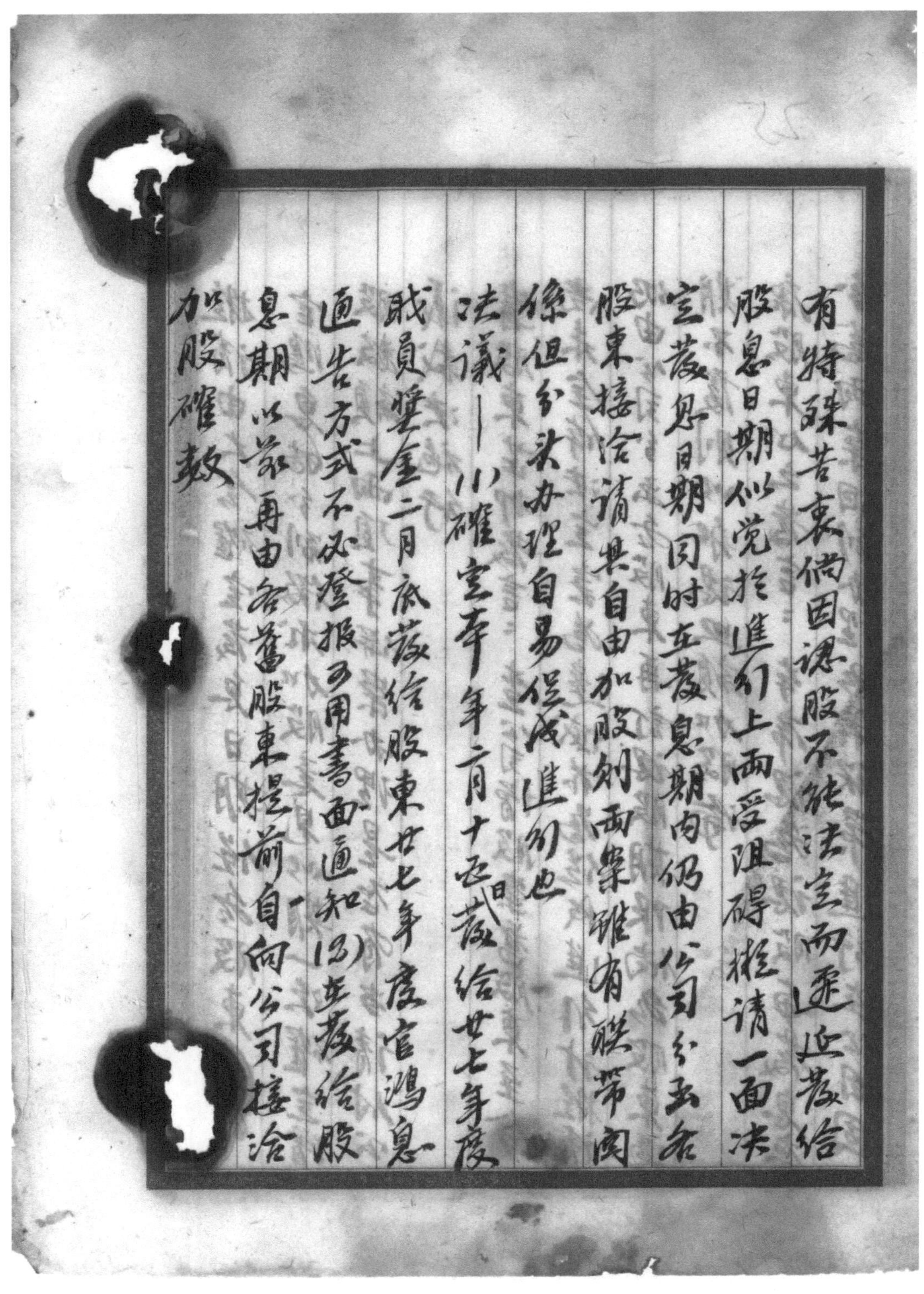
有特殊苦衷備因認股不能決定而遲延發給股息日期似覺於進行上兩受阻礙擬請一面決定發息日期同時在發息期內仍由公司分函各股東接洽請其自由加股則兩案雖有聯帶関係但分款办理自易促成進行也
決議——(1)確定本年一月十五日發給廿七年度職員獎金二月底發給股東廿七年度官鴻息通告方式不必登報可用書面通知(2)在發給股息期以前再由各舊股東提前自向公司接洽加股確數

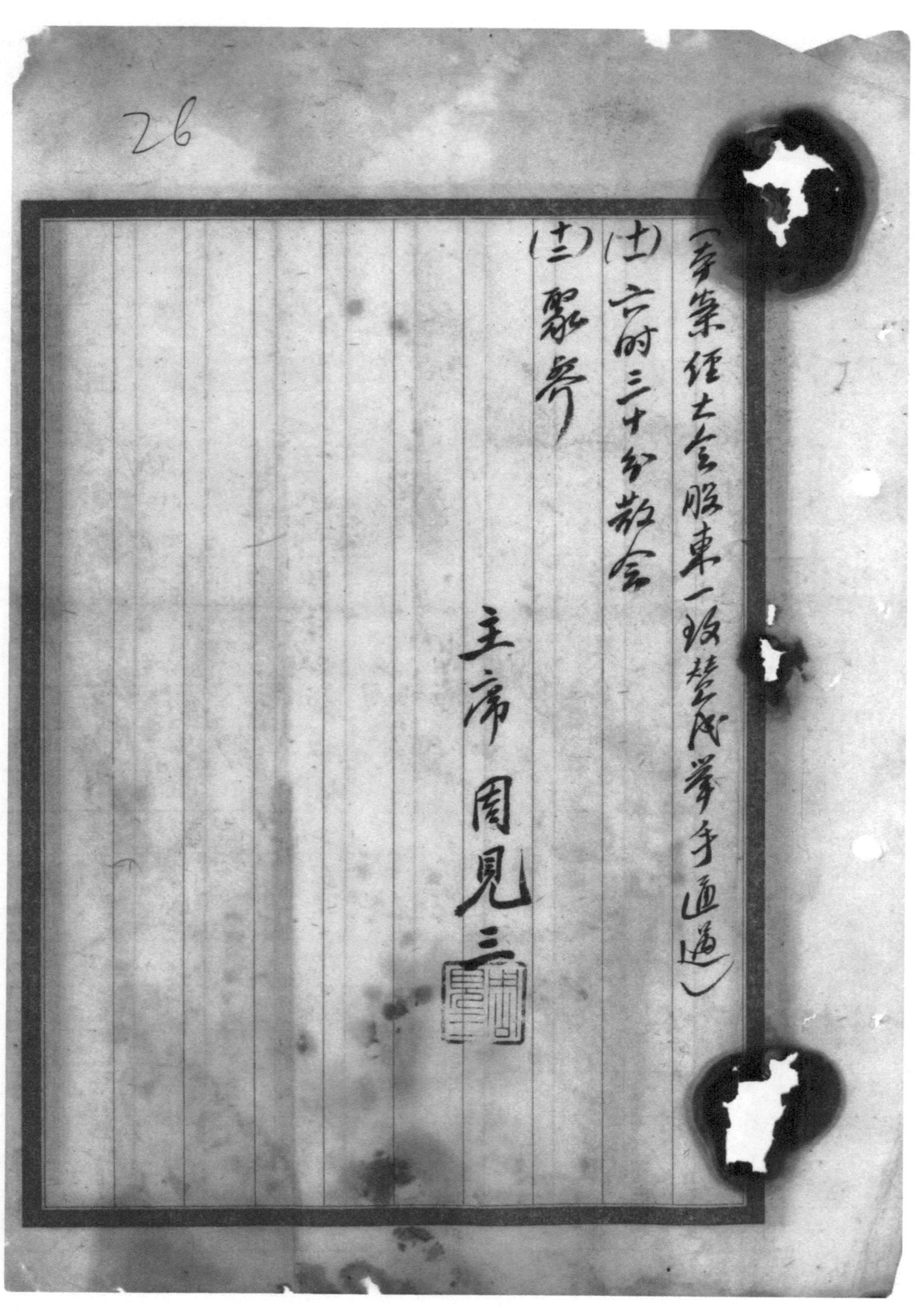

26

（本案經大會股東一致贊成舉手通過）

（十一）六時三十分散會

（十二）聚餐

主席　周見三

重庆电力股份有限公司临时股东会纪录（一九三九年三月十一日） 0219-2-11

重庆电力股份有限公司第四届股东常年大会纪录（一九四〇年三月二十五日） 0219-2-105

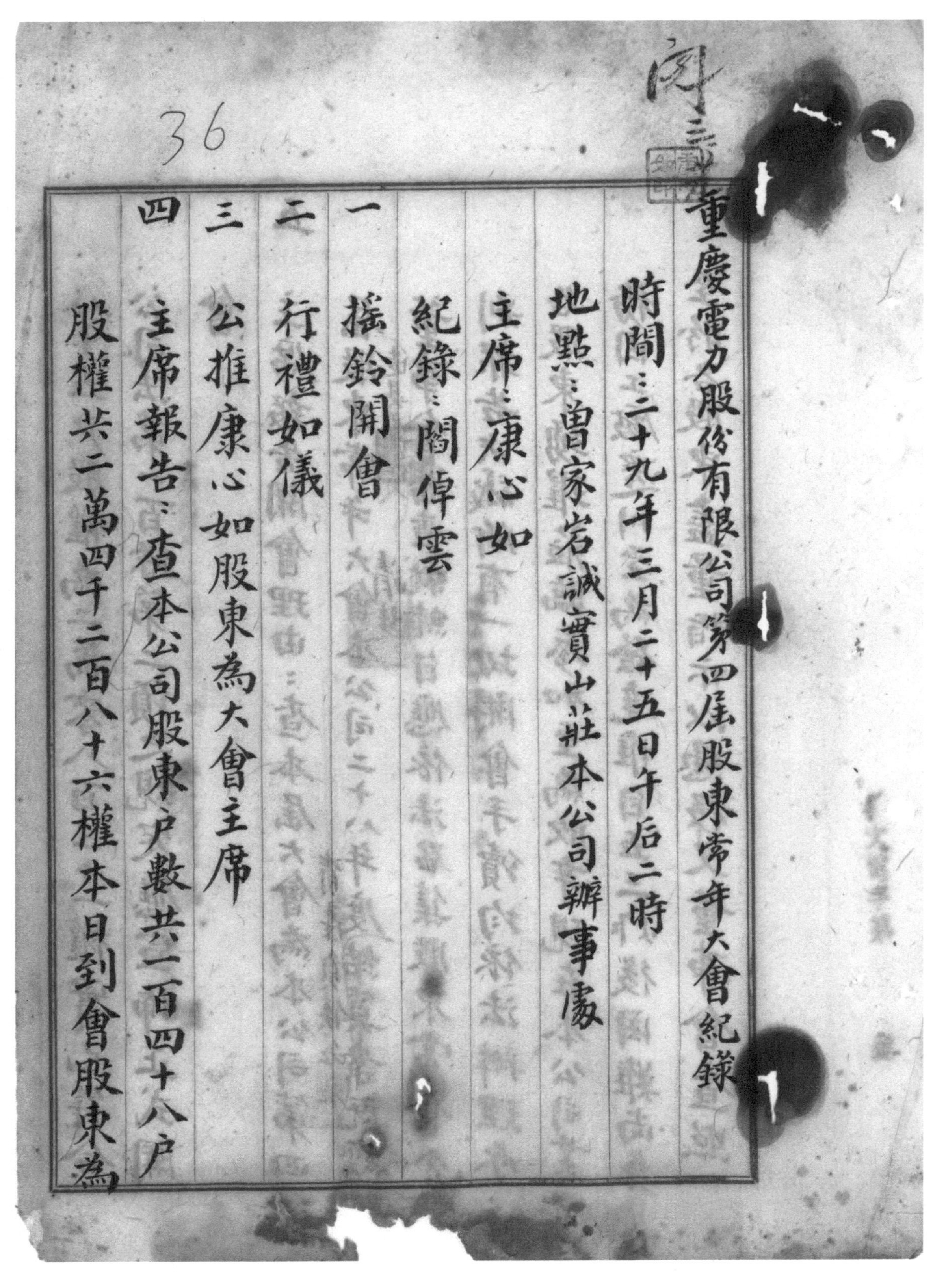

重慶電力股份有限公司第四屆股東常年大會紀錄

時間：二十九年三月二十五日午后二時

地點：曾家岩誠實山莊本公司辦事處

主席：康心如

紀錄：闞倬雲

一 搖鈴開會

二 行禮如儀

三 公推康心如股東為大會主席

四 主席報告：查本公司股東户數共一百四十八户股權共二萬四千二百八十六權本日到會股東為

八十五户股權為二萬零八百三十一權實已符合公司法第一百條第二項之規定應宣佈正式開會

五　主席報告開會理由：查本屆大會為本公司第四屆股東常年大會本公司二十八年度資產負債各表既經董事會審查清楚自應依法召集股東常會分別報告決議所有一切開會手續均依法辦理承各股東踴躍蒞臨參加至為欣幸現在本公司業務因工廠遷川至為發達惟自五三炸後困難尚多至盼各股東盡量指示以憑移交董事會查照

37

六　執行
石協理體之代表劉總經理舵踪報告
(A)二十八年度營業狀況及本屆決算情形
甲①用户　本年度用户實數計電燈户數為一萬三千四百八十二户電力户數為三百六十六户電熱户數為八十六户路燈七户共計用户總數為一萬三千九百四十四户比較二十七年度減少二千二百七十四户②售電　本年度售電度數照抄見電度統計售出電燈為七百五十四萬九千零二十五度電力為一千六百八十五萬九千零三十八度電熱為六十八

萬五千一百五十度路燈爲四十八萬五千八百五十四度總計全年售出電度爲三千三百七十八萬三千三百九十九度比較二十七年度增加百分之一百二十三③電費收入本年度電費收入計電燈爲一百九十三萬五千一百五十九元九角七分電力爲六十九萬三千七百一十元六角電熱爲三萬七千一百零五元八角七分路燈爲二萬五千二百二十二元七角合計上項四種電費收入爲二百八十九萬一千一百九十八元七角四分比較二十八年度增加百分之六十一此外機関用電五月以前照特價六折計算減收約八萬九千九百元五月以後照特價八折計算

38

減收約七萬二千八百元全年共計特價損失約十六萬一千一百元（四）未收電費　本年度迄至十二月末日止，計待收電費為二十七萬七千五百七十六元五角四分催收電費為十二萬六千八百三十四元五角三分兩共合計為四十萬零四千四百一十一元零七分內催收款項因轟炸等關係難以催收計共二十一萬九千五百八十四元八角四分經本年度董事會議決撥入會計科之催收項下因不及辦理清結手續暫存未收項下未予撥出故本年度未收電費為二十八萬四千八百二十六元二角三分

乙、查本公司二十八年度其財產狀況如下　關於資產

部份①固定資產為五百二十八萬二千一百五十元另一角七分②流動資產為一百一十萬另七千三百二十一元四角九分③雜項資產為三百六十六萬五千三百四十七元七角五分總計為一千双零五萬四千八百一十九元四角一分 關於負債部份①資本及公積為五百一十三萬二千二百二十九元八角七分②長期負債（四行借款截至二十八年十二月底止）除前按月攤還外尚欠一百三十六萬四千双零七元七角八分③短期負債（應付合同材料及短期借款等）為二百零二萬二千九百七十六元一角六分④雜項負債（包括折舊、呆帳、催收、電表損失等準備及其他等項）為一百六十萬双零六百六十元零六角

39

三分⑤前期盈餘滚存爲三千二百零四元九角六分以上五項總計爲一千零一十二萬三千零七十九元四角正

丙查本屆決算情形如下計二十八年度全年電費及其他收入總額爲二百九十六萬七千五百六十六元三角七分計分下列三項①電費收入二百七十五萬八千六百六十六元三角二分②業務手續收入一萬六千一百一十五元四角③雜項收入一十九萬六千二百四十二元六角五分

又二十八年度全年各項支出總額爲三百零三萬五千八百二十六元三角六分正計分下列六項①發電費用一百五十萬另二千三百三十九元七角八分②供電費用

二十四萬另八百七十三元三角五分③營業費用二十三萬四千八百另九元九角正④管理費用五十八萬一千二百四十四元七角八分⑤疏散費用六萬九千四百一十一元三角正⑥戰時損失四十一萬七千一百四十七元二角五分

以上收支兩項品迭虧損為六萬八千二百五十九元九角九分

上項決算報告書除由董事監察人審查蓋章外並請謝霖會計師查核出具證明書貼附決算報告書後面以資查考又二十八年度報告書正彙稿編輯中一俟編印齊備再行分别補送各股東察查

(B)甲南岸分廠設立經過

本公司於二十七年二月奉前 行營命令遷移一部份發電機裝建分廠以防敵機空襲跟即查勘廠址籌議拆卸建廠安裝事宜原擬遷至長江上游大渡口嗣以費用浩大停頓迄逮年十一月十一日又奉 行營及經濟部命令飭就南岸彈子石簸角沱附近設廠由總廠移一千瓩電機兩座限期二月完成并由經濟部轉商四行貸款二十萬元跟即收買地皮由基泰工程司設計繪圖招商承建由本公司得標本年一月動工規定一百三十五天完工造價二十三萬

元派定程總工程師本職負全部建設責任總廠廠務主任吳錫瀛隨時前往監督工程總廠修配組主任張琦南岸分廠主任總廠工務員劉希孟為分廠工務員均常駐南岸辦理一切工程事宜佈置既定積極進行於轟炸之中未敢懈怠六月十七日試車八月廿二日經濟部翁部長親往視察八月九日正式發電計購地工程修配各費達三十萬元

乙 李子壩應急電廠借機及裝置經過合

本公司於二十八年一月奉 經濟部設置應急電

廠用備總分兩廠被炸後尚可供給路燈之用由資源委員會撥借三百四十瓩柴油發電機一部依據當時柴油市價每度電耗油〇、七磅計算加上利息人工等項費用每度成本約合五角五分為求安全起見選擇李子垻建設新村為廠址開鑿山洞安裝此機於山洞内鑿洞工程包由新蜀營造廠承建去年五月二十九日竣工六月一日開始打鑿機器底脚七月十四日開始安裝機器九月五日全部完成九月二十六日試車完畢九月九日邀請經濟部派員監視試車結果滿意應急電廠工程至此告一段落總共用

去建設費用（包括購置地皮費）六萬九千八百一十七元五角三分

(C)訂購新機爐經過

查本公司迭奉 經濟部通知以重慶為戰時首都關係異常重要須預籌增加發電設備添購供電器材以應急需並備萬一當於二十八年四月四日及同年五月廿二日先後向英商拔柏葛鍋爐公司訂購四千五百瓩鍋爐一座茂伟廠訂購四千五百瓩透平機一部鍋爐貨價為一萬三千二百鎊（關稅租棧在外）簽字時付五千二百鎊以后按月付八百鎊十個月付清訂

42

約付款后十個月在香港交貨（現改在海防交貨）第一批約六十噸已到海防第二批約七十噸亦由倫敦運出透平機貨價為一萬四千九百鎊（原約為一萬三千七百鎊因歐戰爆發運費及兵險增加一千二百鎊）第一次付款一萬鎊以后按月付五百鎊付清之日為止訂約付款後十箇月在香港交貨在製造期中如原料人工漲價經倫敦中國購料委員會証明得增價至一千一百鎊此訂購新機爐之經過情形也

(D)歷次轟炸損失

本公司去年自一月十五日起遭受敵機轟炸損

失甚鉅尤以五六七八四箇月為甚十月以後敵機雖曾飛臨市空未受損害計直接損失達四十一萬七千一百四十七元二角五分因轟炸而支出之疏散費用等項為六萬九千四百一十一元三角至於可能估計之間接損失例如可能生產額減少及可獲純利額減少以及費用之增加等項約計為一百三十餘萬元

（E）辦理强用電及竊用電概况

查二十八年全年度辦理强用電案為三百九十九件竊用電案為五百三十二件比較二十七年度强

43

用電減少一百六十六件竊用電增多四百九十三件

七

丙監察人和竹軒報告審查二十八年度決算書：

甲查本年度預算電費收入總額為二百八十二萬元計每月平均收入為二十三萬五千元正本年度各項收入決算總額為二百九十六萬七千五百六十六元三角七分每月平均為二十四萬七千二百九十七元一角九分總計全年度收入數超出預算為一十四萬七千五百六十六元三角七分

乙查本年度支出預算總額為一百八十八萬一千四百四十八元九角二分計每月平均為一十五萬六千七

百八十七元四角一分本年度支出決算總額為三百另三萬五千八百二十六元三角六分計每月平均為二十五萬二千九百八十五元五角一分綜計全年度支出數超過預算為一百一十五萬四千三百七十七元四角四分

本屆決算經監察人公同審核無訛惟照全年度收支預算與決算情形對照實際收入雖比較預算超過一十四萬七千五百六十六元三角七分但超過數為雜項收入（各廠焊綫補助費及物料盤盈等）佔大多數實則電費收入尚不足預算數六萬一千三

44

百三十三元六角三分而實際支出則超過預祘額為數頗鉅計爲一百一十五萬四千三百七十七元四角四分但本年度係屬特别情形(一)因受敵機迭次轟炸本公司外线損失電表損失因轟炸而不易收得之電費損失又奉政府命令遷機南岸建設分廠及李子壩籌設應急電廠之損失與夫臨工疏散費用等共爲七十餘萬元(二)煤價高漲照原来預算每噸以十元另五角計算但以後驟漲至每噸四十元零僅此一項即超出預祘二十餘萬元又因物價高漲事務費亦增加甚鉅因之超出預祘

如上數（本案經主席提付表決一致舉手通過）

九

改選監察人

主席提出本公司章程監察人規定任期一年本屆監察人任期業已屆滿自應照章改選用符規定當指定公司各科長主任擔任發票開票事宜計共發出選舉票八十五張收回八十五張廢票五張有效票八十張開票結果

何兆青 得二萬零四百二十一權　尹國墉 得一萬九千二百八十六權

石竹軒 得一萬九千二百零八權　李　鏊 得一萬九千二百三十八權

席文光 得一萬八千八百三十一權　楊燦三 得一萬五千六百九十八權

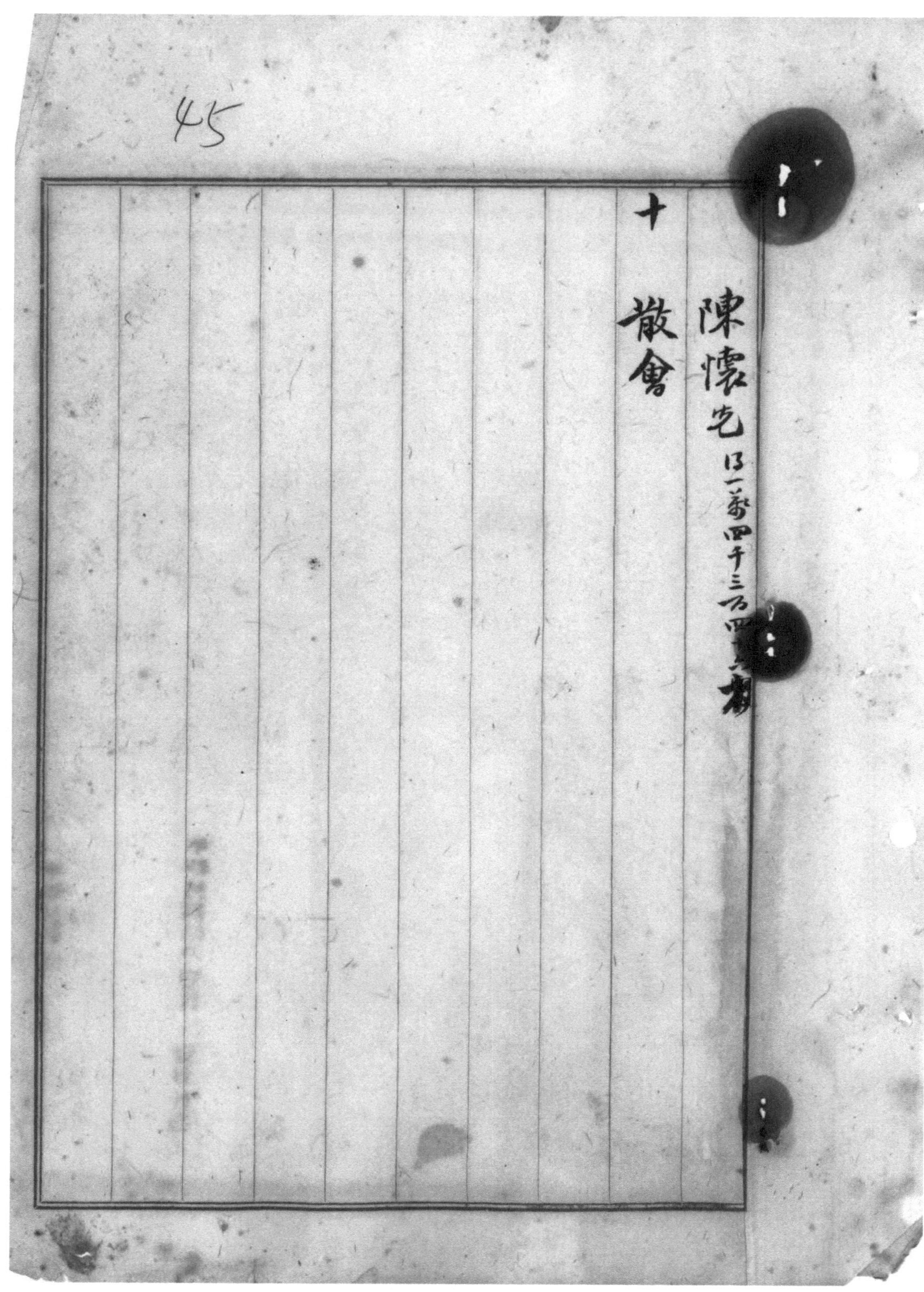

45

陳懷屹 [illegible]一萬四千三百四[illegible]捌

十 散會

重庆电力股份有限公司第九届股东会议纪录（一九四五年四月四日） 0219-2-118

重慶電力股份有限公司第九屆股東會議紀錄

重慶電力股份有限公司第九屆股東會議紀錄

時間　三十四年四月四日午後二時
地點　重慶民權路本公司會議廳
出席　（另詳簽到簿）
主席　甯芷邨
紀錄　張君鼎　關偉雲　孫希曙

一、搖鈴開會
二、報告到會户數股數及權數
三、公推甯股東芷邨為臨時主席
四、全體肅立向　黨國旗及國父遺像行三鞠躬禮
五、主席恭讀　國父遺囑
六、主席致開會詞略謂本公司依照公司章程之規定，應於每年度決算後召開股東大會一次報告上年度決算及營業狀況，本年又須改選董事及監察人，經董事會決議定於本日召開第九屆股東大會。查本公司原有股東户數為一百三十八户，股數為三十萬股，股權為一十五萬零六百九十權；本日到會股東户數為一百零六户，股數為二十九萬七千九

一

百九十三股股權爲一十四萬七千二百零三權均超過三分之二以上依照公司法第一百條第二款之規定可正式開會希望到會各股東儘量發表意見

七、浦總經理報告三十三年度業務狀況及決算情形

本公司三十三年度總發電量爲六千八百萬度購入電度爲五百五十萬度抄見度數電燈二六，六〇五，七三四、三二度電力三〇，九一〇、〇九八、三七度電熱二、二三四、四四七、四九度電費收入四萬九千九百餘萬元政府補貼一萬萬元外加業務手續費等總共收入爲六萬萬零八百萬元支出方面發電費用三萬萬八千一百萬元供電費用七千萬元營業費用六千七百萬元管理費用一萬萬零五百六十萬元戰時損失一百二十萬元合共六萬萬二千四百五十餘萬元相抵不敷一千六百六十餘萬元虧本之原因有二一因本公司電價自三十二年七月一日起改訂以來迄今二十二個月未准調整而在此期間物價指數已漲至十餘倍燃煤加價三倍多且質地愈劣水份達百分之二灰份常達百分之四十六以上增加煤耗提高發電成本政府所辦電廠之電價無不較本公司電價爲高即同在一地原由本公司供電劃歸巴縣電力公司之電價亦早比本公司高出數倍本公司之電價則至今猶係電燈每度十元電力每度五元也二因偷電之損失查本公司發電度數與抄見度數之差達百分之三十以上除線路損失外偷電損失約占百分之十七、八其原因一爲請求正式用電而未准者一則軍警憲與政府各機關雖經努力取締卒以權力不屬難期收效當去年三月燃煤加價之時本公司即請求增加電價未邀允准本人負咎辭職亦未邀董事會允許董事會亦深鑒愈陷困難乃推舉董事七人成立臨時維持安員會同奔走吁籲經幾個月之時間至九月始准由六月份起按月補貼一千萬元當然不敷甚鉅續經不斷請求始允自十月份起增加補貼一千萬元

一面本公司雖在艱難困苦之中並未放棄其責任運存印度十幾個月之齒輪卒經設法運入以兩星期之時間裝配於第二廠停置之一千瓩發電機於去年五月三日發電並促成五十兵工廠增添設備以餘電售由本公司供給南岸龍門浩水泥廠一帶當時輪流停電辦法得以取消採得生產局可以轉請租借物資立請供給發電設備及各種器材經已奉准轉請發電設備兩套及器材數百噸據說年内可以陸續運交能否如願尚不可知至資金不敷週轉全賴國家銀行借款今已將達三億元雖云勉渡難關仍是增加利息現在各種物價還是逐日飛漲而電價則仍不准調整燃煤質地愈劣且常供應不足各方需電日增而機器無法增加器材日缺購補愈難竊電日劇無力取締種種困難一言難盡本人痛感才力淺薄無以應付深恐貽誤大局務請各股東加以考慮另簡賢能無任倚幸

八、監察人報告審查三十三年度決算書

伍監察劍若報告　本公司三十三年度決算書經正則會計事務所謝霖及蘇祖南兩會計師查核證明無訛資產負債情形如下

負債總額　二八八，六九〇、七八二、五〇内計

- 甲、資本及公積　三四，三〇〇、五一六、〇五
  - 資本總額　三〇，〇〇〇、〇〇〇、〇〇
  - 法定公積　一，五〇二、五七二、七一
  - 特別公積　二一一、三二六、二三
  - 特別準備　二，五八六、六七一、一一
- 乙、長期負債　三二，二四八、五〇七、五九
- 丙、短期負債　八八，八一八、六二七、四九

二

3

银行透支 一八，七〇九、五四七、四九
存入保證金 三〇，六三九、六三〇、五〇
應付賬款 六一五、七七七、二〇
應付股利 三三一、二四七、二八
應付紅利 五三、九六〇、六九
應付職工酬勞 三四，三九〇、一四九、一三
丁、雜項負債 一三二，〇八五、四七三，六七
折舊準備 一〇，六五四、〇六三、八六
呆賬準備 五四六、八六〇、五四
材料溢價準備 三六四、〇五八、二〇
暫收款項 五一，二三四、二八二、六〇
應計存項 六九，二八六、二〇八、四七
戊、前期盈餘滚存 一，二三七、六五七、七〇
資產總額 二八八，六九〇、七八二、五〇
甲、固定資產 五六，六〇二、二八五、四九
發電資產 一九，五七九、八九四、七七
輸電配電資產 二二，四〇九、一四三、五六
用電資產 五，一九六、二〇七、九一
業務資產 九，四一七、〇三九、二五
乙、流動資產 九七，四九六、一二五、六二

银行存款 一七九、四一〇、一九
應收賬款 四七、八二四、九九〇、六九
借出款 一五〇、〇〇〇、〇〇
有價證券 六九六、三三七、五〇
材料 四八，六四五、三八七、二四

丙、雜項資產 一一七，九四三、八八八、七〇
戰時防護費 一九四、二九六、四九
存出保證金 五二二、九九三、九九
暫付款項 二六，六七九、七七二、六九
應計欠項 三一，八九三、〇〇七、三七
預付款項 二八，九三二、四二七、〇三
提存基金 三六三、〇一
催收款項 一七、九四四、五三
投資企業 五，二三五、〇〇〇、〇〇
合同訂購材料 二三，四九七、六四四、八三
合同訂購新機 九七〇、四三八、七六

丁、本期虧損 一六，六四八、四八二、六九

損失利益情形如下

利益額為 六二四，五三八、二五七、四二內計

甲、電費收入 四九八，九六五、六八〇、九五

三

4

電燈收入　一九七,〇二九、七四四、八六

電力收入　二八一,〇六三、二九四、二五

電熱收入　二〇,五七九、一五九、三〇

路燈收入　二二、八三八、四〇

補繳電費收入　二〇一、五七五、三四

自用電度收入　六九、〇六八、八〇

乙、業務手續收入　一二六、五五九、〇〇

丙、雜項收入　一〇八,七九七、五三四、七八

利息收入　二三九、七六九、〇五

房地租金收入　一〇六、〇〇〇、〇〇

售貨利益　二四二、〇五五、二二

補助費收入　一〇七,二一二、〇三六、九二

物材料盤盈　九八八、五〇九、九二

其他雜項收入　九、一六三、六七

丁、本期虧損　一六,六四八、四八二、六九

損失額為　六二四,五三八、二五七,四二內計

甲、經常開支　六二三,三三一、九九〇、三八

發電費用　三八〇,五一五、〇二三、〇一

供電費用　七〇,〇九五、七七六、七二

營業費用　六七,一一六、七八〇、六八

管理費用　一〇五，六〇四、四〇九、九七

乙、特項開支（戰時損失）　一，二〇六、二六七、〇〇四

九、討論事項

甲、三十三年度股息案

浦股東心雅提議　本公司三十三年度電價未加雖政府補貼一億元仍不敷一千六百六十四萬八千四百八十二元六角九分以致股東無官息可分而本公司供獻抗建出力至鉅股東毫無報酬亦似不合情理擬請大會准許各股東依據往例借支官息八厘是否有當敬請

討論

決議　股東借支官息八厘

乙、擬請政府隨時合理調整電價以維現狀案

本公司董事會提

茲據本公司股東代表人范衆渠等致函本會擬請政府隨時合理調整電價以維現狀一案請提付股東大會討論等因經提付三十四年四月二日臨時董事會決議提請本屆股東大會討論等語紀錄在卷究應如何辦理敬請

討論

附錄原函一件

逕啟者查本公司現行電價尚係三十三年七月所核定瞬將二年此二年之中一般物價之高漲情形據中央調查統計局所編指數表生活指數由九七八六、八（三十二年上半年）增至七五八〇三、四（三十四年一月）計增加七倍強以煤價而言由每噸一千

5

一百元增至四十三百元計增加四倍而本公司電價雖一再請求政府核加並經維持委員會諸公及經理部份奔走呼籲迄未奉准僅准自三十二年六月份起貼補一千萬元同年十月份起增加貼補一十萬元杯水車薪無濟於事致去年度公司虧累超過股本之半數瀕於破產之地步現在本公司之開支因燃煤工資及材料費用之猛漲每月又須一億六千萬元而新電價尚在政府審核之中每月收入連補貼在內僅七千萬元不敷甚鉅勢將無法維持本公司貢獻抗建任何犧牲在所不惜但此後方唯一之大動力設備不應讓其倒閉特此函請

大會轉請政府從速核定新電價並隨時依照燃煤及物料工資增漲情形合理調整以維現狀無任企禱

謹上

董事會

決議　交下屆董事會負責辦理

丙、擬請政府配給足量與不攙石塊泥沙之煤以維發電案

本公司董事會提

本會據股東代表人范崇實等函稱

「謹陳者本公司鍋爐之製造係配合重慶市煤質而設計若煤質太差不但影響機爐壽命發電容量亦將大減加煤熄火之事屢次發生公司將到廠之煤每星期取樣化驗水份常達百分之二以上灰份常達百分之四十六以上者煤中攙雜石塊泥沙等不能燃燒之物浪費運力莫此為甚最近且連此種劣煤尚不能足量配給例如三月份申請燃煤一萬二千噸核准一萬一千噸其中遂川公司五百噸拒絕交運而寶源之煤比配額少交一半

以致隨時均有停電之虞謹請
大會提付本屆股東大會討論請求政府負責切實配給足量與不攙石塊泥沙之煤以維
發電」等語經提付三十四年四月二日臨時董事會決議提請本屆股東大會討論等語
紀錄在卷究應如何辦理敬請
討論

決議 交下屆董事會負責辦理

丁、 請求政府與國營電廠同樣待遇以示獎掖民營事業案 本公司董事會提

本公司股東羅震川等函稱
「敬陳者查扶助民營事業為國府既定政策而抗戰期中無論國營民營同為國家效力何分彼此然考諸實際民營事業負担捐稅至為繁重以言國稅則有印花稅營業稅所得稅利得稅地方稅則有房捐地價稅臨時尚有公債儲蓄券兵役優待金等攤派而國營電廠一概豁免不惟此也本公司電價亦同受政府管制電價之高低懸殊試以貴陽電廠為例電燈價每度五十六元電力價每度五十元自流井電廠電燈每度二十七元電力每度二十六元三角宜賓電廠電燈價每度二十二元電力每度十八元三角而本公司電價兩年來均係電燈每度十元電力每度五元國營電廠有加價之便利無捐稅之負担且有各種平價物品之供應獲有專營權利之實義事業尚復如此他可想知其違背國策為何如耶謹此提請
大會提付本屆股東會討論請求政府與國營電廠同樣待遇以示獎掖民營事業之至意」等語經提付三十四年四月二日臨時董事會決議提請股東大會討論等語紀錄在卷

應如何辦理敬請

討論

決議 交下屆董事會負責辦理

十、照章改選董事及監察人

共發出董事及監察人選舉票各一〇六張收回票數同開票結果計

潘仲三 得票 一四六、〇四九權

康心如 得票 一四六、〇四九權

劉航琛 得票 一四六、〇四九權

浦心雅 得票 一四六、〇四九權

郭景琨 得票 一四六、〇四九權

徐廣遲 得票 一四六、〇四九權

甯芷邨 得票 一四六、〇四九權

石體元 得票 一四六、〇四九權

潘昌猷 得票 一四五、〇四四權

杜梅和 得票 一四五、〇四四權

胡仲實 得票 一四五、〇一四權

周見三 得票 一四五、〇一四權

周季悔 得票 一四五、〇一四權

劉數五 得票 一四五、〇一四權

程本臧 得票 一四三、〇〇四權

以上十五位當選為本屆董事

傅友周　得票　一四六、一六一權

楊燦三　得票　一四六、一六一權

何北衡　得票　一四四、四六一權

梁　平　得票　一四四、〇六一權

石竹軒　得票　一三八、〇九六權

尹國墉　得票　一三三、二七六權

伍劍若　得票　一一五、一六六權

以上七位當選為本屆監察人

十一　臨時動議事項

本公司三十三年虧損一千六百餘萬元超過股本三千萬元之半數以上應如何辦理以符法令案

劉股東航琛提議　查公司法規定股本虧損三分之一以上者應即清理現本公司虧損二分之一以上依法應即宣告破產否則應設法補救本席認為補救之方有三(一)請求政府補貼虧損一千六百餘萬元(二)資產增值至六千萬元以上(三)請政府收購究應如何辦理請各股東儘量發表意見

決議　請求政府補貼三十三年度虧損一千六百六十四萬八千四百八十二元六角九分並請准許資產增值至六千萬元以上

十二　散會

主席　甯芷邨

重庆电力股份有限公司第十一届股东大会会议纪录（一九四七年四月二十四日） 0219-2-118

重慶電力公司第十一屆股東大會會議紀錄

時間 三十六年四月二十四日下午二時

地點 重慶民權路本公司會議廳

出席 另詳簽到簿

主席 周見三

紀錄 張君彤 龔伯華

一、搖鈴開會

二、報告出席全體股數及權數

三、公推周股東見三為主席

四、全體肅立向國旗及國父遺像行三鞠躬禮

六、主席致開會詞 略謂本公司按照公司章程之規定，應於每年度決算後召開股東會，報告上年度營業狀況及決算情形。經七屆董事會決議定於本日召開第十一屆股東大會。查本公司原有股東戶數為一百三十七戶，三十萬股，一十五萬零六百八十五權。本日到會股東戶數為九十三戶，股數為二十二萬七千八百八十三股，股權為一十一萬四千四百零五權，股東戶數、股數、股權均超過三分之二以上，依照公司法之規定，可正式開會。希望到會各股東儘量發表意見

125

六、黃科長大庸代表總經理報告三十五年度業務狀況及決算情形

甲、業務狀況

(一)用户本年度迄十二月份底止計有電燈用户一萬四仟三百五十七户，電力用户一千二百三十六户，電熱用户三十二户，共計有用户一萬五仟六百二十五户

(二)售電本年度迄十二月份底止抄見售電度數計

(1)電燈售電二仟二百九十九萬三千五百零九度

(2)電力售電三千一百二十九萬四千五百八十四度

(3)電熱售電三十四萬三千四百七十九度

燈力熱共計總售電五千四百六十三萬一千五百七十二度，以結賬關係本年度不及辦理完竣由總售電度數内移轉三十六年度者計電燈售電六十七萬七千八百二十八度，電力售電一百九十六萬三千三百八十一度，電熱售電六千八百零四度，共計燈力熱二百六十四萬八千零一十三度

(三)應收電費本年度實際應收電費金額連同煤價調整費依照抄見售電度數計共一百一十億另八千四百二十一萬四千四百三十四元七角七分，除以結賬關係辦理不及移轉三十六年度者八億五千二百九十七萬九千四百二十元零八角

三分外（内計電燈二億另一百二十七萬一千另九十九元三角八分電力六億四千九百三十三萬七千一百九十四元七角九分電熱二百三十七萬一千一百二十六元六角六分）

本年度賬上應收電費為一百另二億三千一百二十三萬五千另一十三元九角四分計(1)電燈四十六億另一百一十五萬五千另二十一元二角九分(2)電力五十五億六千四百七十二萬六千一百三十二元八角六分(3)電熱六千五百三十五萬三千八百五十九元七角九分

除上抄見售電度數應收電費外本年度撤表尾度電費收入共計一億四千另三十一萬三千一百三十五元六角一分（内計電燈六千八百另九萬八千四百三十元另七角八分電力六千九百五十萬另六千五百一十二元二角一分電熱二百七十萬另八千一百九十二元六角二分）

(四)撤退誤收電費 本年度辦理誤收電費退費金額計共四百四十二萬八千五百一十五元另七分

(五)銷改重複誤製電費收據 本年度辦理歷年重複誤製等新舊電費收據計註銷金額二億三千六百另三萬四千七百八十六元四角四分改製收據併入應收電費者計四千一百四十八萬六千一百三十五元另九分兩相品迭實冲銷一億九千四百五十四萬八千六百五十一元三角五分

126

（六）電費經收情形／本年度收費股經辦收費情形如左

（1）接收上年度應收未收電費餘額八億二千七百七十二萬三千四百二十元另八角七分及本年度各種新製電費收據金額一百另二億三千一百二十三萬五千另一十三元九角四分

（2）收進各種應收電費計繳國幣九十二億六千二百一十五萬八千九百九十七元一角六分

（3）本年度應收電費金額及上年度移來應收未收電費金額總計除收繳款及註銷者外實存應收未收電費金額一十五億六千另七十六萬四千六百五十一元二角一分移三十六年度繼續辦理

七、財產狀況　本公司固定資產總額為二億三千五百三十五萬三千七百八十元零四角內計發電資產為五千四百二十萬零六千三百六十一元六角三分　輸電配電資產為一億零三百八十八萬零五百三十五元一角八分用电费总额为二千零二十五万五千九百七十二元六角 营业费总额为五千七百零三万零九百一十二元三角九分 流动资产总额为二十三亿二千五百一十六万九千四百零二元三角一分 内计银行存款六百七十三万七千三百五十五元六角五分 应收账款一十五亿五千九百五十八万二千八百七十三元五角八分 有价证券八千零二十三万五千二百零三元一角五分 材料六亿七千八百六十一万三千九百七十二元三角三分 耗损资产总额为一十三亿五千零二十七万

[127]

九千六百一十八元零五分内计存出保证金一百四十七万七千五百五十八元九角九分暂付款项二亿七千七百二十三万八千三百六十四元七角四分应计欠项二百一十三万九千一百六十六元五角七分预付款项六亿八千六百零一万二千九百三十九元七角五分提存基金二亿六千四百八十万零七千九百一十八元八角六分投资企业七百二十万零七千五百元合同订购材料一千零四十二万五千七百二十八元四角三分合同订购新机九十七万零

四百三十八元七角六分
本公司[負債]法定公積金一百五十萬零二千五百七十三
元七角一分 特別公積金二十一萬一千三百二十六元
六角六分 特別準備 二百五十八萬六千六百一十七
元一角一分 長期借入款七千三百三十八萬七千
三百元 短期負債總額爲 八億九千七百一十
六萬七千六百三十一元六角二分 內計應付票據
三億二千八百萬元 銀行透支八千四百四十一萬九千
零零五元九角三分 存入保證金 四億一千
四百九十九萬七千二百二十五元 三角 應付賬款

一百一十八万五千九百九十九元二角应付股利五十九万五千四百八十三元六角八分应付红利二万三千九百六十元六角九分应付职工酬劳九百八十五元四角一分职工储金六千四百七十八万零七十三元七角六分应付合同款项三百一十六万四千八百九十七元六角九分新项总额为负债二十八亿二千四百九十七万一千八百五十三元九角内计折旧准备六亿九千七百零七万二千八百一十七元三角八分呆账准备四亿九千七百八十三万三千零八十三元五角四分

暂收款项一億二千零四十六万八千七百一十七元八角三分　应计存项一十五億零九百五十九万七千二百三十三元一角五分

丙、收费情形　上年度本公司电费收入一百零三億七千三百三十六万三千零二十九元三角四分　营业外手续收入二百一十八万三千八百五十五元八角　杂项收入总额为一億四千五百零五万二千五百三十三元八角八分内计利息收入二百一十四万三千五百二十六元六角六分　房地租金收入二百五十七万零七百八十元三角四分 结（总）纯利益一十七万七千八百元 补助费收入一亿三千八百九十八万八千六百零一元七角零分 其他杂项收入一百一十七万一千八百二十五元一角七分 合计为一百零五亿二千零五十九万九千四百一十九元零二分 除去上年度经费开支一百零五亿零一千五百四十一万一千二百七八十二元一角三分外盈余五百一十八万八千一百五十七八元八角九分

七、监察人报告审查三十五年度决算书

伍　监察人报告

本公司三十五年度决算书经董事会审查并经正则会计事务所谢霖会计师查核无讹，资产负债损失利益数字已由资料表详细报告并印有报告表送各股东察核，另有详细账表存放会场，请列会各股东详查。

主席发言：各股东对监察人所提审查报告如有疑问请董事发表意见。

旋提付表决，一致通过。

130

八、讨论三十五年度股息案

刘代董事长说明 本公司三十五年度经济部停止补贴结实际本甚难摊派，会共拟准许各股东依据往年成例发给官息八厘至有书簿

公决

决议 股东借支官息八厘至四月底发给

九、本公司资产增值案

本公司董事会提

說明

政府為維持工礦運輸事業於三十五年十二月二十八日公佈工礦運輸事業重估固定資產價值調整資本辦法特許將舊有固定資產按照政府公佈之指數換算增值依其公佈之辦法二十六年以前得增一八〇〇倍二十七年增加一四〇〇倍二十八年增加八〇〇倍二十九年增加三五〇倍三十年增加一四〇倍三十一年增加四五倍三十二年增加一四倍三十三年增加四倍三十四年增加一倍本公司固定資產包括發電輸電配電用電設備依照曆年賬面增加數字其以外滙購置者照外幣計算其以法幣購置者照當時外滙行市~~換~~算公司全部固定資產應值美金四、七六〇、三五六、一〇元[illegible]若以賬面數字依照政府公佈之增值辦法及歷年指數計算全部固定資產可增加至九、三七九、七六七、二四六、三三元[illegible]加以土地及其改良應照市價估定約合九一六、三九八、三八五、〇〇元共計一〇、二九六、一六五、六三一、三二元查資產增值(1)係保障股東權益因資產增值後資本加多股息因之加多(2)鞏固公司基礎資產增值後折舊加大折舊準備加多設固定資

重庆电力股份有限公司定于一九四八年四月二十八日召开第十二届股东大会的启事（一九四八年三月二十七日） 0219-2-222

登报稿
新民报（日报）、世界、国民、商务（双日报）
各登一礼拜

重慶電力股份有限公司董事會啟事

茲定于三十七年四月二十八日（星期三）下午二時在本市重慶民權路六十二號本公司會議廳召開第十二屆股東大會改選董監事，希各股東屆時出席，自開會前一個月

送達機關	公告
事由	本年四月二十八日下午二時召開第十二屆股東大會
文別	
附件	
總經理	月 日
協理	月 日
主任秘書	月 日
總務科科長	月 日
文書股股長	月 日
擬稿	三月廿七日
會章	
抄送	

民國三十七年三月二十七日
發文電字第359號
收文電字第 號
卷號
校繕 三月廿七日
用印 月 日
封發 中華民國卅七年三月廿七日發出
歸檔 月 日

用信笺套、油印一百五十份

起停止股票过户除专函奉达外特此公告此启

附致股东通知书

敬启者兹定于本年四月二十八日（星期三）下午二时在重庆民权路六十三号本公司会议厅召开第十二届股东大会并改选董事及监察人除登报公告外特此函达至希 届时参加为荷 如因事不克亲自出席须委托代表者请填具委托书送交本会前检附委托书一份入场券一张即请

8

用信笺套、油印 壹佰份

迳启者本年四月二十八日（星期三）下午二时本公司在本
庆民权路六十三号青年会举行第十二届股东会 即人

委托书

重庆电力公司董事会启

三十七年三月二十六日

中华民国卅七年四月二日 发出

附委托书一份入场券一张

代表人

股东

签收为幸 此致

因事不克亲自出席兹委托　　股东　　代表出席即请

查照为荷此致

重庆电力股份有限公司第十二届股东大会

股东户名

代表人

（签名盖章）

启

三十七年四月　　日

附另件通知

本公司定于本年四月二十八日（星期三）下午二时在本公司

会议厅举行第十二届股东大会即希准临为项材

料届时到席以备谘询为要此致

总工程师

各科长

经理

通知大会职员

中华民国卅七年三月廿七日发出

本公司定于本年四月二十八日（星期三）下午二时在本公司会议厅举行第十二届股东大会兹指定大会职员名左即希

查照为荷此致

总经理

附大会职员表

一、會場佈置　劉股長鳴岑　劉科員大有

二、會議紀錄　周秘書偉忠　董秘書毓唐

王科員仲康

三、繕寫　江科員海東　劉科員遠鴻

四、招待　李股長[illegible]椿　劉股長希[illegible]　徐科員世弘

五、報到　王科員祥瑋　劉科員子傑

六、司儀　甯股長希君

七、唱票　魯科員秉清　謝科員[illegible]安

八、南岸　劉股長德惠　張科員治源

陳股長西郊水電科員俗庠
周股長立周　米四年

何股長鑑曉　劉科員祖春

九、監察區　周股長亞南　張見習樹玉

中華民國卅七年三月廿七日發出

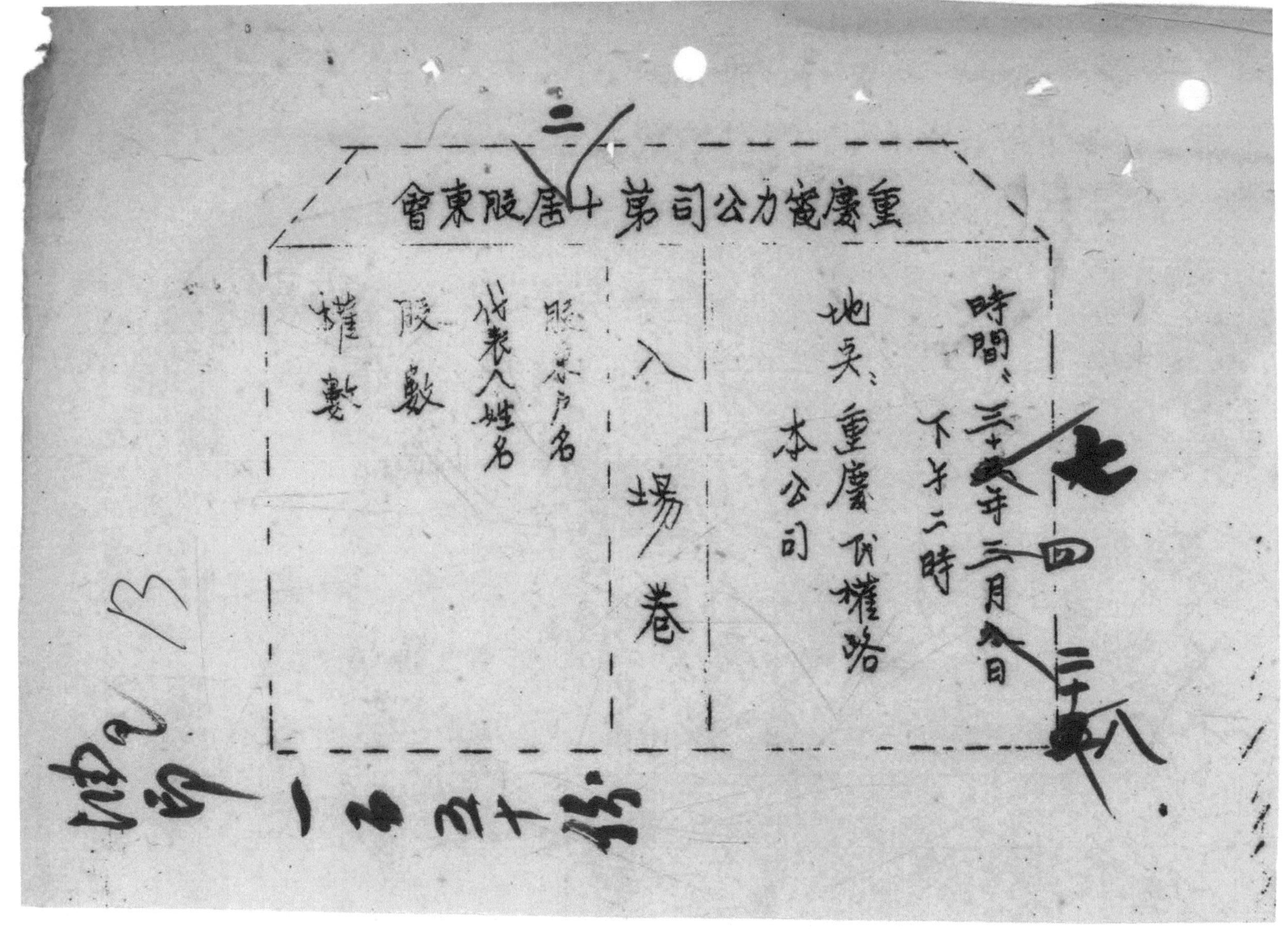

二

重慶電力公司第十屆股東會

入場券

時間：三十六年三月 日

下午二時

地點：重慶民權路

本公司

股東戶名

代表人姓名

股數

權數

油印一百五十份

13

178

重慶電力股份有限公司第十二屆股東大會會議紀錄

時間 三十七年四月二十八日下午二時

地點 重慶民權路六十三號本公司會議廳

出席 另詳簽到簿

主席 石竹軒

紀錄 周倬雲 董幸甫 [illegible]仲康 張君彤

一、搖鈴開會

二、報告到會戶數股權及權數 本公司股東戶數為一百三十七戶 分為三十萬股 一十五萬零六百八十五權 本日到會股東一〇七戶 二十七萬九千

五百九十八股　一十四万零三百四十二权　户数股数权数均已超过半数

三、公推石竹轩为主席

四、全体肃立向国旗及国父遗像行三鞠躬礼

五、主席致开会词略谓本公司依照公司章程之规定应于每年度决算后召开股东大会报告上年度营业状况及决算情形经董事会决议定于本日召开第十二届股东大会本日到会股东户数股数权数均超过原额三分之二以上依照公司法之规定可正式开会希望

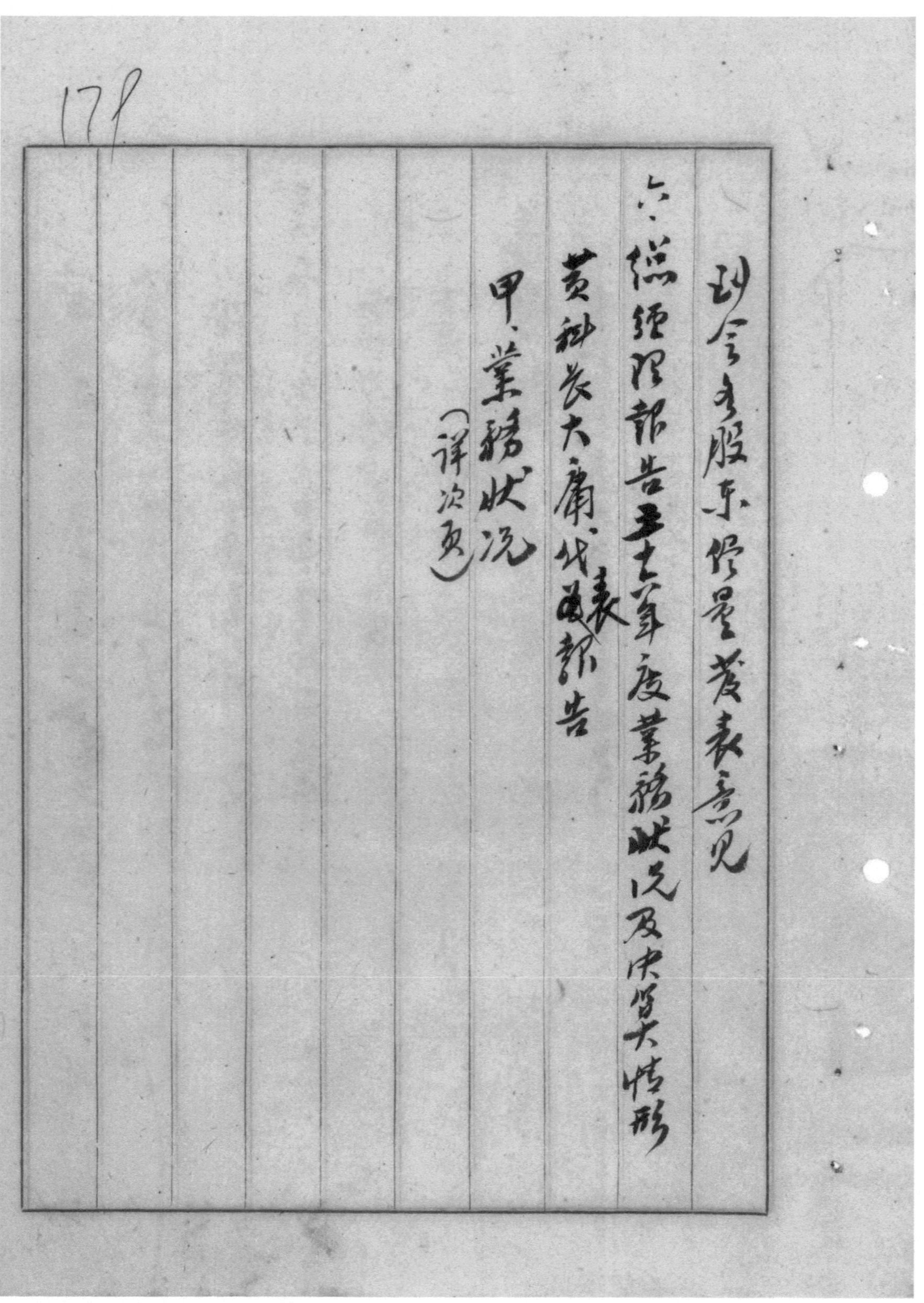

171

到會各股東儘量發表意見

六、總經理報告三十三年度業務狀況及決算大概情形

黃科長大庸代表報告

甲、業務狀況

（詳次頁）

油印五十份 (1)

180

~~三十六年度業務概況~~

(一)用户 本年度十二月底止計有

1.電灯用户 壹萬柒仟壹佰弍拾伍户

2.電力〃〃 柒佰肆拾捌户

3.電熱〃〃 叁拾壹户

共計壹萬柒仟玖佰零肆户

(二)售電 本年度迄十二月底止抄見售電度數計

1.電灯售電 弍仟壹佰柒拾萬零柒仟玖佰壹拾玖点零陸度

2.電力售電 弍仟陸佰柒拾玖萬伍仟弍佰伍拾零点玖柒度

3.電熱售電 壹拾陸萬伍仟肆佰捌拾玖度

共計售電肆仟捌佰陆拾陆萬捌仟陆佰伍拾玖點零叁度

本年度發電度數共計柒仟捌佰陆拾萬零三仟捌佰柒拾伍度

1.電灯售電　等於發電度數　27.6%　售電度數　44.6%

2.電力〃〃　〃　34.1%　〃　55.1%

3.電熱〃〃　〃　0.2%　〃　0.3%

(三)應收電費

本年度實際應收電費（正價及煤價調整費）金數連同重慶發電設備費依據按見售電度數共計柒佰叁拾肆億式仟捌佰伍拾萬零捌仟玖佰捌拾元零捌角陆分計

1.電灯式佰玖拾壹億式仟伍佰零捌萬陆仟柒佰壹拾元零三角三分佔總

(181)

(2)

收入79.6%

2. 電　力捌佰零玖億陸仟伍佰伍拾萬零陸仟零叁拾壹元捌角壹分佔總收入5.8%

3. 電　熱叁億零叁佰陸拾伍萬零伍佰叁拾貳元零陸分佔總收入4%

4. 重置發電設備費自本年三月份起至十二月底止每度加附收捌拾元共計叁拾億零叁仟捌佰貳拾陸萬伍仟陸佰陸拾柒元零陸分佔總收入4.2%

加上年度應收未收電費貳拾捌億壹仟叁佰柒拾捌萬捌仟零柒拾貳元零捌分總計本年度應收電費柒佰伍拾捌億捌仟貳佰貳拾伍萬叁仟零壹拾貳元玖角正

(四)核退誤收電費

本年度以致誤收電費退還金款計貳仟貳佰玖拾伍萬柒仟捌佰陸拾玖元陸角

(五)電費徵收情形

本年度收費股經辦收費情形如左

(A) 接收上年度各項未收電費餘數貳拾捌億壹仟叁佰柒拾捌萬捌仟零柒拾貳元零捌分及本年度各種新裝電費收據金額柒佰叁拾捌億貳仟捌佰伍拾萬零捌仟玖佰捌拾元捌角陸分共計柒佰伍拾捌億捌仟貳佰叁拾伍萬叁仟零肆拾貳元玖角正

(B) 收進各種及收電費計徵回伍佰零叁億柒仟陸佰捌拾貳萬叁仟柒佰捌拾叁元壹角壹分 并扣收電費6648

(C) 本年度辦理歷年重複誤裝并新舊電費收據註銷金額計伍億捌仟柒佰零伍萬陸仟叁佰零貳元柒角捌分

※ ※ ※ ※ ※

182

（四）本年度应收当费金额及上年度移来应收未收当费金额总计除收缴款及注销者外实存应收未收当费金额式佰捌拾捌亿柒仟捌佰叁拾柒万式仟陆佰叁拾叁元叁角伍分 等於应收当费72.8%

应收未收当费包括下列各项

1.自来水公司金额$1,340,493,320.28（连同十二月金额$1,111,474,000.00）共计金额$2,451,967,320.28元

2.特别用户（机关法团等）金额$2,997,273,045元

3.前大机表金额$248,446,690分

4.整理票（无法催收备报损呆帐）金额$2,022,274,614.54元

5.准备销改票金额$1,454,459,609.80元

6. 合約用戶十二月底抄表不能在本年度內收費者計[illegible]元

除上開各項外應收未收金額計[illegible]元，去年十二月份電費欠票金額為

[illegible]元，故實際庫存不及一個月電費之金額

(六)奉令加收重置發電設備費辦理及徵收情形

1. 加收重置發電設備費係自本年三月份起開始辦理，自三月份至四月份兩個月

以電費正式收據單獨出票，四月份以後為簡化手續起見，不再單獨製票

2. 全年（三月至四月）製出之收據計叁萬壹仟玖佰貳拾叁張（單獨製票）

3. 全年應收金額（單獨票與混合票總數）叁拾億零叁仟捌佰貳拾陸萬伍仟陸佰

陸拾柒元零陸分（內單獨票金額陸億叁仟玖佰玖拾叁萬玖仟玖佰陸拾玖元捌角）

4. 收繳票叁萬零柒佰柒拾張（單獨票）

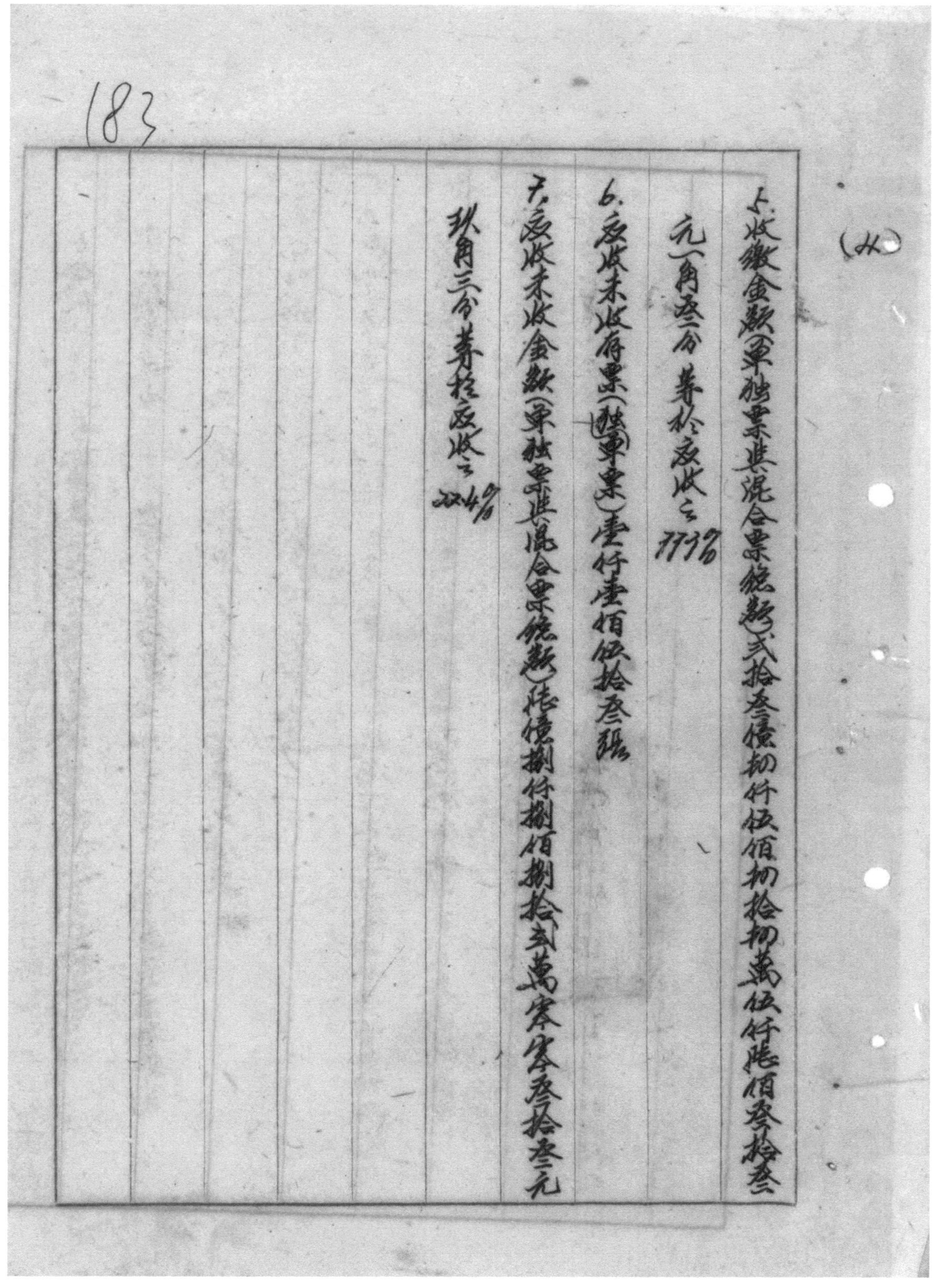
183

（4）

5.收缴金数（单独票与混合票总数）贰拾叁億柒仟伍佰柒拾柒萬伍仟陆佰叁拾叁元八角叁分 并於废收之

6.废收未收存票（独单票）壹仟壹佰伍拾叁张

7.废收未收金数（单独票与混合票总数）陆億捌仟捌佰捌拾贰萬柒柒叁拾叁元玖角三分 并於废收之

乙、财产状况

本公司固定资产为五亿九千二百九十五万七千六百六十八元九角六分，内计发电资产五千八百七十二万五千五百二十元六角三分，输电配电资产三亿零二百八十二万九千五百七十六元五角七分，用电资产一亿三千五百六十万零三百七十一元八角七分，业务资产九千五百八十万零二千零九十八元八角九分。流动资产二百七十亿零六千三百七十四万五千三百零六元四角三分，内计银行存款四百三十九万六千九百零七元五角八分，应收账款二百五十四亿四千七百万零零二千二百六十六元九角。有价证券五千九百六十七万二千一百零三元一角五分。材料一十五亿四千二百六十七万八千四百零四十八元八角。杂项资产二百亿零零六千四百七十二万五千二百七十二元，内计存出保证金九百一十四万三千七百八十八元九角九分，暂付款项五亿二千五百五十六万七千一百三十七元零二分，应计欠项二亿五千一百六十八万三千七百三十三元七角四分，预付款项六十六亿四千六百三十七万七千二百五十七元九角四分，提存

185

基金一億一千七百九十三万二千三百元 合同計積材料六十四億五千零零二万八千四百二十八元四角三分 合同計購料機五十九億一千五百五十六万五千八百八十八元七角六分 虧損一十四億四千一百四十五万八千六百三十八元九角四分 本公司負債資本及公積三千四百八十一万九千三百三十二元七角四分 內計資本三千万元 法定公積二百零二万一千三百八十八元四角 特別公積二十万一千三百二十六元二角三分 特別準備二百五十八万六千六百一十七元一角一分 長期借入款一百二十三億四千五百三十一万七千五百五十元

短期负债八十三亿四千八百零九万零七百八十六元八角二分，内计应付票据五十二亿银行透支六亿八千八百二十五万六千零五十八元六角二分，存入保证金四十七亿六千四百八十八万一千零八十三元四角九分，应付账款一千二百七十九万四千二百四十九元二角，应付股利八十八万九千零七十一元六角八分，应付红利二万二千八九百六十八元六角九分，应付职工酬劳九百八十五元四角一分，职工储金六亿七千九百零七万零四百八十九元零三分，应付合同款项

三百千六万四千八百九十七元六角九分　新项
负债二百八十四亿二千八百六十五万二千一百
七十九元九角六分　内计拆借准备二十三亿
二千四百三十一万零五百九十六元三角八分　呆账
准备三千九亿三千五百三十五万一千二百五十五元
一角四分　暂收款项五亿二千零六百四十元
零四千一百四十元四角一分　应计存款一百六
十四九万六千二百五十八万六千一百八十八元零
三分　前期盈余滚存五百九十万零六千九百
九十八元九角

西京营业情形

三十六年度本公司电费收入七百二十四亿八千零八十四万四千四百零一元二角内计 电灯收入二百九十四亿 七千三百二十四万六千四百六十八元六角六分电力收入 四百二十六亿八千四百三十六万七千四百七十三元八角二分 电热收入 三亿零六百零六万二千一百五十八元七角六分补缴电费收入 一千七百一十六万八千三百元

营业收入 四千二百一十六万二千四百五十元

杂项收入 六亿五千四百五十五万一千六百一十六元

一角六分，内计利息收入三亿六千二百一十九万零九百六十三元五角三分，房地租金收入二千二百二十六万五千二百六十二元五角三分，补助费收入二亿六千四百二十一万四百五十六元零一角，其他杂项收入五百六十八万零八百三十二元。本年度经常开支为七百三十五亿九千三百五十七万六千七百八十四元九角，内计发电费用四百五十四亿三千二百九十九万零零九十九元六角八分，供电费用六十七亿三千七百三十万零二千三百零六元一角九分，营业费用四十八亿

三千二百五十四萬一千三百二十九元八角六分管理費用一百六十五億九千零七十四萬三千零乙五十九元一角分

總計本年度虧損一十四億一千六百零一萬八千三百二十五元五角四分。

七、監察人報告審查三十六年度決算書、

傅監察友周報告 本公司三十六年度各月份決算表逐月送交各董監核閱並全年決算書復經正則會計事務所謝霖、周同慶兩會計師查核無訛發給證明書

存表资产负债损失利益数字已由萧科长详细报告并印有报告表分发股东察核另有详细账表陈在会场请列
会各股东详查

主席发言 各股东对于监察人审查报告有无疑问请从量发表意见旋即提付表决一致通过

八、讨论事项

甲、三十六年度股息案

决 刘代董事长说明 本公司三十六年度亏损

一十四亿余元，兹以正在申请办理增资重估增值为一百亿元，虽为资本标准所损者属有限，若以旧股本三千万元计算，则亏损超过资本若干倍，拟仍照社章成例借债发息呈请有关核准讨论

决议：照社章成例股东借支官息八厘，定四月底发出给

乙、请政府收购接办本公司案

华南会撰

181

説明：公用事業之價格受政府管制，現雖可逐月調整，但仍入不敷出，歲支數字日見膨大，即欲舉債而告貸無門，已至無法維持之境地，尤為危險者，毫無折舊準備，機器到達使用年限時，無重置之力量，難已向國外訂購一萬瓩新機一套，但祇付定金不及三分之一，可否能如期收運，毫無把握，公司前途至難樂觀，現在公用事業祇有政府來辦，擬請資源委員會收購接辦，將公司資產公平估價，以美金公債償付，或以政府所有非公用事業之工廠掉換，均可，是否可以進行，應如何進行，敬請

討論

決議：授權董事會全權處理。

九、照章改選董事及監察人，經票選結果如下：

甲、董事

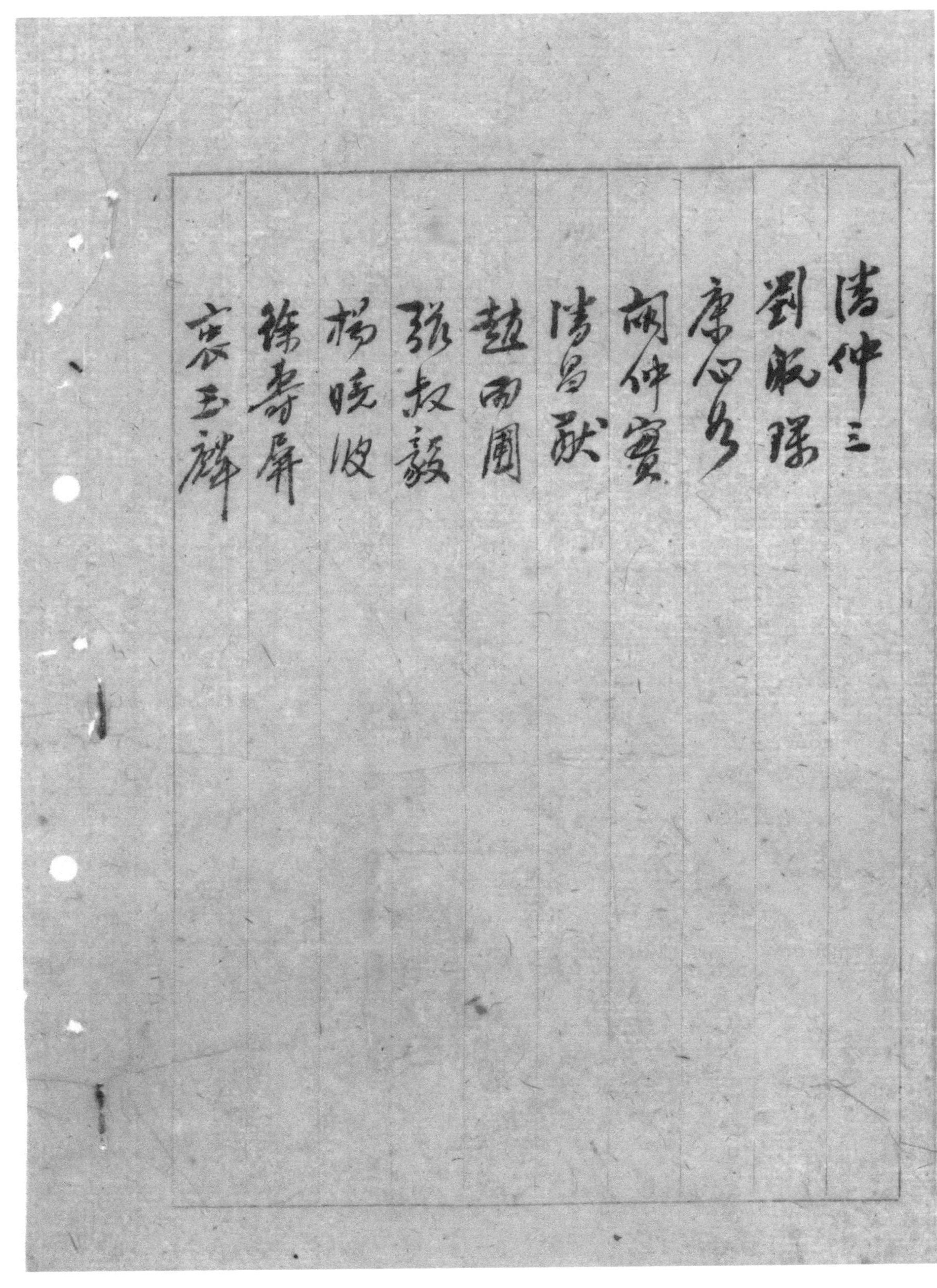

潘仲三

劉航琛

康心如

胡仲實

潘昌猷

鼓雨圃

張叔毅

楊曉波

孫壽屏

袁玉麟

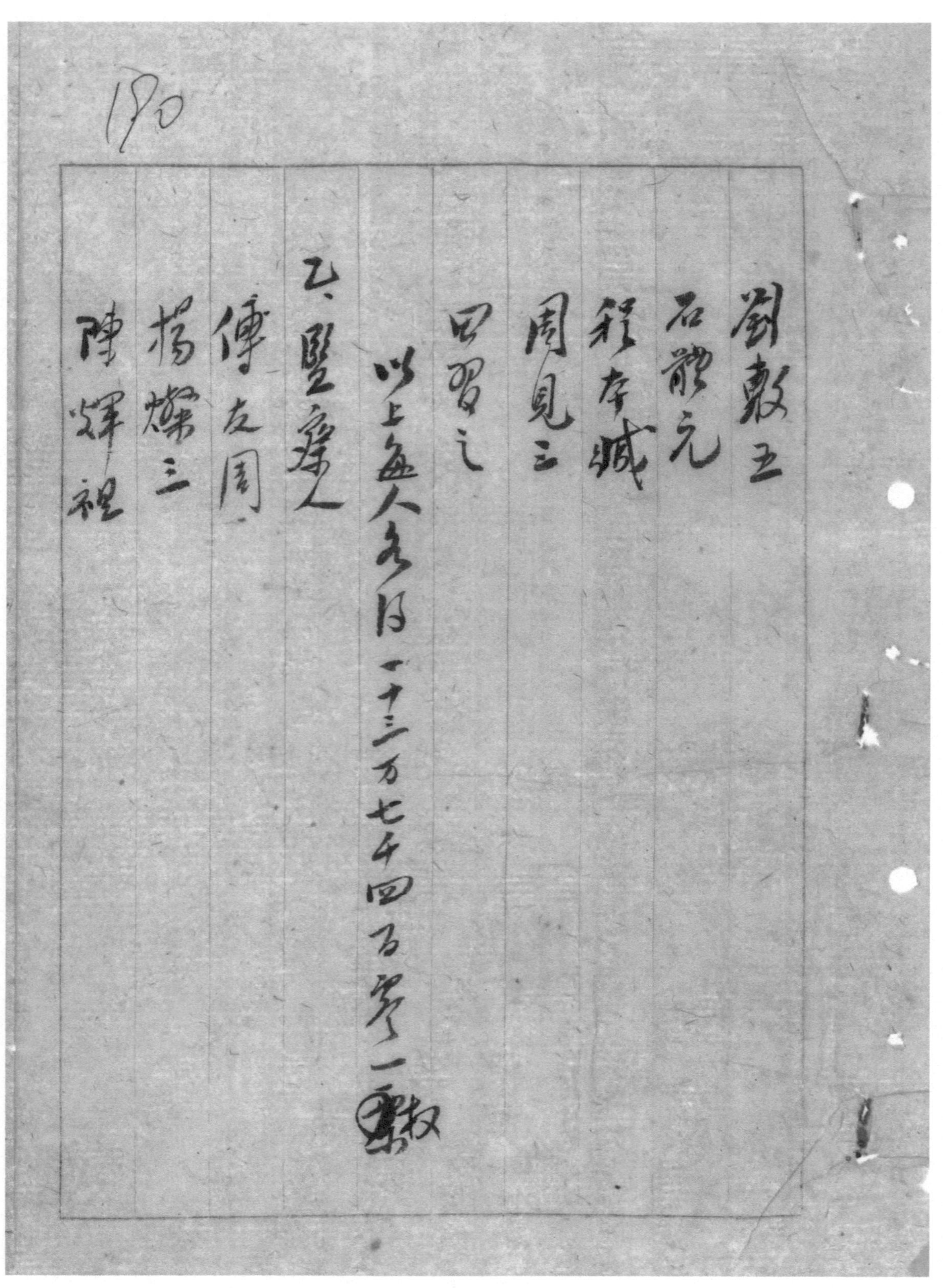

170

劉敷五

石體元

程本臧

周見三

田習之

以上每人各得一十三万七千四百零一票权

乙、監察人

傅友周

楊燦三

陳輝祖

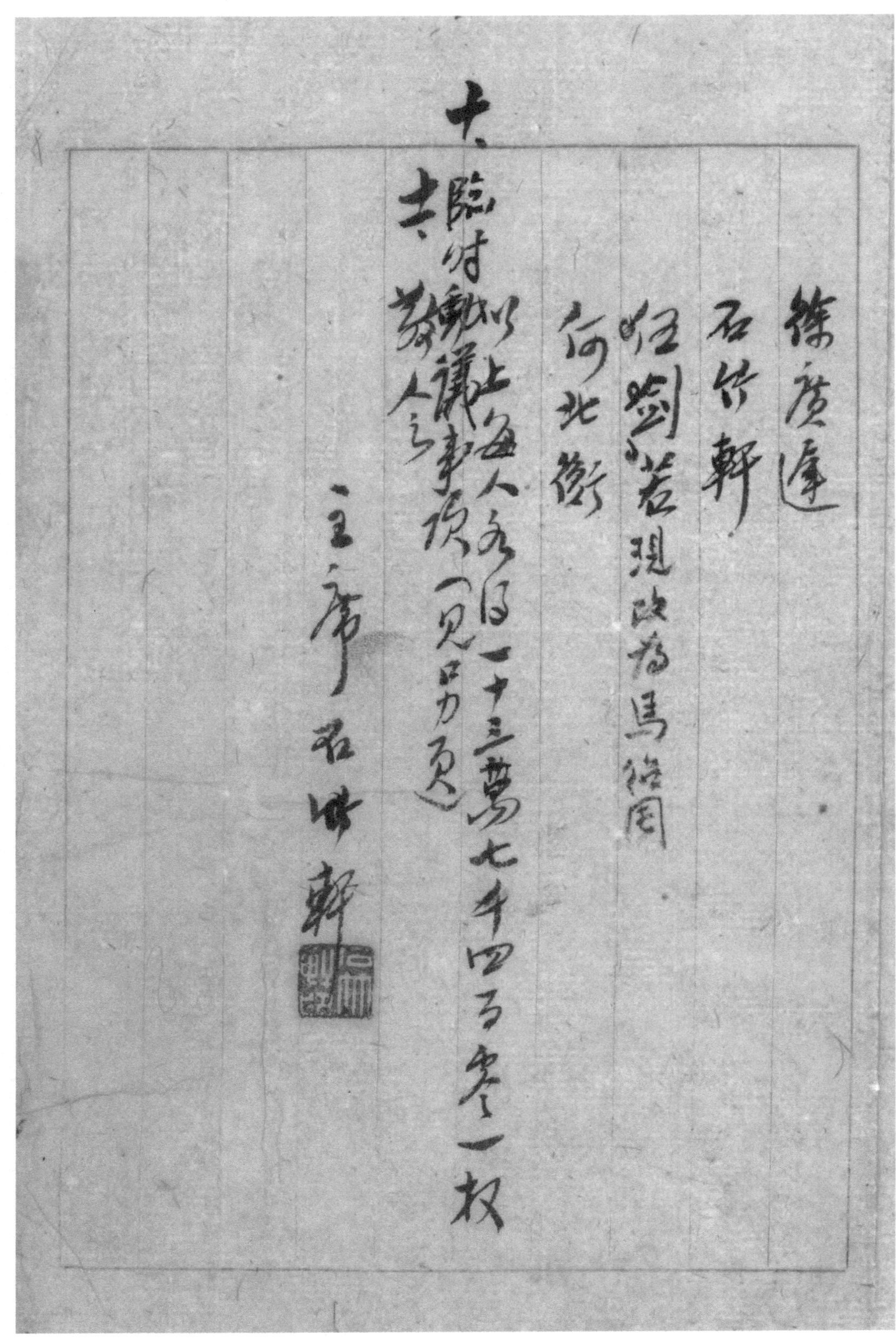

徐廣達

石竹軒

姪劉若 提改為馬德周

何北衡

十、以上每人各得一十三萬七千四百零一權

十一、臨時動議事項（見另頁）

發議人之

主席 石竹軒

重庆电力股份有限公司第十三届股东大会议程（一九四九年三月二十二日） 0219-2-118

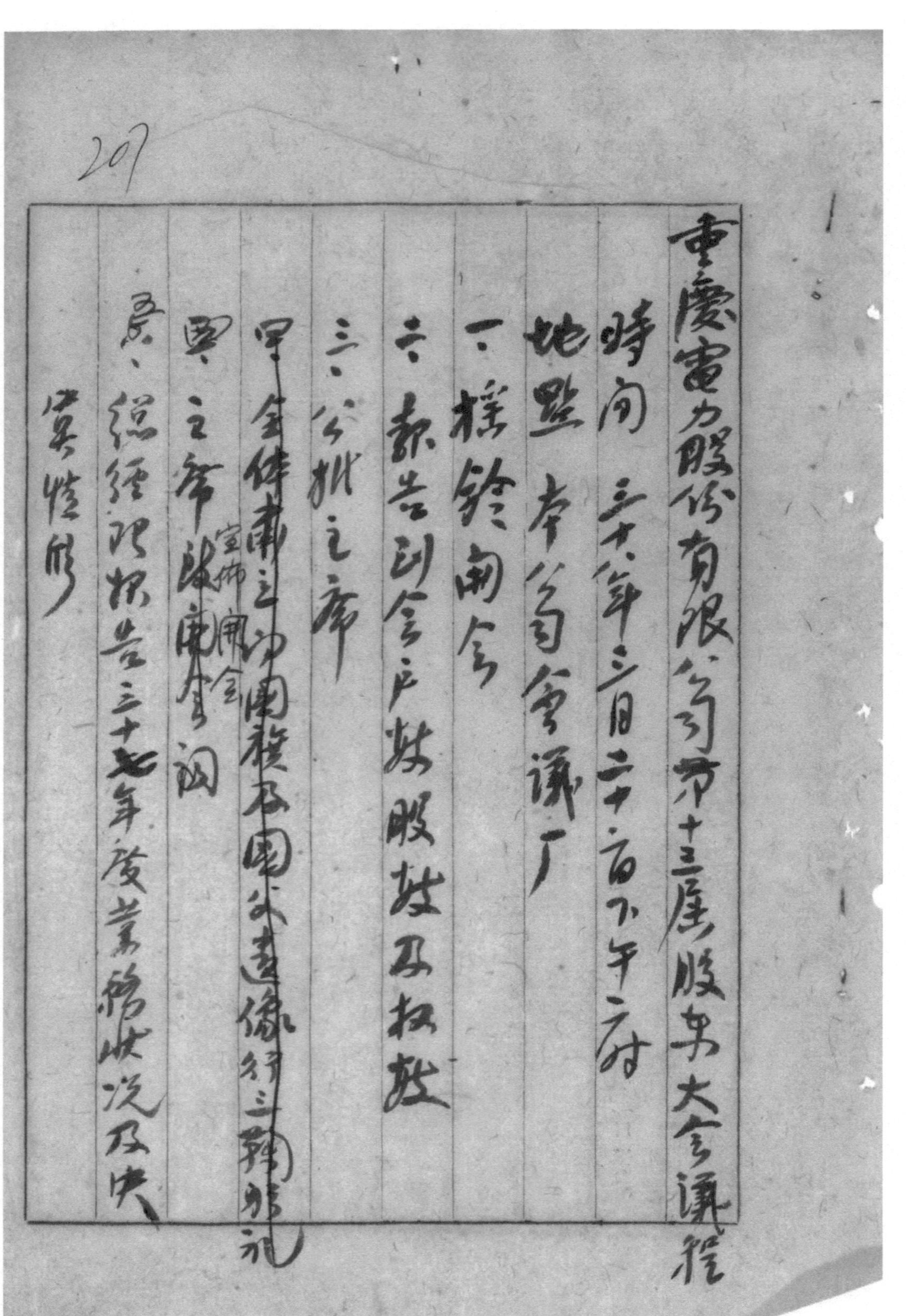

207

重庆电力股份有限公司第十三届股东大会议程

时间 三十八年三月二十二日下午二时

地点 本公司会议厅

一、摇铃开会

二、报告到会户数股数及权数

三、公推主席

~~四、全体肃立向国旗及国父遗像行三鞠躬礼~~

五、主席致开会词 [宣布开会]

六、总经理报告三十七年度业务状况及决算情形

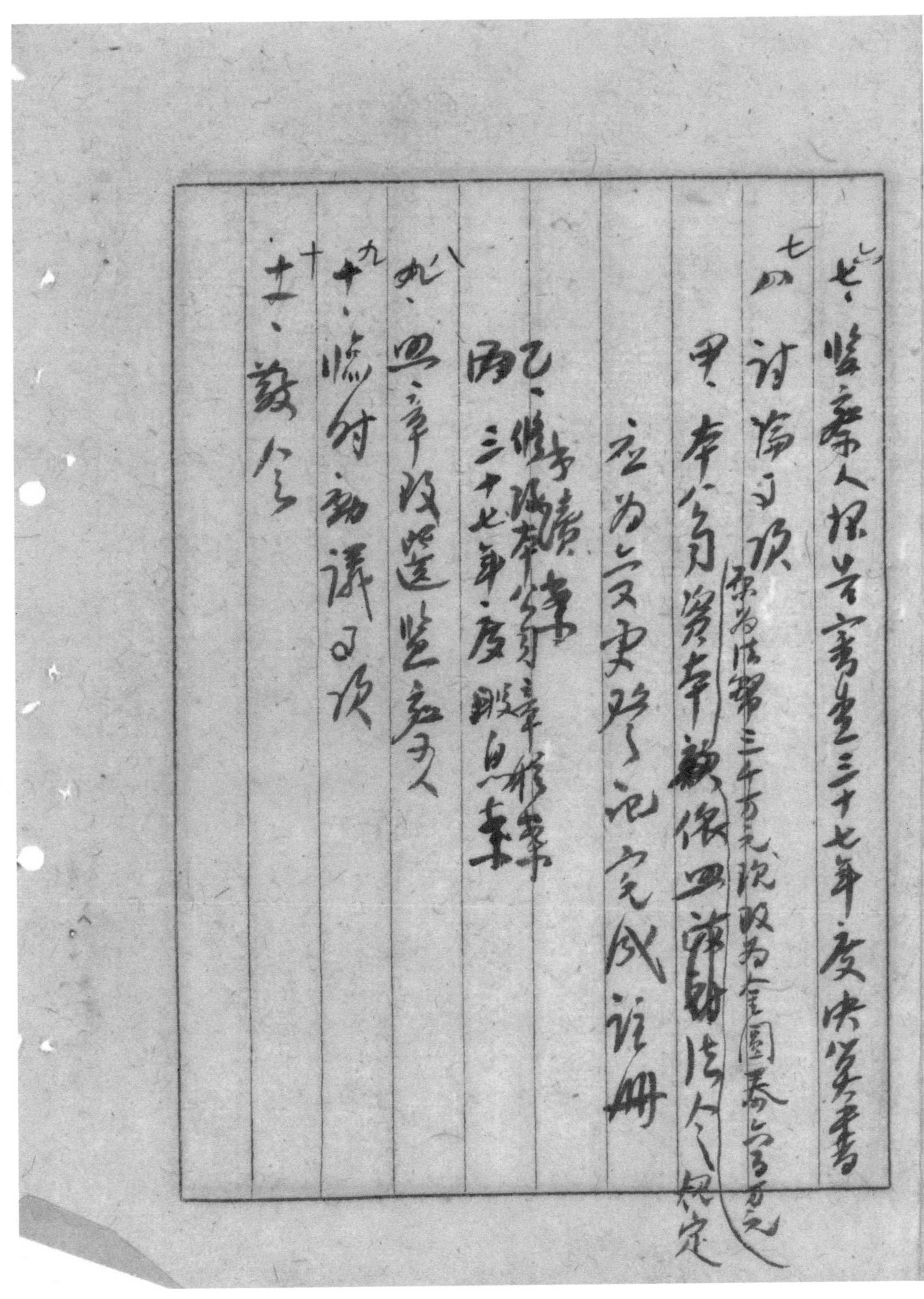

六、监察人报告三十七年度决算书

七、讨论事项

甲、本公司资本额（原为法币三十万元现改为金圆券六万元）依照法令规定应为之变更登记完成注册

乙、修改本公司章程案

丙、三十七年度股息案

八、照章改选监察人

九、临时动议事项

十、散会

208

股东大会提案

甲、本公司资本原为法币三千万元拟改为金圆券股六百万元依照法令规定应办变更登记完成注册手续案

董事会提

案由　查币制改革后关于营利事业资本调整及资产重估办法工商部业已公布依照规定之公式计算本公司之资本原为法币三千万元其中有三十一年增资二千万元依法不计二十六年

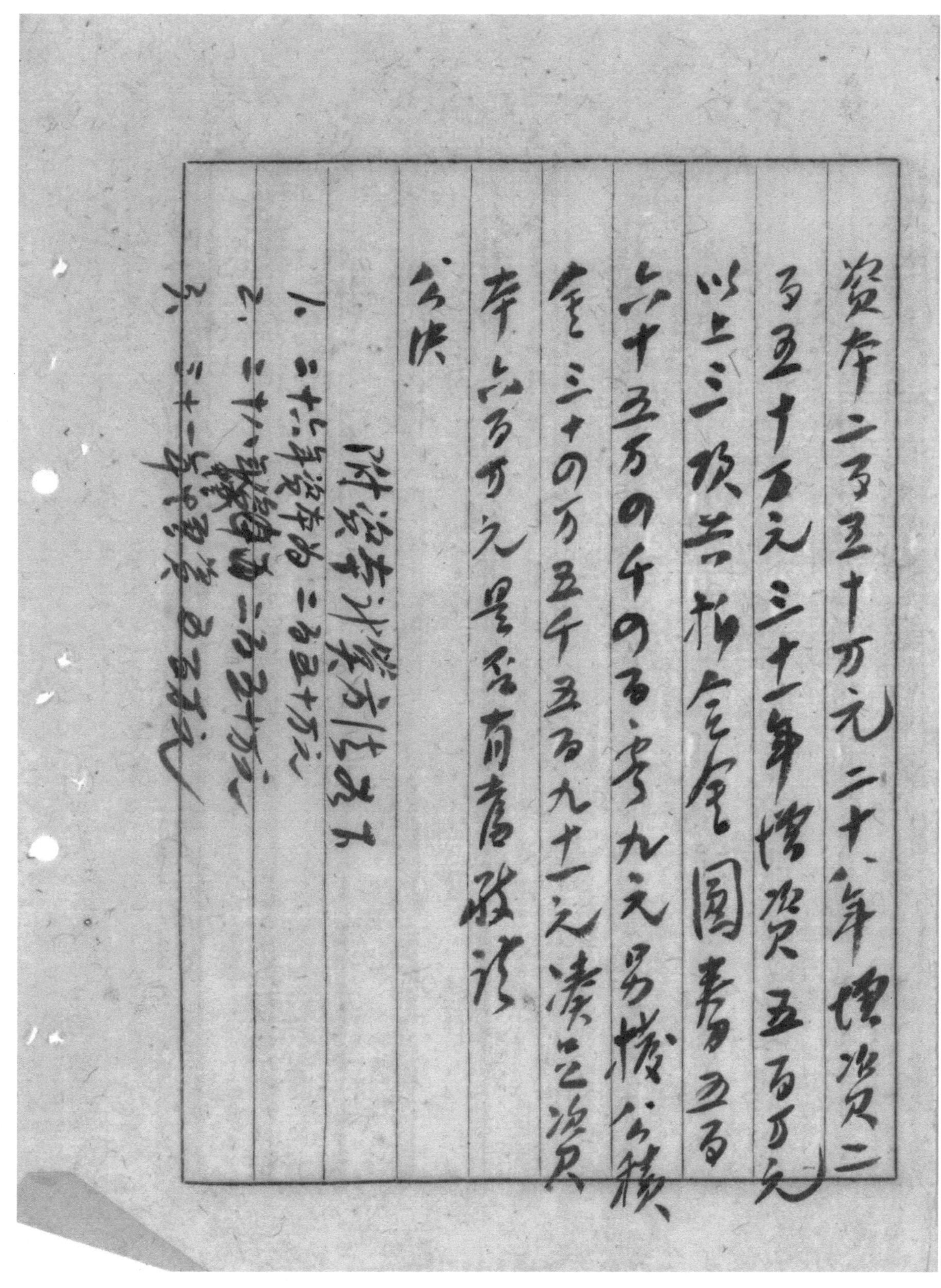
资本二百五十万元二十八年增资二
百五十万元三十一年增资五百万元
以上三项共计合国币五百
六十五万四千四百〇九元另拨公积
金三十四万五千五百九十一元凑足资
本六百万元呈签前商[illegible]请

公决

附资本增加情形列表如下

1. 二十六年资本为二百五十万元
2. 二十八年增资为二百五十万元
3. 三十一年增资为五百万元

折算金圆券计

1. $\frac{2,500,000 \times 4,459.600}{1.00} \times \frac{1}{3,000,000} =$ G.Y. 3,716.333

2. $\frac{2,500,000 \times 4,459.600}{2.20} \times \frac{1}{3,000,000} =$ G.Y. 1,689.242

3. $\frac{5,000,000 \times 4,459.600}{29.87} \times \frac{1}{3,000,000} =$ G.Y. 248.834

共计 G.Y. 5,654.409

208

210

修改本公司章程案

董事会提

（案由）本公司资本依照政府法令规定改为金圆券六百万元，本公司章程第六条"本公司股本总额为国币三十万元，以一百元为一股，共计三千股"，应改为"本公司股本总额为金圆券六百万元，以一十元为一股，共计六十万股"。是否有当，敬请 公决

关于抄发沙磁区会议纪录的训令、函（一九四七年十二月三十日） 0219-2-242

E18200/1

39

送達機關	沙坪垻办事处
事由	为抄发沙磁区会议纪录一份仰查照办理由
文別	令
附件	
會章	
送抄	

總經理：

協理：

主任秘書：　秘書：

文書股股長：　擬稿：

民國三十 年 月 日　中华民国卅六年十二月卅日发出

發文電字第 號　收文電字第 1517 號　卷號

校繕　用印　封發　歸檔

案奉

重庆市工务局本年十二月廿[illegible]日（卅）工二字第五七五三号训令开：兹检发改善沙磁区电力供应纪录一份，令仰遵照办理为要。此令。等因。附检发会议纪录一份。奉此，兹抄发原纪录一份，仰即

秘 36 12.16 5000

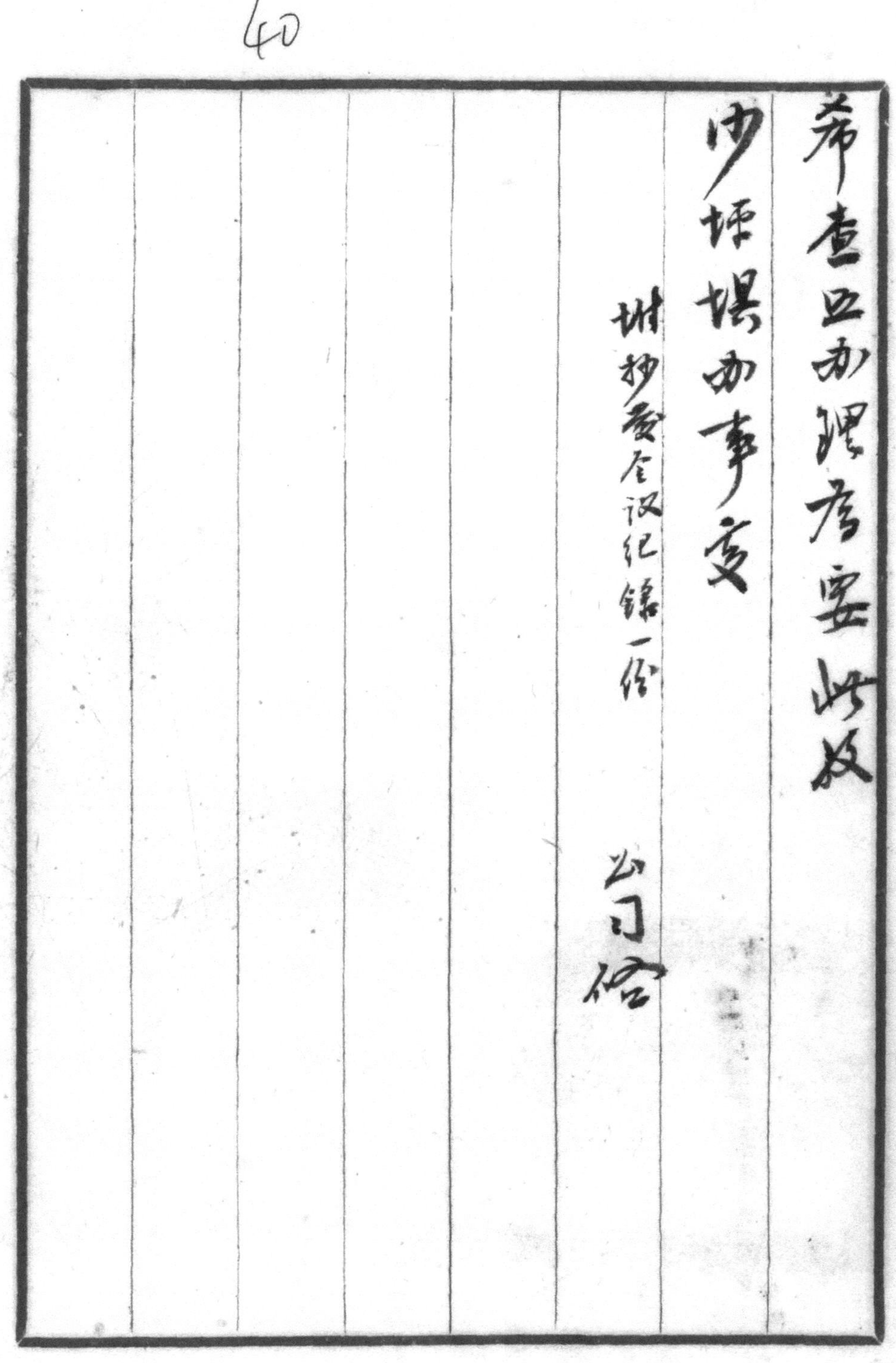
40

希查照办理为要此致

沙坪坝办事处

附抄委会议纪录一份

公司启

41

重慶電力股份有限公司到文簽

來處	工務局
字第	五七五三號
日期	中華民國卅六年十二月廿七日收到

收文電字第5169號

事由	為發改善沙磁區供電會議紀錄由
附件	紀錄一份

總經理

協理

關係各科室處組廠簽意見

通知砂办處

鄧先生查

決定辦法

傅工程師

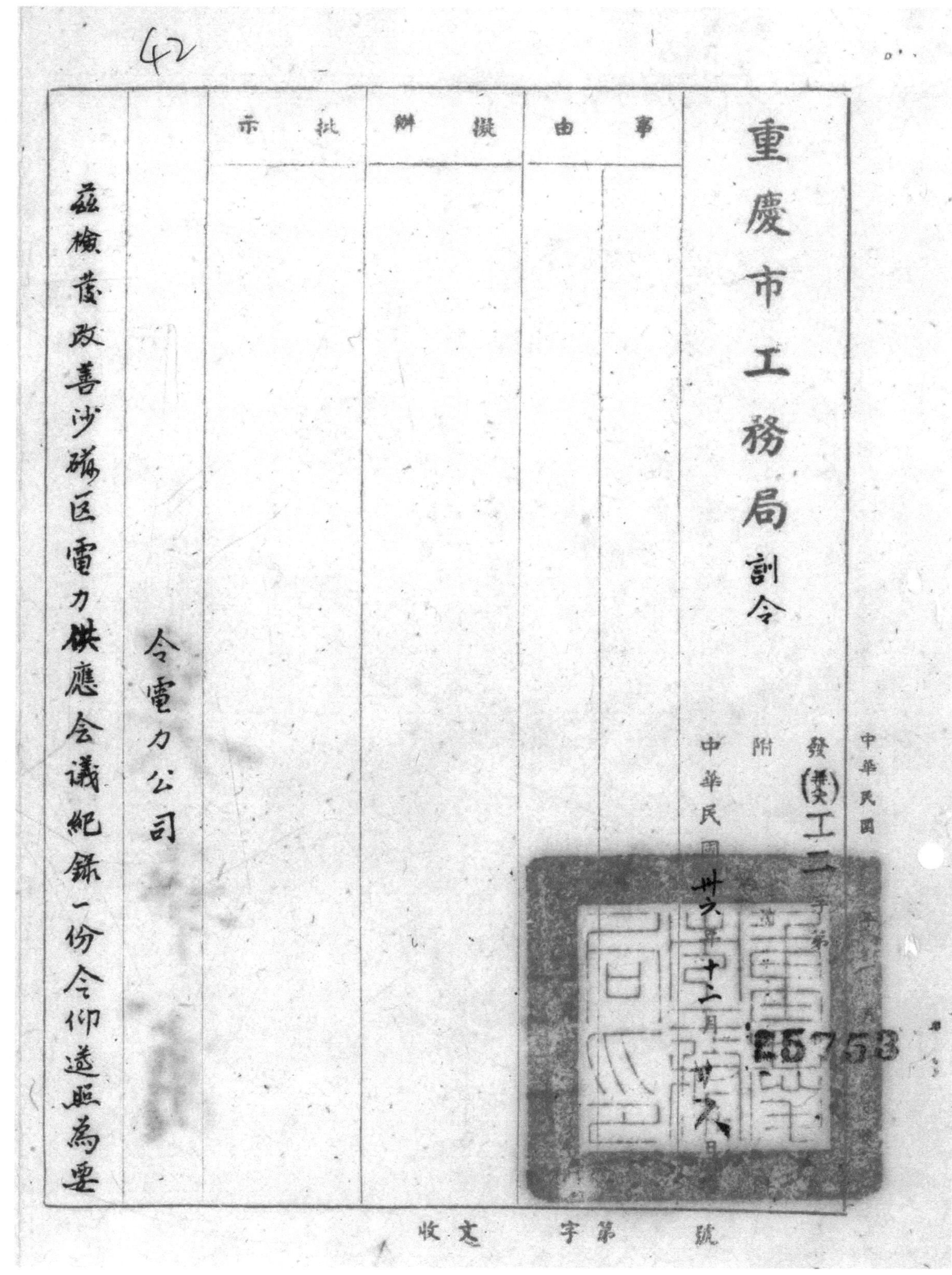

42

重慶市工務局訓令

發文工二字第　號

中華民國卅六年十二月廿八日

附

事由　擬辦　批示

令電力公司

茲檢發改善沙磁區電力供應会議紀錄一份令仰遂照爲要

收文　字第　號

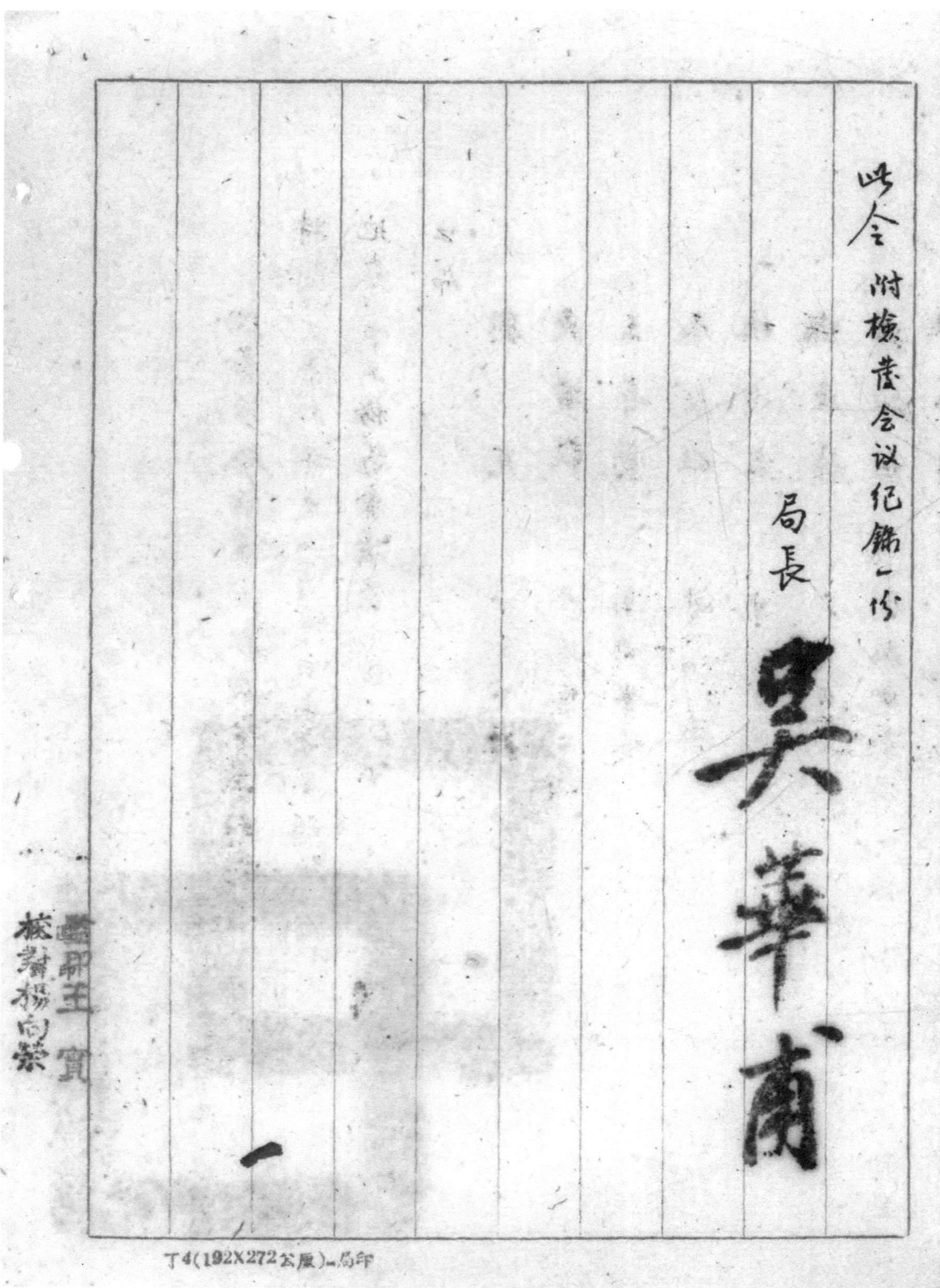
此令 附检查会议纪录一份

局長 吳華甫

校對楊向榮 監印王實

丁4(192X272公厘)二局印

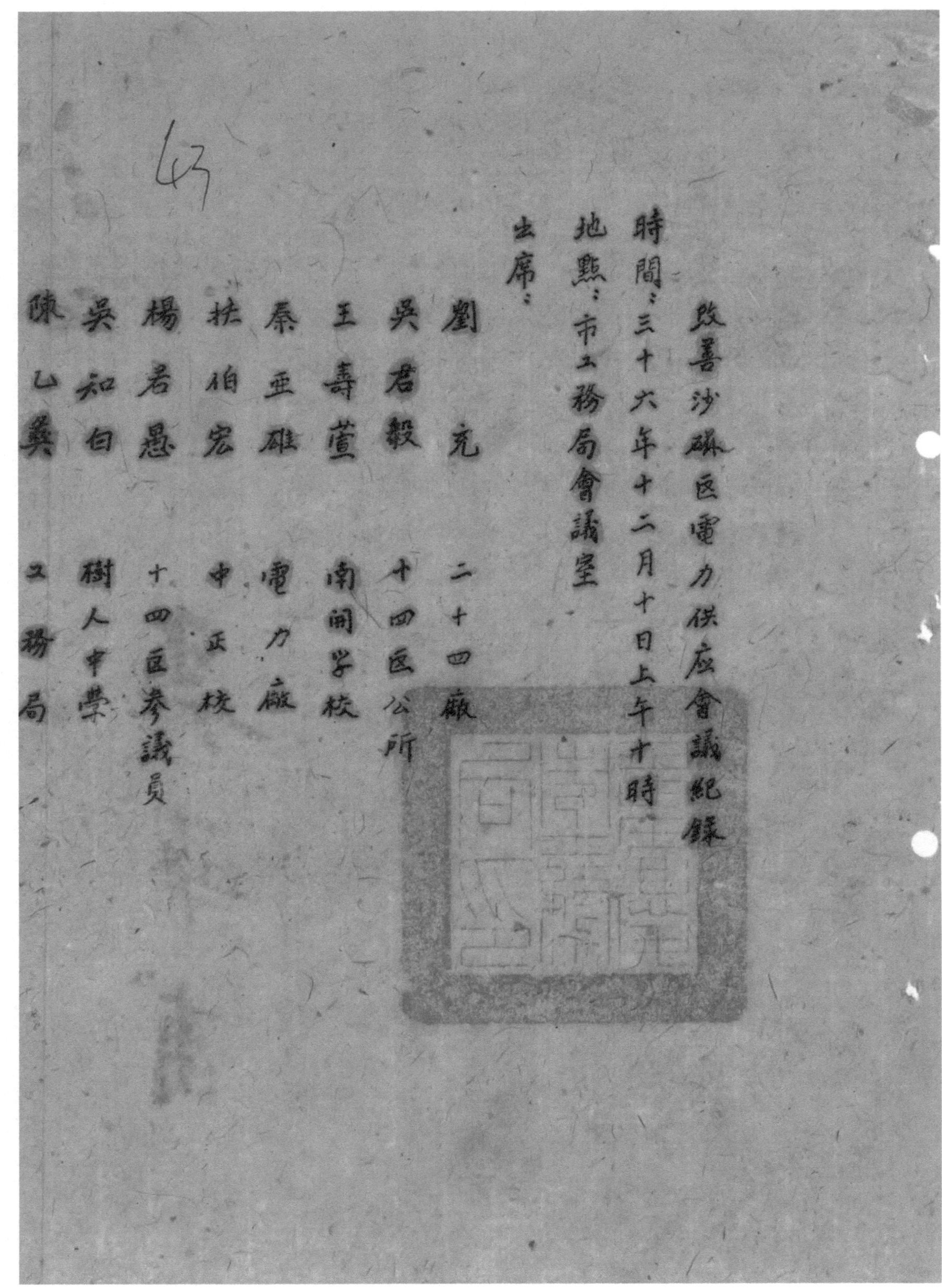

改善沙磁区电力供应会议纪录

時間：三十六年十二月十日上午十時

地點：市工務局會議室

出席：

劉　充　二十四廠

吳君毅　十四区公所

王壽萱　南開学校

秦亞雄　電力廠

扶伯宏　中正校

楊君愚　十四区参議員

吳知白　樹人中學

陳乙奭　工務局

主席：陳乙奐

報告事項：略

決議事項：

一、沙磁區一帶電力不敷供應請由工務局函二十四兵工廠請于每日下午五時至九時設法增供至一千瓩以上

二、沙磁區應用電力各廠凡與國防生產無重要關係者應於每日下午五時至九時一律停止工作由電力公司會同區公所派員分別取締

三、以後沙磁區如需停電時應請電力公司確定日期以便市民有所準備

四、磁器口市民請求增裝電灯一節應俟該區電力充裕時再行核議。

重慶電力股份有限公司第五屆股東大會議程

一、搖鈴開會

二、行禮如儀

三、公推主席

四、主席報告到會股東户數及權數

五、主席報告開會理由

六、總協理報告廿九年度營業狀况及本屆決算情形

七、監查人報告審查廿九年度决算書

八、改選監察人

九、臨時動議

十、散會

重庆电力股份有限公司第五届股东大会议程（时间不详）　0219-2-105

173

重慶電力股份有限公司第七九次股東會議程

一　搖鈴開會

二　報告到會股數及權數

三　公推主席

四　全体肅立向　党國旗及　國父遺像行三鞠躬禮

五　主席恭讀　國父遺囑

六　主席致開會詞

七　總經理報告卅二年度業務狀況及決算情形

八　監察人報告卅二年度決算書

九　討論卅二年度盈餘分配案

十　討論公司資產增值案

十一　改選監察人

十二　散會

174

本公司三十二年度業務概況

一、發電概況

查民國卅二年度全公司三廠發電總額共為六千萬另六十二萬三千九百二十九度，除去廠用一百四十五萬另五百十六度外，實輸出五千九百一十七萬三千四百一十三度，再加本年度由中央造紙廠購入八十六萬四千三百六十四度，由五十兵工廠購入八十萬一千另二十一度，實共輸出六千萬另八十三萬八千七百九十八度

二、業務概況

甲、用户：本年十二月底止计有電灯用户一萬二千二百七十三户，電力用户一千零三十一户，電熱用户五十三户，共一萬三千三百五十七户，计比三十一年度增

九百八十二户

乙、售電　本年度售電迄十二月份抄見售電度数止计電灯售電一千三百一十萬零四千四百四十二、七三度(约29%)電力售電二千九百三十三萬七千七百二十七、七三度(约65%)電热售電二百一十萬零五千零九十三·六一度(约6%)共计售電四千四百五十四萬七千二百六十四、零七度佔全年實際發出電度總额百分之七十三點一七

丙、應收電費　本年度按抄見售電度数计算製出應收電費收据面額计電灯一萬零六百零六萬六千二百二十七元一角七分(约46%)電力一萬一千一百四十二萬九千三百一十一元六角二分(约49%)電热九百三十一萬

775

8

三千三百一十七元零五分（约5%）灯力热共计弍萬二千六百八十萬零八千九百五十六元零四分

前項應收電費收据面額内應撥提附加機炉保護設備費六百三十八萬六千八百八十五元五角正還即機炉費二百一十二萬八千九百六十一元七角六分正兩共八百五十一萬五千八百四十七元二角六分正係屬附加代收撥還政府墊款

又本年度經理误製電費新舊收据计注銷弍百零九萬一千零七十一元一角九分正改製一百三十二萬零七千七百四十四元七角五分正兩相品迭计实冲銷七十七萬零二百九十六元四角四分亦應於應收總数内扣除

除以上撥提及冲銷兩項外三十二年度实應收電費收據面額為二萬一千七百五十二萬二千八百一十二元三角四分正

丁、電費經收情形　本年度(一)接收上年度結存應收電費餘額一千零九十萬零七千零四十二元八角正又本年度新製各種應收電費金額二萬二千八百一十二萬九千六百三十元零八角正(二)收進各種電費繳款一萬八千八百六十五萬二千零三十二元九角九分除誤製更正經註銷者外(三)实存應收未收各種電費計四千八百二十九萬三千五百六十九元四角四分正

三、財務概況

如另附之三十二年度決算表

176

董事長 潘仲三

常務董事 康心如

胡仲實

潘昌猷

徐廣遲

董事 浦心雅

周見三

郭景琨

甯芷邨

杜梅和

周季悔

王君韌

石竹軒

劉航琛

石體元

監察 傅友周

楊燦三

梁　平

胡子昂

何說岩

席文光

尹國墉

總經理 浦心雅

協理 程本藏

會計師 謝　霖

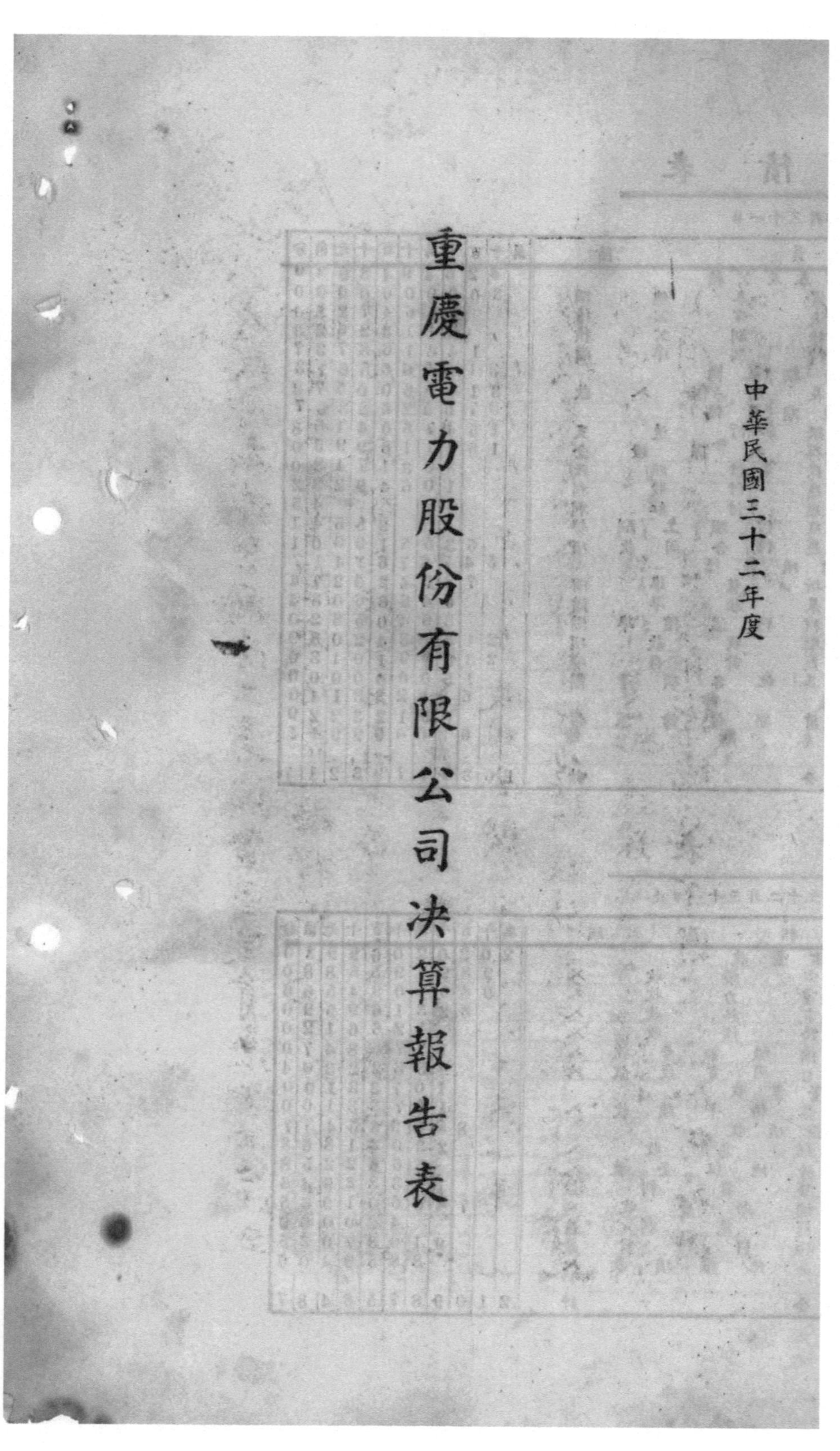

重慶電力股份有限公司決算報告表

中華民國三十二年度

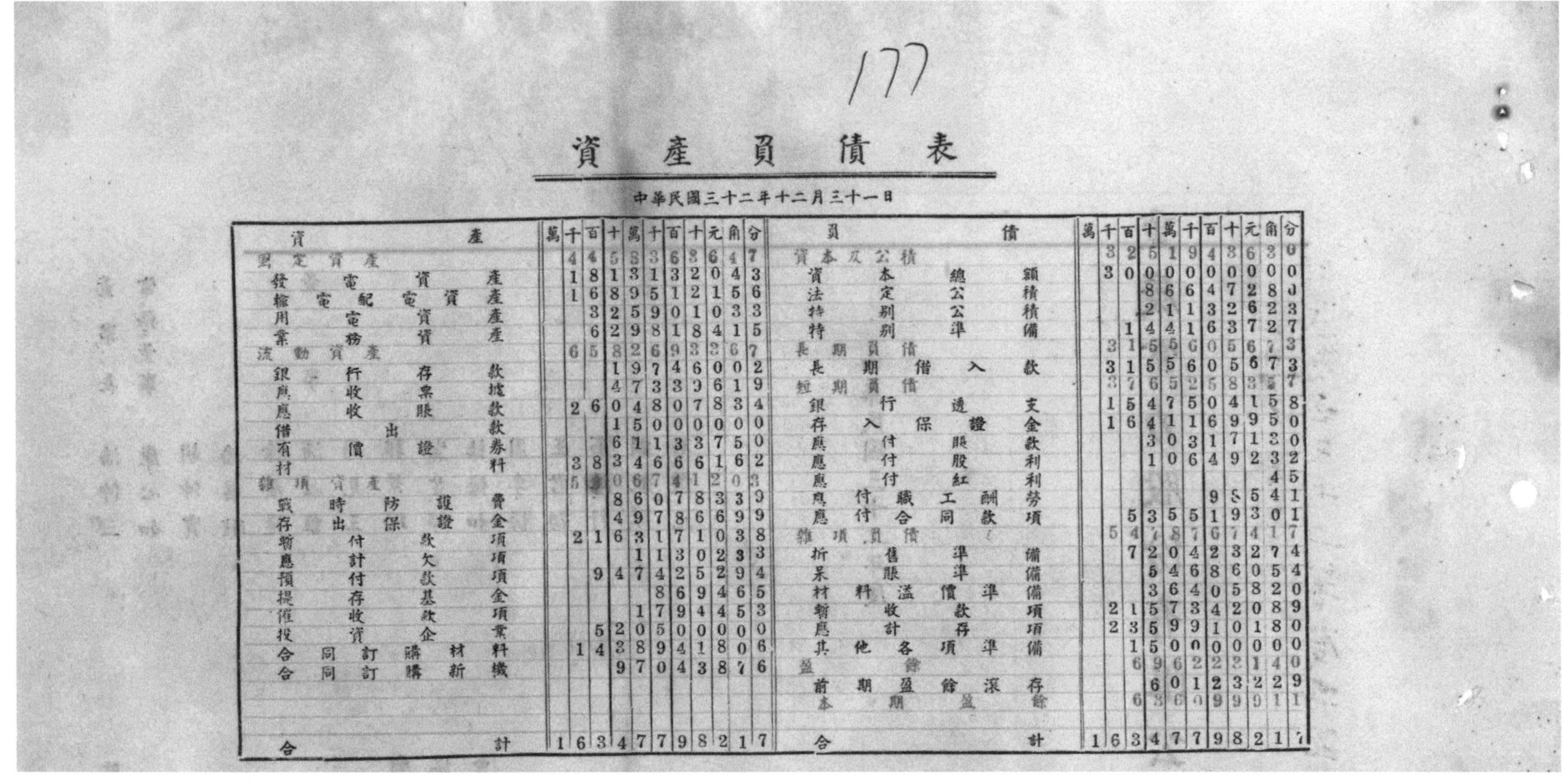

177

資產負債表

中華民國三十二年十二月三十一日

資產	萬千百十萬千百十元角分
固定資產	44583636.47
發電資產	18131320.43
輸電配電資產	16895121.56
用電資產	3259010.33
業務資產	6298184.15
流動資產	65826933.67
銀行存款	197460.02
應收票據	473396.19
應收賬款	26048078.34
借出款	150000.00
有價證券	611337.50
材料	38346661.62
雜項資產	5[illegible]067412.03
戰時防護費	860783.39
存出保證金	497866.99
暫付款項	21631710.38
應計欠項	11302.33
預付款項	9474252.94
提存基金	8694.65
催收款項	17944.53
投資企業	5205000.00
合同訂購材料	14389418.06
合同訂購新機	970438.76
合計	163477982.17

負債	萬千百十萬千百十元角分
資本及公積	32519436.30
資本總額	30000000.00
法定公積	866472.80
特別公積	211326.23
特別準備	1441637.27
長期負債	31556056.73
長期借入款	31556056.73
短期負債	37652583.57
銀行透支	15475041.58
存入保證金	16411699.50
應付賬款	303171.30
應付股利	106492.32
應付紅利	0.45
應付職工酬勞	985.41
應付合同款項	5355193.01
雜項負債	54787674.17
折舊準備	7204232.74
呆賬準備	546860.54
材料溢價準備	364058.20
暫收款項	21573420.89
應計存項	23599101.80
其他各項準備	1500000.00
盈餘	6962231.40
前期盈餘滾存	601232.29
本期盈餘	6360999.11
合計	163477982.17

損益表

中華民國三十二年一月一日起至十二月三十一日止

損失類	萬	千	百	十	萬	千	百	十	元	角	分
經常開支	2	0	3	3	8	4	9	2	8	4	0
發電費用	1	3	8	5	7	1	8	9	7	1	9
供電費用		1	6	5	3	8	7	1	9	6	6
營業費用		1	3	9	5	7	3	6	4	5	2
管理費用		3	4	2	1	6	9	4	7	0	3
特項開支			1	2	4	1	6	5	7	3	6
戰時損失			1	2	4	1	6	5	7	3	6
盈餘			6	3	6	0	9	9	9	1	1
本期盈餘			6	3	6	0	9	9	9	1	1
合計	2	1	0	9	8	7	5	8	4	8	7

利益類	萬	千	百	十	萬	千	百	十	元	角	分
電費收入	2	0	2	0	2	0	6	9	9	3	0
電燈收入		9	8	9	7	9	5	8	8	8	0
電力收入		9	4	5	6	0	9	4	5	6	6
電熱收入			8	2	3	1	6	9	5	9	0
路燈收入					1	2	6	6	1	2	0
補繳電費收入				1	7	7	5	8	4	7	0
自用電度收入					5	8	2	2	3	0	4
營業收入				1	0	7	3	3	1	0	0
業務手續收入				1	0	7	3	3	1	0	0
雜項收入			8	8	5	9	5	5	4	5	7
利息收入				2	3	0	2	1	8	6	3
房地租金收入					5	6	6	2	2	5	8
售貨利益				1	6	3	3	2	9	4	6
補助費收入			7	4	0	6	0	1	9	6	5
匯兌利益						4	2	0	0	0	0
物材料盤盈				9	1	0	5	7	0	2	5
其他雜項收入					8	8	5	9	4	0	0
合計	2	1	0	9	8	7	5	8	4	8	7

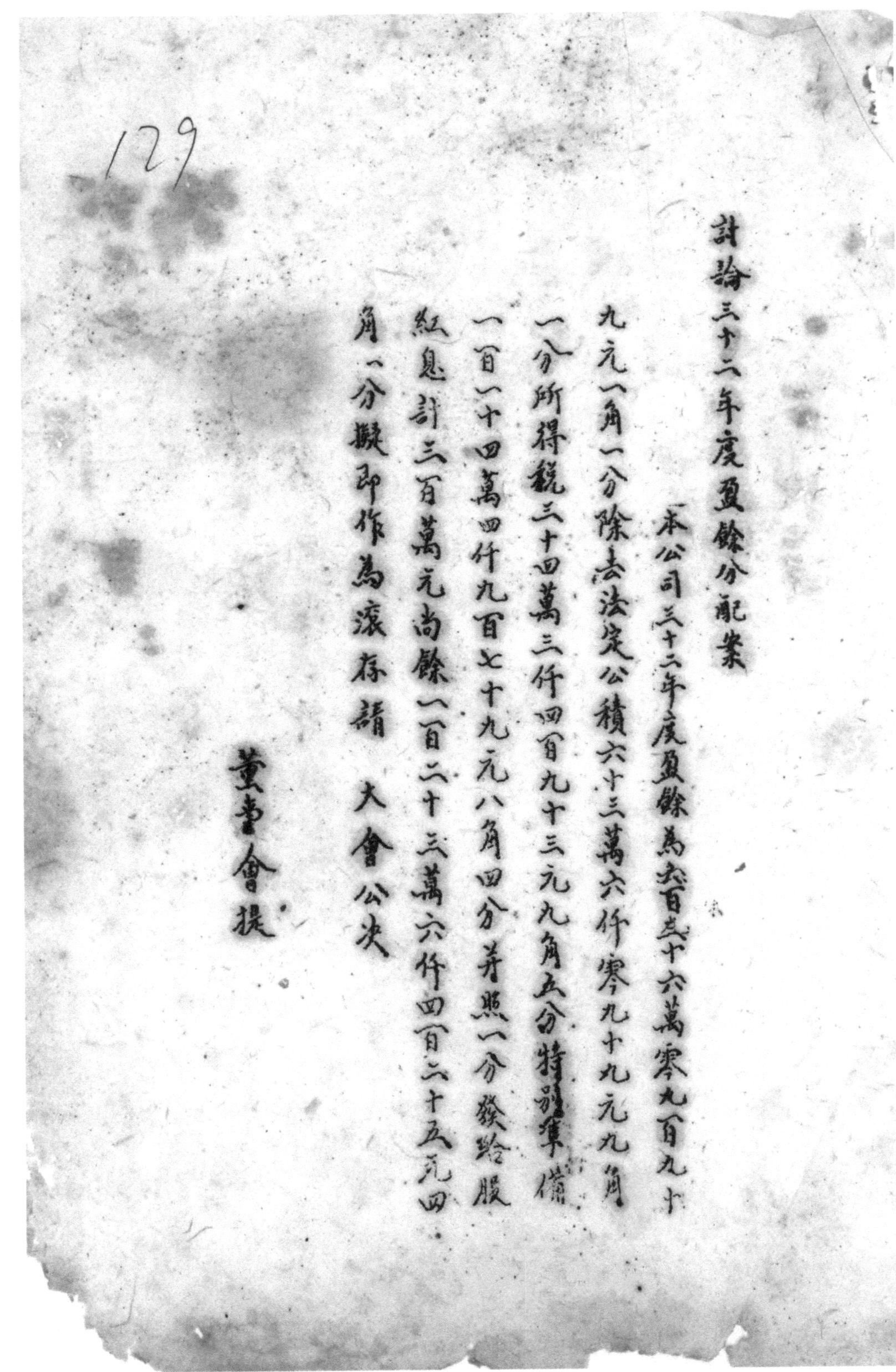

129

討論三十二年度盈餘分配案

本公司三十二年度盈餘為六百三十六萬零九百九十九元一角一分除去法定公積六十三萬六仟零九十九元九角一分所得稅三十四萬三仟四百九十三元九角五分特別準備一百一十四萬四仟九百七十九元八角四分并照一分發給股紅息計三百萬元尚餘一百二十三萬六仟四百二十五元四角一分擬即作為滾存請 大會公決

董事會提

178

我政府為符合國防工業調整固定資產折舊比率起見擬准有關國防各工廠將固定資產酌予增值本公司關志經第七十九次董事會決議為爭取時間應即具呈經濟部及市政府請求將固定資產增值為九千萬元另收現金股一千萬元共為一萬萬元俟股東會開會時再行提請核議茲已奉經濟部批示以資產估值增資辦法現正在呈請核示中應俟上項辦法奉准後再行核辦並因究應如何辦理之處茲特提請

公決

董事會提